日本の企業統治と雇用制度のゆくえ

●ハイブリッド組織の可能性

宮本光晴 著 Mitsuharu Miyamoto

ナカニシヤ出版

はじめに

　本書はバブル崩壊以降、何よりも 1990 年代終盤の金融危機と日本企業の危機的状況を引き金としてはじまった日本の企業統治と雇用制度の変化を捉え、そのもとでの日本企業とその従業員の行動を考察する。そしてリーマンショック後の日本の企業統治と雇用制度の行方を考察する。

　本書は日本の企業統治と雇用制度が実際にどのように変化しているのかを捉えるのであるが、相も変わらず目にするのは、市場原理の観点からの「まだ変化は不十分」といった見解か、反市場原理の観点からの「もう変化は十分」といった見解である。しかし日本企業が実際に進める変化は、市場原理が推奨するようなアメリカ企業を見習う変化でもなければ、反市場原理が糾弾するような日本の固有性を破壊する変化でもない。日本企業の固有の経路に沿った漸進的な変化であると同時に、変化の積み重ねとして既存の経路を大きく変える変化でもある。企業もさまざま、経営者もさまざま、従業員もさまざまであるが、現実の変化はこのようなものであることを本書を通じて明らかにしたい。

　本書の作成に取り掛かるきっかけは、その前に発表した小論（宮本 2011）に、小池和男氏から激励と同時に貴重な示唆をいただいたことにある。残念ながら私はこれまで小池氏から直接教えを受ける機会はなく、ゆえに先生と述べるのは遠慮せざるをえないのであるが、私のバックボーンとなるのは「小池理論」であり、本書において小池氏からの示唆に幾分なりとも応えることができれば幸いである。このことを記してまずは小池和男氏に感謝申し上げたい。

　若い友人の久保克行氏（早稲田大学）は、アカデミックサークルに知己の少ない私にとって貴重な話し相手であり、かつ数量分析に不慣れな私の懇切丁寧なインストラクターであった。広田真一氏（早稲田大学）はかねてより

企業統治に関する見解の心強い味方であり、また寺西重郎氏（日本大学）からは本書の第1章のもとになる小論（宮本2004）を、同じく宮島英昭氏（早稲田大学）からは本書の第4章のもとになる小論（宮本2007）を発表する機会をいただいた。都留康氏（一橋大学）と梅崎修氏（法政大学）からは本書の一部に貴重なコメントをもらい、大学の同僚である西岡幸一氏（専修大学）には、ときおりの会話のたびに日本企業についての私の質問に答えてもらい、山田節夫氏（専修大学）には、廊下でのすれ違いのさいや研究室で統計処理の初歩を教えてもらった。古くからの友人である弁護士の北本修二氏には、解雇法制に関する質問に答えてもらった。そしてナカニシヤ出版の酒井敏行氏は、出版事情の厳しいなか、本書の機会を与えてくださった。これらの方々に感謝申し上げたい。

　さらに、本書のベースとなるのは日本労働政策研究・研修機構での研究プロジェクトでの企業調査と従業員調査であるが、そのメンバーであった守島基博氏（一橋大学）、立道信吾氏（日本大学）、藤本真氏（日本労働政策研究・研修機構）、そして研究プロジェクトへの参加の機会をくださった浅尾祐氏（日本労働政策研究・研修機構）にも、感謝申し上げたい。本書は専修大学のサバティカル休暇を利用して作成したのであるが、最後の仕上げをフランス、エクサン・プロバンスンの労働経済社会学研究所の一室で行うことができた。専修大学とともに、このうえない環境を提供してもらった野原博淳氏（フランス国立科学センター労働経済社会学研究所）に感謝申し上げたい。最後に、妻由理子に、これまでの支えに感謝の言葉を伝えたい。

宮本光晴

目　　次

はじめに　1

序　日本経済の「失われた 20 年」　7

第 1 章　企業統治と雇用制度の変革　19
　　1.1　日本型システム　19
　　1.2　企業統治の変革　26
　　1.3　取締役会改革　32
　　1.4　雇用システムの変革　42

第 2 章　日本企業の多様性　53
　　2.1　企業統治の変化　53
　　2.2　雇用制度の変化　63
　　2.3　成果主義の運営　70
　　2.4　日本企業の多様性　77

第 3 章　成果主義と長期雇用のハイブリッドは有効か　97
　　3.1　問題設定　97
　　3.2　従業員調査　100
　　3.3　成果主義の実態　113
　　3.4　成果主義はどのように作用するのか　125
　　3.5　結論と展望　139

第 4 章　日本の従業員は株主重視の企業統治を支持するのか　147
4.1　問題提起　147
4.2　株主価値重視に対する従業員の予想外の支持　149
4.3　企業統治に対する従業員の反応　156
4.4　企業統治への従業員参加　165

第 5 章　日本の企業統治の行方　175
5.1　「失われた 20 年」のその後　175
5.2　社外取締役をめぐる問題　179
5.3　企業防衛をめぐる問題　192

第 6 章　日本の雇用制度の行方　203
6.1　正社員制度の行方　203
6.2　解雇規制をめぐる問題　219
6.3　非正規雇用問題　236

第 7 章　日本企業の制度的進化　249
7.1　漸進的変化の多様性　249
7.2　ハイブリッド型の変化　252
7.3　変化と持続の二面性　256

参考文献　259

索　　引　265

日本の企業統治と雇用制度のゆくえ
ハイブリッド組織の可能性

序
日本経済の「失われた20年」

改革の20年と失われた20年

　1990年代初頭のバブル経済崩壊から現在に至るまで、日本経済は「失われた20年」のなかを漂ってきた。バブル崩壊後の巨額の不良債権問題は90年代終盤の銀行危機に至るまで有効な対応を欠いたままであり、巨大金融機関の倒産という予想もしない事態のなかで、金融パニックは信用収縮となって日本経済の最悪期を生み出した。加えて2000年代初頭のアメリカのITバブル崩壊は日本の電機産業を直撃し、かつてない規模の雇用リストラが進行した。その後、ようやく金融不安から抜け出たのち、2003～2007年には戦後最長の景気拡大期があったものの、日本経済の新たな成長軌道とは程遠い「実感なき」ものであった。さらに、突如勃発した2008年秋のリーマンショックとその後の世界不況は、先進経済国のなかでどこよりも激しく日本経済に襲いかかるものであった。この攪乱からようやく回復の兆しをみせた途端、東日本大震災と原発事故、タイの大洪水、そして現下のユーロ危機と再度の急激な円高まで、次から次へと噴出する外的ショックに日本経済はさらされてきた。いや外的攪乱だけでなく、IT家電産業はデジタル化とモジュール化が加速化するグローバル競争のなかで後塵を拝し、急激な業績悪化により再度の厳しい雇用リストラに迫られている。

　日本経済を襲うこれら諸々の内的、外的攪乱をあげるなら、この「失われた20年」を日本経済が生き延びてきたことのほうが驚きかもしれない。「失われた20年」の経済はなおも失業率を5％前後に保っているわけであり、この点に日本経済の強靱性（resilience）をみることもできる。しかし、名目でマイナス0.09％、実質で0.79％がこの20年間の年平均成長率（1992～2011

年）であり、20年間にわたってほぼゼロ成長の経済は、成熟というより停滞、停滞というより衰退と表現すべきかもしれない。この停滞あるいは衰退によって「失われた」のは20年間の経済的成果だけではない。デフレのなかを漂い続ける経済は、将来の行方についての確信をなくし、悲観や自信喪失に覆われている。

　この閉塞を打ち破るべく、この20年、つねに述べられたのは日本の経済システムの「構造改革」であった。バブル崩壊後の長期不況はもとより、その前段のバブルの発生も含めてその原因はいわゆる日本型システムにあるとされ、この根本的改革なくしては日本経済の再生はない、というのが支配的な論調であった。論者によってさまざまであるとしても、日本型システムとして人口に膾炙するのは、「官僚主導」や「開発主義」や「キャッチアップモデル」であり、さらには「1940年体制」といった言葉も登場した（野口 1995；池尾 2006）。これらの日本型システムは時代遅れであるだけでなく、市場の作用を歪める非効率なシステムの元凶とされ、ゆえに日本経済の再生のためには「市場原理」に基づく経済システムに転換を図る必要がある、というのがこの20年間の改革の主張であった。

　このような観点から、1990年代前半には財市場の規制緩和が、90年代後半には金融市場の規制緩和が、そして2000年代初頭には労働市場の規制緩和が進行した。まさしく「改革の20年」であり、財市場に関しては、大店法（大規模小売店舗法）の規制緩和に代表されるように小売・流通部門の市場競争が一気に高まった。金融市場に関しては、いわゆる金融ビックバンによって国内金融市場はグローバル市場と直結した。そして労働市場に関しては、非正規雇用の規制緩和によって派遣、とりわけ製造業派遣が急増した。「改革の20年」の結果、たしかに日本の経済社会システムは市場原理の方向に急速に変化した。

　しかし、「改革の20年」が同時に「失われた20年」であることもまた否定できない。「改革なくして再生なし」のスローガンとはうらはらに、日本経済の現実は出口のみえない停滞であり、目の当たりにするのは「格差社会」の現実である。ここから、「改革の20年」に対する失望、反感、幻滅が、市

場原理や新自由主義やグローバリズムに対する批判、敵対、攻撃となって噴出する様もまたみることになる[1]。しかしこれによって改革の主張が揺らぐわけではない。改革が再生につながらないのは改革がまだ不十分であるから、というのがそのつねなる主張であり、ゆえに日本経済の低迷が続くかぎり、改革の論調はいつまでも続くことになる。同じく格差社会に対しても、正規雇用と非正規雇用の格差を捉え、それは市場の作用を歪める旧来の日本の雇用制度の結果であり、ゆえに市場原理に基づいてこそ格差社会の是正がある、というのが呪文のごとく述べられる改革の主張となる[2]。

このようにけっして緩むことのない構造改革の主張であるが、では本書の主題である企業システムに関してはどうか。日本企業の再生なくして日本経済の再生がないことは間違いない。では、日本企業の再生に向けられるのは、同じく市場原理に基づく企業システムへの転換であるのか。企業を構成する2つのサブシステム、雇用と企業統治（コーポレート・ガバナンス）に即していえば、前者に関しては雇用の流動化と競争市場賃金を原理とした雇用システム、後者に関しては企業の市場価値すなわち株価の最大化と企業買収市場を原理とした企業統治システムとなる。はたしてこの意味での市場原理において不十分であるために、日本企業はバブル崩壊後の失われた20年を低迷しているのか。

そうではなく、「改革の20年」とともに、日本の企業システムは大きく変化した。雇用に関しては成果主義の導入が進行し、企業統治に関しては株主重視の経営や執行役員制の導入が進んでいる。以下ではこれらの変化がどのように新たな日本企業の形成となるのかを考察するのであるが、改革がいまだ不十分かどうかといったこととはかかわりなく、環境の変化に応じて企業は変化する。この変化の柔軟性において日本の企業システムが別段劣るわけ

---

1) 日本経済の「改革の20年」は、同じく政治に関しての「改革の20年」でもあった。この「改革」の集大成が民主党による政権交代であったが、これに対する失望と幻滅が日本の政治を覆っている。
2) 本書の作成の終了間近（2013年4月）、突如アベノミクスが登場し、円安と株高の進行からにわかに日本経済の再生の期待が膨らんでいる。再生すれば結構なことであるが、金融における期待の膨張が実物経済の回復につながる道筋は依然不明である。たしかなことは、再生を叫んで再度の改革の主張がはじまることである。

ではない。

　ただし、ジャコービが指摘するように、現実の日本企業の変化を市場原理のアメリカ企業の方向として捉えると、アメリカ企業はさらにいっそう市場原理の方向に変化した（Jacoby 2005）。するとアメリカ企業の市場原理を基準とするかぎり、日本企業の変化はまだ不十分、ということになる。つまり、変化の度合いを強調するのか、それとも変化自体を強調するのかで、日本企業の見方は異なってくる。前者の観点からは、たとえ日本企業が市場原理の方向に変化するとしても、アメリカ型システムに収斂するわけではないことが含意され、ジャコービの意図はこの点を示唆することにある。これに対して本書ではこの20年間の変化自体を捉えたい。そしてこれがアメリカ型の方向ではないことを、日本企業の意図的選択として理解することを図りたい。改革や変革がテーマとなるとき、市場原理であれ反市場原理であれ、議論はしばしば理念先行型となるのであるが、その一面性を避けるためにも日本企業の現実の変化を知る必要がある。そのうえで「失われた20年」後の行方を考察することも可能となる。

資本主義の多様性

　このように、バブル崩壊から20年、日本の経済システムや企業システムに関してさまざまな議論が展開されてきたのであるが[3]、本書の主題である企業統治と雇用制度に関してまず一般的な論点を提示しておこう。「官僚主導」や「開発主義」や「1940年体制」など、国内にあっては日本の経済システムの「特殊性」をめぐる議論に明け暮れた1990年代において、海外では「資本主義の多様性（Variety of Capitalism）」の議論が活発に交わされた。アルベールを嚆矢とした2つの経済システム、アングロサクソン型の資本主義とライン型の資本主義の議論（Albert 1991）は、「自由な市場経済（Liberal Market Economies; LME）」と「調整された市場経済（Coordinated Market Economies; CME）」として概念化され、それらはさらに制度的補完性や歴史

　3）筆者自身の見解は宮本（1997, 1999, 2000）で述べた。

的経路依存性など、比較制度分析の概念との接合が図られた（Hall and Soskice 2001）。そしてこれらの背後には、1980年代を通じた制度理論の観点からの日本企業分析（Aoki 1988）とドイツ企業分析（Streeck 1992）があった。

「資本主義の多様性」論の斬新さは、経済システムの比較というマクロの次元の分析を、ミクロの企業システムを分析の単位とすることにより、とりわけ「資本」のシステムの違い、すなわち企業統治の違いを軸として提示した点にあった。つまり、アメリカ・イギリスを代表とする自由な市場経済（LME）は、株主利益優先の企業統治を原理とし、他方、ドイツ・日本を代表とする調整された市場経済（CME）は、そのような資本の行動を抑制する企業統治を原理とする。そして前者は流動的な資本市場と流動的な労働市場との制度的補完性を形成し、後者はメインバンク（ハウスバンク）関係を通じて組織化された資本市場と協調的な労使関係や継続的な雇用関係を通じて組織化された労働市場との制度的補完関係を形成することが示された。

もう少し敷衍すると、後者の組織化された資本市場に関して、その企業統治は短期の株主利益の追求を抑制するという意味で、「忍耐強い資本（patient capital）」という表現が与えられた[4]。この資本の側の行動によって、一時的な変動を越えた雇用の継続が可能となり、これに応じて長期の継続した訓練が可能となる。これに対して前者の株主利益優先の企業統治は、雇用の継続を保証することはなく、ゆえに長期の訓練を行うことはない。あるいは雇用の継続が保証されない以上、従業員の側でもまた企業特殊性を強める長期の技能形成を受け入れる誘因が生まれることはない。この意味で、一方では株主利益優先の企業統治と流動的労働市場が制度的補完性を形成し、他方では「忍耐強い資本」の企業統治と長期雇用関係が制度的補完性を形成する。そして後者においては、長期の雇用関係を前提として、資本と労働のあいだの「調整」あるいは「協調」が可能であるのに対して、前者においては、資本と労働は「互いに距離のある（arm's length）」関係として切り離されている。

4）興味深いことに「忍耐強い資本」という表現は、しばしばベンチャーキャピタルに対してもなされる。つまり投資したベンチャー企業に対して、収益実現の猶予を与えることがベンチャーキャピタルの行動となる。

「市場経済」という言葉からは、流動的な資本市場と流動的な労働市場によって構成されたアメリカ、イギリス型の自由競争型の市場経済（LME）が一般的とみなされるかもしれない。これに対してもうひとつの市場経済があること、それを調整型の市場経済（CME）として提示したのが、「資本主義の多様性」論であった。そして LME 型の市場経済はアングロサクソン諸国にみられるだけであるのに対して、数としてはむしろ CME 型の市場経済が上回っている。もちろん、「調整」あるいは「協調」のための制度は、たとえば日本とドイツで大きく異なる。ドイツの制度は産業ごとに集団化されているのに対して、日本の制度はあくまでも個別の企業を単位として分散化されている。他方、北欧諸国の調整の制度は、一国全体として高度に集権化されている。

　しかし、グローバル経済の進展とともに、1990 年代を通じて世界を席巻したのはアングロサクソン型の資本主義モデルであった。CME 型の市場経済の核となる「忍耐強い資本」を与えるのが、日本においてはメインバンクを軸とした株式の相互持ち合いや安定株主の組織化であり、同じくドイツにおいてはドイツ三大銀行を中核とした銀行・企業間のネットワークであるのに対して、1990 年代以降の金融の証券化とグローバル化の進展は、金融機関に対して短期の資本収益の追求を命じることになる。すると、これに応じて日本やドイツ型の企業統治は変質し、アメリカやイギリス型の企業統治に転換するのではないか。そうだとすると、制度的補完性の観点からして、雇用システムもまた変化する。それは当然流動型の雇用システムであることが予想される。はたしてそうであるのか。これが 1990 年代以降の議論の中心であった。

　「資本主義の多様性」論からの答えは、制度の持続性であった。すなわちグローバリゼーションや金融資本主義化の圧力にもかかわらず、ドイツやフランスや日本などの調整型の市場経済からアメリカやイギリスなどの自由競争型の市場経済への転換が生まれているわけではなく、既存の制度の持続によって多様な資本主義が維持されている。このような認識が、2001 年のホールとソスキスの「資本主義の多様性」論（Hall and Soskice 2001）を生み出し

た。このとき制度の持続性の根拠となるのが、制度的補完性や歴史的経路依存性の概念であった。

すなわち、制度的補完性の観点からは、あるシステムはそれを構成するサブシステムが相互に適合しあうことにより、全体としてより高い成果を実現する。ゆえに変化が生まれるとすると、個別の変化ではなく、制度的配置の全体が新たな補完性につながる必要がある。反対にいえば、この困難のために、現実の変化は既存の制度の周辺的な出来事や部分的な修正にとどまることになる。同じく歴史的経路依存性の観点からは、変化が生まれるとしても既存の経路のなかでのことであり、ゆえに現実の変化は既存の制度の部分的な修正や適応にとどまることになる。もちろんこれとは正反対に、歴史的ショックの結果、既存の経路を断ち切るような突発的な変化が生まれることもある。あるいは既存の制度の崩壊の結果、全面的な変化が生まれることもある。しかし現実には、突発的で全面的な変化は例外的であり、この意味で既存の制度は持続する。すなわち強靭性こそが制度の本質となる。

日本企業の多様性

これに対して、「改革の20年」のあいだのべつまくなしに述べられたのは、日本の経済システムの全面的かつ突破型の変化の主張であった。そのように既存の構造を一新するような変化でなければ日本経済の再生はないといった議論が、20年間にわたってくり返された。いやアベノミクスが掲げる成長戦略とともに、これまでにもまして改革の主張が企業統治と雇用制度に向けられている[5]。

ただし、いとも簡単に制度がとり替え自由であるかのような議論に対して、制度の持続性や強靭性だけが強調されるなら、持続と同時に生まれる現実の変化を捉える視点が抜け落ちてしまうこともまた間違いない。現実の変化は、

---

5) 本書の主題は日本企業の変化であり、そして変化は個々の企業における改革や変革を意図した意識的選択の結果である以上、日本企業はそれとして「改革の20年」であった。しかしそれは経済システム全体の「構造改革」とは異なるわけであり、個々の企業レベルの変化や改革が結果としてどのような企業制度の変化につながるのかを考察することが本書の課題となる。ゆえに本書の批判は「改革」ではなく、「改革の議論」にある。

全面的な転換でないと同時に、単に部分的な修正でもないという意味で漸進的な変化であり、この漸進的かつ累積的な変化のプロセスを理解する必要がある。このような観点から、制度の持続性を強調した「資本主義の多様性」論の当初の議論から、漸進的な変化がどのように新たな制度の形成につながるのかという方向に問題関心が向けられた（Streeck and Thelen 2005）。これはまさしく日本企業で進行している問題にほかならない。それを青木昌彦は「コーポレーションの進化多様性」として捉え、その1つの方向として、ハイブリッド型組織への進化の可能性を提起した（Aoki 2010）。

　日本企業において漸進的変化をみることはそれほど困難ではない。たとえば1970年代の年功賃金から職能賃金への変化は、既存の年功賃金を破棄するのではなく、そこに能力概念を組み込み、それを職能資格の制度とするものであった。そして現在、既存の職能賃金のなかに成果主義の要素を組み込み、新たな賃金制度の形成が図られている。さらにハイブリッド型の変化としては、以下でみるように、長期雇用を維持したうえで成果主義を導入するというように、より明確に異質な制度の接合や融合が意図されている。あるいは企業統治としては配当重視や株主重視の方向を強める一方、長期雇用を維持するという形で、より強く異質な制度の接合が図られている。このように旧来の制度のなかに新たな要素を組み込み漸進的な変化を進めてゆく、さらには異質な制度を重ね合わせ漸進的な変化を進めてゆくという意味で、漸進的かつハイブリッド型の変化が日本企業において進行している。

　このように日本企業における漸進的変化やハイブリッド型変化を捉えることは、市場原理の観点からの、変化はまだ不十分、といったやみくもの論調を退け、あるいはそれへの反発から、変化を阻止すべき、といった現実無視の論調を退けることを可能とする。さらに日本企業の漸進的変化や進化多様性を捉えることは、「資本主義の多様性」論が提示する一国を単位とした経済システムの類型を超えて、一国内における企業システムの分化や多様性を理解することにもなる。多様な資本主義論が提示した自由競争型（LME）と調整型（CME）の市場経済システムの対比は、たとえば前者の流動的な資本市場と流動的な労働市場は新規企業の創設やブレークスルー型のイノベーシ

ョンを促進させ、他方、後者の調整された資本市場や、組織化された労働市場は既存企業内での研究開発や漸進型のイノベーションを促進させるというように、それぞれに制度的な比較優位が存在することを提示した。しかしいうまでもなく、調整型の市場経済において、日本企業の行動が「調整型」のままであるわけではない。とりわけ「調整型」の制度のもとでは比較劣位となる産業や企業では、既存の制度の変更がより強く進むことも当然となる。事実、金融の分野ではより大きな雇用制度の変化をみることができる（山内2013）。あるいは調整型として比較優位の産業や企業においてもさらなる優位を追求し、既存の制度の変更に向かうことも当然の選択となる。つまり日本企業の変化は同時に、変化の多様性を意味している。

　問題は、これらの変化がどのように新たな制度の形成につながるのかにある。上記のような日本企業の変化をハイブリッド型として捉えるとしても、しかし異質な制度や要素から構成されたハイブリッドが安定的に維持されるのかは自明ではない。より一般化すれば、企業統治と雇用制度と賃金制度のそれぞれを市場型と組織型に区別すると、8通りの組み合わせがあることになる。このうち市場型同士の組み合わせ、あるいは組織型同士の組み合わせを制度的補完性の意味で適合型として捉えると、その他は市場型と組織型のハイブリッドということになり、それはしかし、互いの適合性という意味では不安定となるかもしれない。

　ゆえにハイブリッド型の変化が進化多様性の1つとして定着できるのかはそれがどのように機能するのかにかかっている。いうまでもなく機能不全の制度が存続することはない。それは異質な制度や要素が現実にどのように接合されるのかにかかっている。異質な要素を単に寄せ集めるだけではシステムは機能しない。異質であるがゆえに互いが両立できる形で接合される必要がある。しかし異質な要素の接合のうえを進むことは、鞍点（サドルポイント）上を推移することのようでもあり、それは微妙なバランスに基づいている。そのバランスは現実の変化のなかの人々の行動にかかっている。反対に、ハイブリッドとしての接合や融合が失敗するとき、市場型か組織型の制度的補完性の方向に転換、あるいは転落することも不可避となる。

以上のような観点から、バブル崩壊後の日本の雇用制度と企業統治の変化について考えたい。とくに本書では、変化のもとでの従業員の行動に焦点を当てて考察する。どのような変化が導入されるとしても、それが制度として定着するのかどうかは、実際に従業員によって受け入れられ、新たな制度として有効に機能するのかにかかっている。これまでの日本企業の変化が漸進的であることは、既存の制度との接合を考慮してのことであり、変化が従業員によって受け入れられるかどうかを考慮してのことであったといえる。これに対してハイブリッド型の変化では、より大きく異質な制度のあいだの接合が課題となる以上、これが日本企業の新たな方向として定着するためには、変化のもとでの従業員の行動をどのように理解するかが重大な課題となる。このような観点から、日本労働政策研究・研修機構（JILPT）が行った2回の企業調査と2回の従業員調査から得られるデータをもとに、日本企業が進める企業統治と雇用制度の変化について考察したい。JILPTの調査はアンケートの形式によって当事者の意図や意識を求めるものであるが、これによって変化を進める企業側の意識、変化を受け止める従業員側の意識を捉えることが可能となる。この点でJILPTの調査は貴重なデータを提供する。

　以下の議論は、まず第1章では、バブル崩壊後の日本経済の「失われた10年」の帰結というべき90年代終盤の金融危機を引き金とした企業統治と雇用制度の変化について概観する。企業統治に関しては、配当重視と執行役員制の導入を、雇用制度に関しては、長期雇用を維持したうえでの成果主義の導入を、2000年前後からの日本企業の顕著な変化としてあげることができる。これらをどのように理解するのかを、株主要因と経営要因の2つの観点から考察する。

　第2章では、企業統治の変革の中心となる執行役員制の導入と取締役会改革がどのような要因によるのかを企業調査のデータに基づいて考察する。そして企業統治の変化が長期雇用と成果主義にどのような影響を及ぼすのか考察する。それは企業統治の変化が長期雇用を限定し、成果主義の導入を進めることを明らかにする。それと同時に長期雇用を維持する要因を明示して、日本企業が4つの方向に分化することを検証する。

第3章では、長期雇用を維持したうえで成果主義の導入を図る日本企業の新たな方向が有効に機能するのかを、従業員の仕事のインセンティブに焦点を合わせて考察する。雇用の安定と業績連動賃金によって従業員の仕事意欲を高めることがハイブリッド組織の意図であるとしても、長期雇用と成果主義は両立よりも相反することになるかもしれない。するとハイブリッド組織が機能するためには、長期雇用と両立する形での成果主義の作用を抑制する必要があることを、従業員調査のデータに基づいて考察する。

　第4章では、株主重視の企業統治を従業員がどのように認識しているのかを考察する。一般に従業員は株主重視の企業統治に反対することが予想されるのであるが、とりわけ日本企業では従業員重視の経営と呼ばれてきたことからして、株主重視に対する反対の意識が強いことが想定される。しかし予想に反して株主重視の企業統治に対する従業員の支持は高い。この理由を従業員の経営に対する信頼の観点から考察する。それと同時に従業員は経営に対する監視を強めることを支持している。これらのことから企業統治に対する従業員の参加の可能性について考察する。

　第5章では、企業統治に関する現在の最大のテーマとして、社外取締役の義務化や法制化と買収防衛策の問題を取り上げ、第6章では、同じく雇用制度に関する現在の最大のテーマとして、解雇規制と非正規雇用の問題を取り上げる。社外取締役が提起する問題は、企業統治の多様性をどのように理解するかであり、日本企業においては監査・監督委員会制度が有効であることを論じる。買収防衛策と解雇規制が提起する問題は、市場原理が唱える契約自由や取引自由は同時に権利の濫用を阻止するルールを必要とするということであり、その役割を司法が担うとしても、その背後には企業をどのように理解し、労使の関係をどのように理解するのかに関して社会の合意があることを論じる。そして非正規雇用と格差問題に関しては、それらは日本企業の内部労働市場や正社員の制度が直面するジレンマであると同時に、その解決法は既存の制度の否定ではなく、そのなかにどのように包摂できるのかにあることを論じる。

　最後に第7章では、制度の維持を図ることが結果としてその内実を失う

「漂流」型の変化となることや、その中味がすり替わってしまう「転用型」の変化となることの危険を指摘し、ハイブリッドとしての日本企業の漸進的な制度変化のための条件を示唆して本書の終わり、すなわち目的（end）とする。

第1章
企業統治と雇用制度の変革

1.1 日本型システム

2つの制度改革

　1990年代初頭のバブル経済崩壊後、日本企業は2つの制度改革に迫られた。企業統治（コーポレート・ガバナンス）と雇用制度とりわけ人材マネジメント（Human Resource Management; HRM）の変革である[1]。前者は株主重視の経営を述べ、後者は成果主義の人事制度を提唱した。そしてこれと並行して、正規雇用の減少と非正規雇用の増大が進展した。ではこの結果、日本の企業システムはどのような方向に進むのか。

　当初はアメリカ型システムへの転換が述べられた。それを組織原理から市場原理への転換とすると、たしかに株主重視の経営も成果主義の人事制度も市場原理の方向への変化といえる。前者は企業の市場価値すなわち株価の最大化を提唱し、後者は個々人の毎期の成果に応じた賃金を提唱した。それは賃金だけではなく、人事処遇制度の個別化や柔軟化を提唱した。すると残るのは長期雇用の慣行となる。その柔軟化も進むなら、日本の雇用システムは市場型の方向に大きく変化する。現に目にするのはかつてない規模の雇用リストラと、派遣や契約型の非正規雇用の増大であり、それらは事実としての雇用の流動化となって市場原理の作用を強めるものとみなされた。

　ただし最初に指摘したように、アメリカ企業が示す市場原理を基準とする

---

[1] 以下では企業統治、コーポレート・ガバナンス、ガバナンスという表現を適宜使い分ける。また人材マネジメントと人事制度、雇用システムと雇用制度という表現も適宜使い分ける。

かぎり、日本企業の転換はまだ不十分だということになる。その理由をジャコービは、アメリカ企業はさらに市場原理の方向に変化したからだとする（Jacoby 2005）のであるが、しかし日本においてはこのような認識よりも、変化に対する抵抗のため、というのが大方の議論であった。たしかに日本企業の株主重視はアメリカ型の株主支配からは程遠いものであり、敵対的な企業買収市場や公開買い付けは依然不活発である。その理由としてやり玉にあがるのは、みずからの地位を守ろうとする経営者の抵抗のため、というものであった。同じく成果主義が生み出す賃金の格差と変動は抑制されたものであり、正規雇用はいまもなお男女を含めて雇用全体の約3分の2を占め、男性に関しては8割以上を占めている。そして解雇もまた現実には厳しく抑制されている。その理由もまた、みずからの地位を守ろうとする正社員の抵抗のためだとされる。ここから一方では、これらの抵抗を排してもっとアメリカ型の市場原理に近づくべきといった議論を、これに憤慨して他方では、市場志向の変化を阻止すべきといった議論をみることになる。

　このように市場原理と組織原理を両極として、変化の多寡や変化の度合いが述べられるのであるが、つねに参照されるのがアメリカ型のシステムであることに変わりはない。しかし、すでに述べたように、資本主義の多様性論の観点からは、それぞれの国の企業システムはそれぞれに固有の経路のなかで、かつ多様な変化を生み出すものとして理解できる。このような観点から、現実に進行する日本企業の多様性を提示することを本書は課題とする。このとき、市場原理はある意味で一元化されるのに対して、組織原理は「調整された市場経済」ごとに多様であり、この意味での日本企業の組織原理、あるいは「調整」の原理を理解する必要がある。この点での理解が歪むなら、現実の変化の理解も歪んだものとなる。この点に関して寺西重郎は、改革における「認知モデル」の問題として、対象とする制度の現状の認識の問題であると同時に、将来像の認識の問題でもあることを指摘する（寺西 2011）。要するに市場原理以外の認知モデルに盲目であれば、現状の認識も改革の将来像も視野狭窄とならざるをえない。以下ではこの20年間の変化を跡付け、企業統治と雇用制度の変化にかかわる論点を提示し、それを次章での企業調査

に基づく分析につなげてゆく。

日本企業の競争力

　まず、既存の日本型と呼ばれる雇用と企業統治のシステムをいま一度確認しておこう。もし日本の雇用システムとして、ステレオタイプ的に終身雇用と年功賃金だけを取り出すなら、たとえ調整された（coordinated）市場経済であるとしても、それは賃金と雇用の調整（adjustment）の遅れや硬直性を意味するだけとなる。これだけであると、アメリカ企業に代表される賃金と雇用の柔軟性のシステムに日本企業は太刀打ちできない。たしかにバブル崩壊後の日本企業の業績低迷にともない、このような見方が一気に広がった。象徴的な出来事は、日本企業の多くが危機的状況に瀕し、かつてない規模の雇用リストラが進行した1998年、長期雇用を堅持するとしたトヨタに対して社債の格下げがなされたことであった[2]。日本企業の苦境に対して、絶好調の様相を呈するのがアメリカ企業であることから、毎期ごとに成立する賃金と雇用の柔軟性、すなわち市場原理に基づいた雇用システムの優位性が自明のごとく主張されるのであった。

　なるほどバブル崩壊後の日本企業の業績低迷が顕著であるとしても、このような理解によっては日本企業の競争力が説明できない。つとに小池和男によって指摘されてきたように、日本企業の雇用システムの核心は、企業内での長期の能力形成と長期の能力評価にある（小池2005）。この結果として、一方では継続的な能力評価に基づく賃金が年功賃金であるかのように成立し、他方では長期の継続雇用が終身雇用であるかのように成立する。しかし、当然のことであるが、長期の能力評価の結果として、昇進と昇給の個人間の格差は顕著となり、現在の雇用リストラにみられるように、雇用調整は幾度となくなされてきた。そのうえで、長期の継続雇用と長期の能力形成を基盤として、市場と技術の変化に対する組織的対応力の意味での日本企業の競争力

---

[2] ただし2000年代に入るや、その競争力と収益力をみてトヨタの格付けは最高レベルに引き上げられた。さらにその後、リーマンショック後の巨額の赤字に対して、トヨタの格付けは再度の引き下げがなされた。そして現在は再度の上方修正がなされている。

の構築があった（藤本 2004）。

　このように、長期雇用と企業内訓練と長期の能力賃金を日本の雇用システムの三本の柱とすると、雇用の継続がなければ長期の能力形成も長期の能力賃金もないという意味で、長期雇用がその核となる。もちろん雇用調整が回避されるわけではない。現になされているのはかつてない規模での雇用リストラであり、70年代のオイルショック、80年代のプラザ合意後の円高、そしてバブル崩壊後の長期不況というように、突然襲う景気の変動と企業業績の悪化とともに雇用リストラ、すなわち解雇が不可避であることは幾度となく経験ずみのことである。

　ただしこの場合も、株主利益優先の企業統治であれば、赤字を回避して配当を確保するために雇用の削減がなされるのに対して、日本企業では赤字になって、現実には2期連続の赤字が確実となって人員削減に着手されること、この場合も配当のカットや経営者報酬のカットが先行することが指摘されてきた。たとえば松浦克己は、1991年から1997年までのデータから、2期連続赤字企業の行動として、52.5％は雇用削減と配当カットを同時に選択するのに対して、43.6％は配当カットのみの選択であること、そして雇用削減のみの選択はわずかに1.8％であることを明らかにした（松浦 2001）。要するに、雇用の削減という労働の側の犠牲は、配当のカットや経営者報酬のカットなど、資本の側の犠牲がともなうことによって可能となる。そして雇用の削減も、時間短縮や配置転換によって削減の規模を抑制し、あるいは新規採用の停止や抑制による自然減を組み込むことによって、時間をかけた調整であることが労使の合意とされた[3]。もし株主利益優先が、配当を維持するために四半期単位で雇用を削減することであるなら、少なくともそれは既存の日本企業の行動ではなかった。そしてこの意味での「忍耐強い資本」の役割を担ったのがメインバンクであり、メインバンクを軸とした安定株主や株式の相互持ち合いの組織化であった。

3）第6章ではいわゆる解雇法制をめぐる問題を論じるが、このような労使の合意としての雇用調整のルールが判例法理として成立したことを明らかにする。

メインバンクのガバナンス機能

　もちろん、安定的株主やメインバンクはどこまでも忍耐強いわけではない。青木によって「状態依存型ガバナンス」と呼ばれた（Aoki 1994）ように、経営危機の状態においてメインバンクが介入する。それは融資の回収と破綻処理ではなく、再建が志向され、再建のための救済が図られた。再建は既存の経営者の交代や経営方針の変更をともなってのことであり、経営不振企業を立て直すメカニズムが企業統治の機能であるという観点からは、メインバンクが最終的に日本企業のガバナンスの役割を担うものとみなされた。もちろん、倒産を回避するという意味では経営不振企業の救済となり、再建と救済のいずれを強調するかによってメインバンクの評価は異なる。とくにバブル崩壊後の長期不況とともに業績不振企業の再建は困難となるだけでなく、銀行は破綻処理からの不良債権の増大を回避するために追加融資いわゆる追い貸しを行う羽目となった。ここからメインバンクの評価は一気に低落したのであるが（堀内・花崎 2000）、たとえ救済の面を取り出すとしても、それは厳しい雇用削減をともなってのことである。事実、メインバンク関係のもとでは雇用調整の速度は遅れるとしても（富山 2001）、雇用削減の規模は大きくなることが指摘されている（Kang and Shivdasani 1997）。そのうえで倒産を免れることから、既存の雇用関係の継続が可能となる。

　以上のような日本企業のあり方は、株主利益を第一に優先するわけではないという意味で、企業にかかわる利害関係者全員を志向したステークホルダー型ガバナンスと呼ばれたり、株主利益よりも従業員利益を優先させるという意味で従業員重視の経営や、さらには従業員主権のガバナンスと表現されてきた（伊丹 2000）。たとえば吉森賢は、「会社は誰のために存在するか」という日米欧の経営者（正確にはフランスのビジネススクール、インシアードに在籍する将来の経営幹部候補者）へのアンケート調査から、アメリカ企業の75.6％、イギリス企業の70.5％は「株主のため」と回答するのに対して、フランス企業の78％、ドイツ企業の82.7％、日本企業の97.1％は「全利害関係者のため」と回答すること、そして業績が悪化した場合の方針としては、アメリカ企業の89.2％、イギリス企業の89.3％は「配当優先」、フランス企

業の60.4%、ドイツ企業の59.1%、日本企業の97.1%は「雇用優先」の回答であることを発見した[4]（吉森1996）。

ステークホルダー型ガバナンス

ただし、このような違いは経営者の価値観や志向性の違いとしてだけ受け止める必要はない。ステークホルダー（stakeholder）を利害関係者という一般的な表現ではなく、企業活動に「賭け金（stake）」をつぎ込み、企業収益からその分け前を受け取る請求権者（holder）のことだとすると、株主だけではなく、企業特殊的な技能形成を行う従業員、特定用途に向けた製品開発や技術開発や設備投資を行うサプライヤーが、言葉の真の意味でのステークホルダーとなる。そのような関係特殊的投資に対する支払いが前もって契約に明示されている場合には、契約に基づく支払いを行ったのちの企業収益はすべてが株主に帰属する。これが株主支配の企業統治の根拠だとすると、取引コストによってそのような契約は不可能であること、ゆえに契約は不完備となり、その支払いは事後的に決まるという点に、企業収益に対する請求権者としてのステークホルダーの根拠がある（宮本2004）。

このようにステークホルダーを企業価値に対する明示的な請求権者として定義すると、一方での株主に加えて、他方での企業特殊的技能形成や関係特殊的投資を行うコアの従業員やコアのサプライヤーが狭義の意味でのステークホルダーとなる。これに対してより広義のステークホルダーとして、コア以外の一般従業員や取引先や顧客や地域社会や社会一般があげられる。次章でみるように、これらのステークホルダー全体に向けての企業活動が、企業の社会的責任（Corporate Social Responsibility; CSR）として意識されることになる。

いうまでもなく、狭義のステークホルダーとして、株主とコアの従業員やコアのサプライヤーはまったく対照的な存在であり、前者には関係特殊的な

4）このアンケートは1991年当時のものであり、日本の企業統治の変化以前の状態をもっとも印象的に示すものだといえる。先にみた松浦（2001）の発見は、1991年から97年までのデータから、実際には雇用も配当も削減するというものであり、これに対して本書では、97～98年の金融危機を引き金とした企業統治の急激な変化と雇用の変化が考察の対象となる。

要素は何もなく、その賭け金のリスクに対しては市場の流動性という安全網が与えられている。これに対して後者は、移動可能性や転用可能性が制約され、ゆえに市場ではなく当該の関係のなかでの調整、妥協、合意という意味での組織的行動が中心となる。もちろん関係特殊的投資が生み出す企業特殊性の度合いが明示されるわけではない[5]。ただそうだとしても、事後的な利害関係が保証されなければ、関係特殊的投資はなされない。つまり企業の側からすれば、従業員における企業特殊的技能の利用は断念し、サプライヤーからの関係特殊的な技術や製造の提供は断念せざるをえない。すなわちそれらの要素に依拠した競争力は低下する。それは企業活動が生み出す将来利益の流列としての企業価値の低下となり、つまりは株主に帰属する株主価値もまた低下する。この意味で株主利益のためにも、株主を含めたステークホルダー全体の利益を考慮する企業統治が必要となる。

　ここで重要な点は、関係特殊的投資に対する支払いが事後的に決まるという意味で不完備契約の形態をとるとしても、それだけであればこのような契約を受け入れる従業員やサプライヤーは存在しない。事後的な交渉や決定において従業員やサプライヤーが不利となることは当然に予想されるわけであり、ゆえに不完備契約が成立するためには、その事後的な決定の「決め方」が雇用関係や取引関係のルールや慣行として制度化される必要がある。たとえば賃金に関して、それを日本企業は能力等級に基づく昇進や昇給のルールとした。あるいは雇用調整の場合には、上記のように、人員削減に先立って時間短縮や配置転換によって雇用を維持することをルールとした。あるいは労働側の犠牲に先立って、少なくともそれと並行して、配当カットの形で資本の側の犠牲がともなうことをルールとした。しかしこのようなルールや慣行を維持することは、短期の株主利益の追求と対立する。ゆえにルールが維持されるためには、株主利益優先の圧力が抑制される必要がある。それを可能とするのがメインバンクが組織化する「忍耐強い資本」であった。これが日本やドイツなどの「調整された市場経済」となる。

---

[5] 企業内訓練に基づく技能の企業特殊性の程度はせいぜい2割程度ということが小池（2005）によって指摘されている。この点は第3章で詳しく論じる。

これに対して、流動的な株式市場に基づいた株主利益優先の企業統治にはこのようなルールは存在しない。あるいは一方的に破棄される。この結果、関係特殊的投資ではなく、市場で評価され、他に転用可能な一般化された技能や技術への投資の比重が高まり、コーディネート（調整）ではなく、アームス・レングス（互いに距離のある）の関係が支配的となる。これがアメリカやイギリスの「自由な市場経済」だということになる。このように企業統治のあり方が経済システムの違いに帰着する。これは市場原理に賛成か反対か、市場原理に屈するのか抵抗するのかといった次元の問題ではなく、システムとその制度の認識の問題にほかならない。

　しかし、既存の日本企業の取引ルールや慣行を支え、ステークホルダー重視の企業統治を支えてきたメインバンクシステムは急速に衰退し、「忍耐強い資本」の中心ではありえなくなっている。バブル崩壊後の日本の経済システムにおいてもっとも激しい変化にさらされたのが金融の分野であり、とりわけ1997〜98年の金融危機はメインバンクの危機となり、もはやメインバンクには企業統治を担うだけの力はなくなった。これが90年代を通じた「失われた10年」の帰結であった。では「忍耐強い資本」が消滅することにより、ステークホルダー重視や従業員重視の経営は株主重視の経営に転換するのか。するとそこにはどのような雇用制度や人材マネジメントが展開されるのか。

1.2　企業統治の変革

株式市場の流動化

　バブル崩壊後、日本の企業統治は急激な環境の変化に直面した。1つは株式所有構造の急速な変化であり、もう1つは企業収益の極度の落ち込みであった。まず前者からみよう。図1.1に示されるように、とりわけ1997〜98年の金融危機が引き金となり、金融機関（投資・年金信託を除く）と都銀・地銀の持株比率は急速に低下した。その背後には、金融機関の経営危機に加えて、株式の時価評価という会計制度の変更があった。この結果、バブル崩壊

図 1.1 株式保有比率の推移（金額ベース）

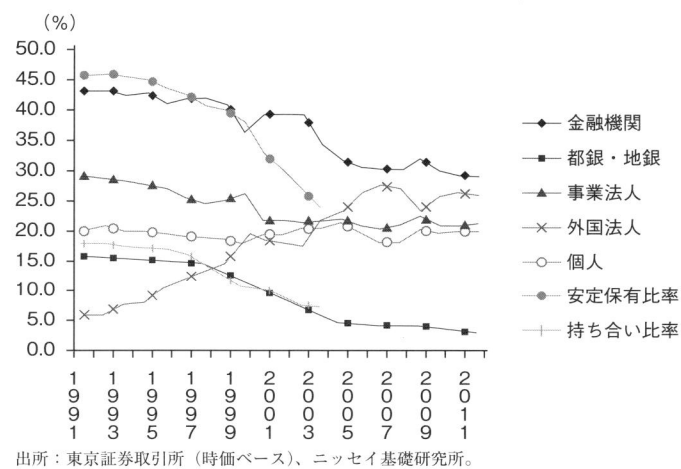

出所：東京証券取引所（時価ベース）、ニッセイ基礎研究所。

後の株価の急激な下落においても依然金融機関によって保有されていた株式は一挙に放出されることになった。これとみごとに符合して、安定株主比率と株式の相互持ち合い比率が急激に低下する[6]。安定株主と相互持ち合いの中心にメインバンクが存在していたことがあらためて確認できるわけであるが、これにかわって急上昇するのは外国人持株比率である。いまや外国人投資家が「日本株式会社」の最大の株主となっている。いうまでもなく、外国人投資家が「忍耐強い資本」として行動する理由はない。市場の評価を突きつけ、企業経営に発言する「行動主義」の株主（アクティビスト・ファンド）から、四半期利益に応じて大量の売買を繰り返す各種の投資ファンドの株主まで、その行動は日本企業の株価を大きく左右するものとなっている。

そこで、株式保有のうち、外国人投資家と投資・年金信託と個人の保有を流動的株主、市中銀行と事業法人の保有を固定的株主、そして生保、損保、信託（投資・年金信託を除く）の保有を機関投資家とすると、それぞれの保有比率の合計は図 1.2 のようになる。既存の株式所有構造において生保・損保

6）安定株主と相互持ち合いの比率はニッセイ基礎研究所によって公表されていたのであるが、この2つの意義がなくなったということから、2003年度以降公表されることもなくなった。

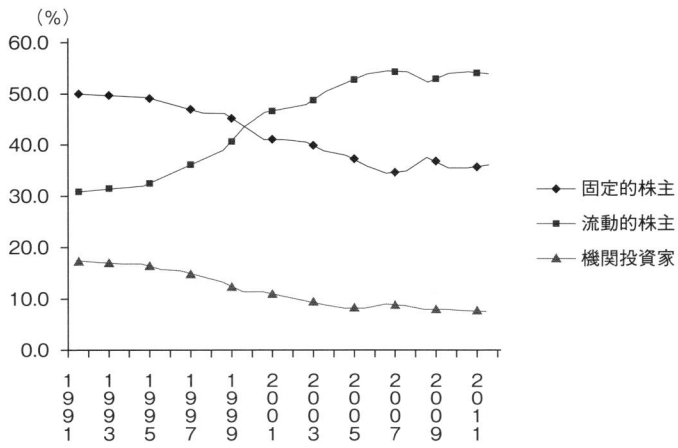

図1.2 固定的株主と流動的株主の比率

の機関投資家は安定株主や友好的株主として行動することが想定されるのであるが、これを除いても 90 年代前半には固定的株主が半数を占めていた。これに機関投資家を加えると 70％近くが組織化された株式所有であった。この意味でインサイダーのあいだの「調整」はあったとしても、アウトサイダーからの圧力はほとんどなかったのが日本の株式市場であった。しかし、90 年代終盤の金融危機とともに固定的株主の比率は急速に低下し、機関投資家を除いたとしても 90 年代末には流動的株主と固定的株主の比率が逆転し、2000 年代に入ってからは流動的株主単独で過半数を占めることになる。

　このように日本においても流動的な株式市場が支配的となり、そして流動的市場は、企業買収市場として機能する。事実、2004 年のライブドアによる買収行動を皮切りに、敵対的企業買収もまた現実のものとなった。あるいはそれと前後して、外資の投資ファンドによる敵対的買収やその脅威を背景とした配当増額の圧力も表面化した。さらに、外資や新興企業だけでなく、明治 6 年創業の財閥系企業による同業中堅企業に対する敵対的買収の衝撃は、日本企業が根本的に変わったかのような印象を与え、敵対的企業買収が日常化するかのようにも思われた。いまのところ敵対的企業買収の成功例はないものの、日本の企業システムはある意味で初めて、市場の評価や投資家の評

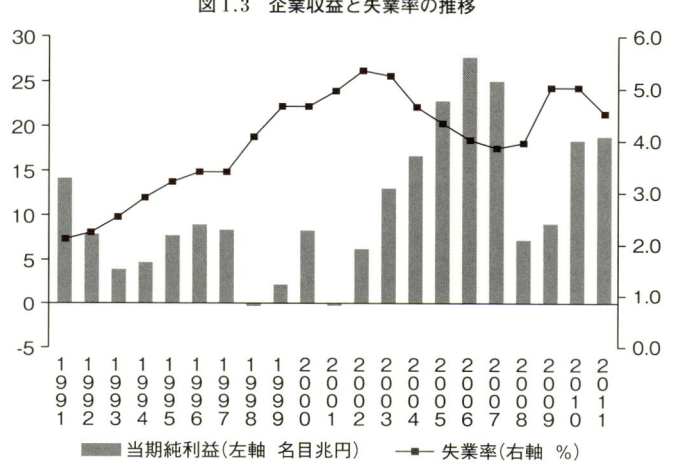

図1.3 企業収益と失業率の推移

当期純利益(左軸　名目兆円)　　失業率(右軸　％)

出所：財務省「法人企業統計」、総務省「労働力調査」。

価にさらされ、株主支配や敵対的企業買収の脅威を意識することになった[7]。

収益性の危機

　もう1つ、企業統治の変化を加速させた要因として、バブル崩壊後の企業収益の極度の悪化がある。図1.3に示されるように、バブル経済のピークの1991年以降、企業収益は急激に低下し（金融業を除く全産業、規模合計）、それは「経営の危機」や「収益性の危機」といった様相を呈した[8]。とりわけ1997/98年の金融危機から2001年のアメリカITバブル（ドットコム・バブル）崩壊に至る企業収益の急落は、巨額の赤字だけではなく、銀行や大企業の倒産を現実のものとした。それと同時に進行するのはかつてない規模の雇

7）ここから企業防衛の問題が生まれることになるのであるが、第5章では濫用的買収の問題を論じる。
8）ちなみに「収益性の危機」という表現は、1970年代後半、スタグフレーションに襲われたアメリカ経済やイギリス経済について述べられた。ここから80年代のアメリカ、イギリスは、経済構造改革として、レーガン、サッチャーの新自由主義に向かうのであるが、これと同様の光景を2001年からの小泉新自由主義の登場にみることになる。ただし日本のそれははるかに微温的であったことは間違いない。

用リストラであり、この結果が98年からの失業率の急騰に示されている。この危機的状況に至るまで、日本の企業システムはバブル崩壊後も雇用維持の方針をもちこたえていたということもできる。しかし90年代末の経営危機とともに、日本の企業システムは一挙に変革の方向に向かうことになった。

　2003年以降の企業収益の急速な回復は以下で述べることにして、2000年前後に最悪となった収益力の急激な低下は、日本企業の競争力の低下を意識させることになった。それは製品開発や技術開発の競争力や製造現場の競争力だけではない。というよりも、そのような「現場の競争力」は維持されているにもかかわらず、「経営の競争力」に問題があるといった意識が高まった。「勝ち組」「負け組」といった表現にみられるように、同一業種において企業間の顕著な業績格差があらわとなり、その原因として経営の優劣が取りざたされた。おそらくその背景には、経営破綻した日産の再生をもたらしたカリスマ経営者、カルロス・ゴーンの登場があったといえる（Olcott 2009）。つまり日本の企業システムは、ある意味で初めて、経営の競争や経営者の競争を意識することになった。

　同時に日本企業に突きつけられたのは、もはやメインバンクによる救済は期待できないということであった。それを象徴する出来事が1999年の日産の経営危機であり、メインバンクの興銀（当時）にはもはや日産を救済し再建する力がないことが露呈した。あるいは2000年のそごうの経営危機では、メインバンクの富士銀行（当時）が提示した再建計画に非メインの新生銀行が非協力の方針を貫いた結果、そごうの倒産が余儀なくされた。とりわけ後者の衝撃は大きかったと思われる。メインバンクによる救済と再建は、債権回収の猶予や金利減免など再建計画に対する非メインの協力を前提としてのことであり、この意味で「調整された市場経済」のあり方をもっともよく示しているということができた。しかし外国人投資家と同様、外資企業として行動する新生銀行に、「調整された市場経済」の一員であることや、「忍耐強い資本」として行動することが期待できるわけではない。つまり、調整や協調の失敗であり、それはシステムとしてのメインバンクの機能停止を意味していた。さらに金融当局の方針もまた、護送船団方式の放棄はもとより、メ

インバンクに対して債権回収の猶予を会計面で支えることを否定し、不良債権処理の加速化と債権管理の厳格化を命じる方向へと変化した。

かくして企業統治の役割からメインバンクが退場し、かわりに登場するのは流動化した市場のなかの株主となる。しかし、当然のことであるが、株主がそのまま企業を統治できるわけではない。株主ができることは既存の経営者を新たな経営者に置き換えることであるが、そのためには市場のなかの株主を組織化する必要がある。つまり、公開買い付けによる企業買収であり、これによってみずからが経営するかあるいは経営者を派遣する。ただし、破綻企業は別にして、2000年前後の危機的状況において、経営不振企業を統治するだけのリスクを取る株主は存在しなかった。今日では事業再生ファンドの登場をみるとしても、当時において目のあたりにするのは健全経営をターゲットとした外資ファンドによる敵対的企業買収であるか、破綻した旧長銀をただ同然で獲得したリップルウッドのようなケースであった。このような株主に対して既存の経営者は抵抗する。それはみずから地位を守るためだということはもちろんできる。いや、会社を守るためというのが日本の経営者の意識であり、信条であるということもできる。その真偽は別にして、メインバンクの退場の結果、日本の企業統治にはある意味で空白の状態が生まれた。そしてこれを埋めたのは抜擢された内部の経営者であった。

抜擢された経営者の使命はいうまでもなく経営の立て直しであり、長引く苦境に対してもはや外部からの救済はない以上、みずからの力で危機を切り抜ける以外にない。これがバブル崩壊後の「失われた10年」の帰結であり、日本企業はある意味で初めて、経営の競争を意識し、みずからの力で経営を立て直す必要を意識した。そのためには、経営の強化と競争力の再構築を目指した企業統治の変革が不可避となる。ここから日本の企業システムの変革が一挙に進むこととなった。

1.3　取締役会改革

株主重視か

　バブル崩壊後の企業統治の変化を生み出す要因として2つを指摘することができた。1つは株式市場の変化、とりわけ安定株主や相互持ち合いの解消であり、それは株式市場の流動性を高め、株主からの圧力を強めることになった。もう1つは企業収益の極度の落ち込みであり、それは経営の立て直しや競争力の再構築を喫緊の課題とした。

　もちろんこれ以外の要因もあるとしても、少なくともこの2つと企業統治との関係は明白である。つまり、業績悪化の企業をどのように立て直すのかが企業統治の課題だとすると、この意味でのガバナンスの機能を担ったのがかつてはメインバンクであった。しかしメインバンクの衰退とともに、それにかわって登場するのが流動的市場からの株主圧力だということになる。しかし株主圧力を受けて現実に登場したのは、既存の経営からの抜擢された経営者であった。彼らに振りかかるのは経営の再建を命じる株式市場からの圧力であり、この意味で2000年前後におそらく日本企業において初めて株主を意識した経営、株主重視の経営が意識された。

　ここに登場したのが、企業統治のエージェンシー理論であり、アメリカ企業の株主支配モデルであった（Jensen 1993）。つまり、株式市場の流動化や株式の分散化はそれ自体としては株主による経営のコントロールを困難とし、株主利益を犠牲とした経営者利益の追求の余地を与えることになる。もちろん経営者利益ではなく、従業員利益やステークホルダー利益の追求であるとしても、そのような口実を排して経営者は株主の代理人（エージェンシー）であるべき、というのがエージェンシー理論の根本教義であった。ゆえに経営者を実際に株主の代理人として行動させるメカニズムの確立が企業統治の課題となる。その1つが社外取締役による委員会方式の取締役会を通じた内部ガバナンスであり、そしてもう1つが企業買収市場を通じた外部ガバナンスであることが、株式会社の正統の教えとされた、ということになる。

前者の内部ガバナンスに関しては、株主利益を代弁する社外取締役が経営者の指名委員会を握ることにより、業績不振のつまりは株主利益に反する経営者を解任し、新たな経営者を選任する。あるいはこのように経営者をムチによって規律づけると同時に、アメによっても規律づける。すなわち報酬委員会によるストックオプションの付与であり、経営者報酬を株価と連動させることによって株主利益と経営者利益を一致させた点に、アメリカの企業統治のイノベーションがあることが喧伝された。同じく後者の外部ガバナンスに関しては、株式の持ち合いや安定株主の消滅により、ようやく日本においても敵対的企業買収を可能とする流動的な株式市場が現実のものになったかのような意識が高まった。この流れをもっと加速化させる必要がある。これによって業績不振企業の経営陣を刷新すれば業績は向上する。いやそれ以前に買収を仕掛けるだけで株価は上昇する。つまりは株主利益が実現されるといった議論が人口に膾炙した。

このような議論が日本企業を取り囲むのであるが、アメリカにおいては80年代に外部ガバナンスとして敵対的企業買収の圧力が席巻した。それはまた、被買収企業の資産を担保とした買収資金の調達方法をあみ出すことによって、同じくアメリカによる企業買収のイノベーションであるともてはやされた。しかし、その後の買収防衛策と80年代末の株価暴落（ブラックマンデー）による買収資金の枯渇から、敵対的企業買収は下火となり、それにかわって90年代以降、委員会方式の内部ガバナンスの方向にアメリカの企業統治は転換した。これに対して日本では、企業買収市場を通じた外部ガバナンスと社外取締役を通じた内部ガバナンスの2つの教義が同時に上陸したようなありさまであった。そしてこの背後には、株主支配を標榜するアメリカ企業の絶頂ぶりがあった。事実、2000年代初頭のITバブル崩壊まで、アメリカ企業の株価は一直線に上昇した。

これが90年代後半の状況であり、ここからの選択は株主重視の企業統治への転換しかないようにも思われた。もちろん実際にはアメリカモデルの企業統治に向かったわけではない。以下でみるように、委員会方式の企業統治の採用はごくわずかであり、敵対的企業買収に対してはただちに買収防衛策

図 1.4 配当の推移（金融を除く全産業、資本金 10 億円以上）

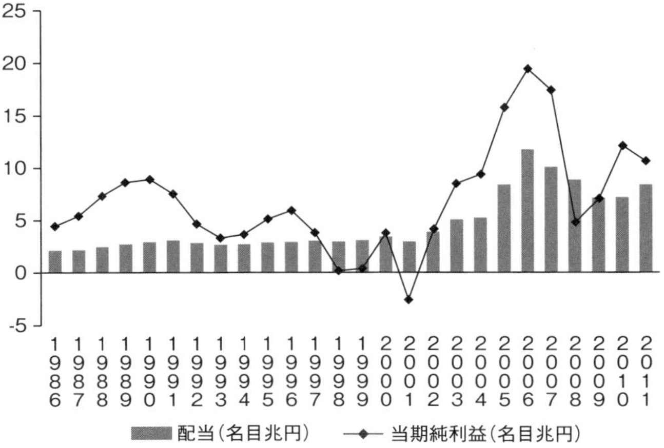

配当（名目兆円）　　当期純利益（名目兆円）
出所：財務省「法人企業統計」。

が向けられた。アメリカモデルを標榜する一部の企業はあったとしても、おそらく大半の企業は反論はしないで聞き流す、ということであったと思われる。

配 当 重 視

　ただし、確実に生まれた変化がある。配当支払いの増大であり、図 1.4 に示されるように（ここでは金融業を除いた資本金 10 億円以上の大企業とした）、2003 年以降の企業収益の急速な回復とともに、配当は急増する。それは配当の増大であると同時に、配当と企業収益との連動でもあった。事実、リーマンショックに直撃された 2008 年以降の企業収益の急激な下落とともに、配当もまた急減する。ただし 90 年代と比較すれば顕著に高い水準を推移している。

　さらに図 1.4 からは、バブルの時代の企業収益の増大においても、さらに 90 年代の企業収益の悪化においても、配当はほぼ一定に維持されていたことがわかる。つまり安定配当の方針であり、企業収益の悪化時には含み益を利用して配当原資に回すことも可能であった。アメリカにおいては、ある一定水準の株価を維持して株主からの圧力をかわし、経営の裁量を確保するこ

とが、1970年代までの経営者支配型の企業統治として指摘されてきた。それが日本では、ある一定水準の配当を維持することであったといえる。そして何よりも、バブル崩壊の1990年までは、企業成長とともに日本において株価は持続的に上昇した。これに対してアメリカでは、60年代、70年代の株価の低迷が「株主の反乱」を引き起こし（土志田・田村・日本経済研究センター編2002）、80年代の敵対的企業買収とともに経営者企業の時代は終焉し、株主支配の時代が到来した。

これに対して日本では、ある一定水準の配当を維持して株主からの圧力をかわすという意味での経営者企業はバブル崩壊後の90年代においても変わることはなく、しかし株価は急激に低下した。ここから日本においても「株主の反乱」が生まれたということができる。その主役となるのが90年代終盤以降の外国人投資家であり、外資の機関投資家からの圧力だけでなく、外資ファンドによる敵対的企業買収の騒動もあった。それは売り上げ100億円程度の企業に敵対的企業買収を仕掛け、一挙に10倍以上の配当を手にするとともに、株価の上昇を捉えて売り逃げるというものであり、ここからの教訓は、外国人投資家による介入や騒動を回避するには配当増大で応じる必要があるということであった。

このように2000年以降、日本の企業統治は配当重視の方向に変化した。日本の企業統治の変化に対して、ドーアは皮肉を込めて、「アメリカの投資家に「進んだ企業」だと印象づけるためのようだ」（Dore 2000）と指摘するのであるが、アメリカの投資家の受けを意識する必要のないトヨタにおいても配当重視に変わりはない。図1.5に示されるように、1株当たり配当は2001年以降年ごとに増大し、90年代の20円前後からピークの2007年度には140円に達している。この背後には企業収益の顕著な増大があるとしても、リーマンショック後の企業収益のかつてない落ち込みにおいても配当は50円の水準で維持され、2012年度からの収益回復にともない配当は再度増大の方向にある。ホンダや日産も同じであり、各社の有価証券報告書をみると、配当性向を20％や30％など、ある一定率とすることの記述が多い。ゆえに企業収益の悪化とともに配当も減少するとしても、実際には減少幅は抑制さ

図1.5 トヨタの1株当たり配当と単体純利益の推移

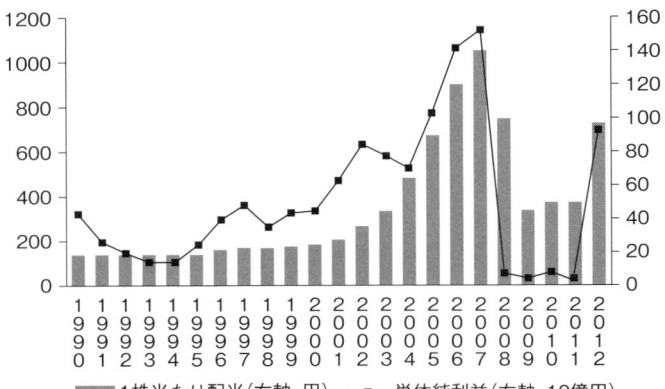

出所：各年度有価証券報告書。

れる。いや、純利益が減少しても配当は増額するというケースもある。要するに配当の水準はこれまでよりも数段高いレベルで推移することになった。

　ただしこれらのことから、企業業績の悪化時に雇用よりも配当を優先するという意味で、株主利益優先の方向に企業統治が変化したというわけではない。先の松浦（2001）の分析に対して、久保克行は1996年から2009年までのデータから、企業業績悪化にともなう雇用削減の可能性は、前期（1996～2002年）よりも後期（2002～2009年）でより大きくなること、さらに外国人持株比率の増大などから株主重視型の企業統治の性格が強まることに応じて、雇用削減の選択が強まり、配当削減の選択の可能性が弱まることを発見する。ただしこの場合にも、雇用のみを削減する確率は9.8％であることが示されている（久保2011）。

　もう1点、配当と同様、経営者報酬も企業収益に連動するように変化した。表1.1は資本金10億円以上企業の純利益と配当、経営者給与、従業員給与のあいだの相関係数であるが（財務省「法人企業統計」では従業員賞与の数値が与えられていないため、経営者報酬も基本報酬としての給与に限定した）、1991～2001年（年度）では配当も経営者給与も企業収益と相関することはないのに対して、2002年以降2つは明確に企業収益と相関する。ライシュによれば、

第 1 章　企業統治と雇用制度の変革

表 1.1　相関係数（非金融業、資本金 10 億円以上企業）

1991-2001 年

	純利益	配当	経営者給与	従業員給与
純利益	1			
配当	−0.1984	1		
経営者給与	−0.2735	0.2253	1	
従業員給与	−0.1962	0.1733	0.9788*	1

2002-2011 年

純利益	1			
配当	0.7088*	1		
経営者給与	0.6485*	0.5118	1	
従業員給与	0.1647	−0.2736	0.3869	1

* 5％レベルの有意水準。
出所：財務省「法人企業統計」。

　アメリカにおいても経営者企業の時代には経営者報酬は抑制されていたことが指摘される（Reich 2007）のであるが、同じく久保（2003）は、日本に関して、1992～99 年のデータから、経営者報酬は従業員給与と非常に強く連動することを発見した。表 1.1 の相関係数においても 1991～2001 年では、経営者給与と従業員給与は非常に強く相関する。つまり日本企業の内部昇進の経営者は報酬においても従業員の延長にあることが示される。これに対して 2002 年以降、経営者給与が企業収益と連動するとともに、従業員給与との連動は消失する。

　ただしこの場合も、経営者報酬と企業収益との連動は、アメリカのストックオプションが示す破壊的な作用と比べるとはるかに微温的なものにとどまっている。なぜならその意図は、エージェンシー理論が想定するように、経営者が株主の代理人として行動するためのインセンティブとしてあるわけではなく、次にみるように、執行役員制の導入を中心とした取締役会改革からの派生であったということができる。つまり、経営組織の変革を意図した取締役会改革は、執行役員を含めた経営陣の職責の意識を明確にし、そのために経営者給与と従業員給与の連動を破棄して明示的に経営者給与を決定する方向に変化した。そしてこの基準として収益連動が採用された。事実、配当の収益連動と同様、各社の有価証券報告書には、とくに経営者賞与に関して

営業利益や経常利益や純利益のある一定比率とするといった記述が多い。

このように、株主圧力の高まりとともに配当は顕著に増大し、配当重視という意味で日本の企業統治は株主重視の方向に変化した。ただしその意図が、株主圧力に対して配当の増額で応じることにより株主からの介入を封じるためだとすると、それは株主利益のためというよりも、あくまでもみずからが行う経営のためであり、経営の自律を守るためだといえる。この意味で日本企業は歴史的経路としての経営者企業のなかにある。それと同時にどのような意図であるとしても、配当重視の経営は収益重視の経営を強めることになる。そして収益重視こそが、企業業績の極度の低迷に直面した日本企業にとっての喫緊の課題であった。みずからの存続のためには収益の回復が絶対的な条件となり、そのためには経営を立て直し、競争力の再構築を図る必要がある。株主圧力の高まりと並行して、ここから企業統治の変革として取締役会改革がはじまった。

執行役員制の導入

では、経営の立て直しのための企業統治とはどのようなものか。それを日本企業は取締役会改革、とりわけ執行役員制の導入に求めようとした。つまり、既存の日本企業では取締役（director）と執行役員（executive officer）が一体化していたのに対して、2つを分離し、経営の執行を取締役会が監視することが意図された。久保によれば、日経平均株価指数企業189社のうち、1999年までに執行役員制を導入した企業は29社（15.3％）であったのに対して、2000年代に入って導入企業は急増し、2005年には122社（64.6％）に達している（久保2010）。このプロセスは配当重視の方向と軌を一にするものであり、すると企業統治の変革として、株主圧力→株主重視→取締役会改革という理解が成立することになる。

しかし、これが言葉どおりの株主重視の企業統治のためであるなら、執行役員制の導入はアメリカ企業をモデルとした委員会設置会社に移行することが想定される。つまり、取締役会は株主を代表して経営を監視する機関とされ、そのためには実際の経営には関与しない社外の独立取締役（non-executive independent director）が取締役会の過半を占めることが当然となる。それは経営の権限を執行役のトップ、CEO（Chief Executive Officer）に全面的に委譲したうえで、社外取締役が構成する指名、報酬、監査の委員会によって経営を監視する方式であるとされた。しかしこのような委員会設置会社方式を採用する日本企業はごく少数に限られる。新田敬祐によると、2005年の段階で調査対象とした東証1部・2部上場企業（除く金融）613社のうち、独立社外取締役の性格に問題がある日立グループを除くと委員会設置会社は12社（2％）にすぎない[9]（新田2008）。直近の東京証券取引所『コーポレート・ガバナンス白書2011』によれば、2011年で委員会設置会社は東証上場企業のうち51社、2.2％（1部上場43社、2部上場4社、マザーズ上場4社）であり、残りの2243社、97.8％は非委員会型の監査役会設置会社であることが報告されている。

　これに対して執行役員制を導入した企業が行ったことは、取締役の人数の大幅な減少であった。つまり、既存の日本企業では取締役会が経営の意思決定の機関として位置付けられ、かつ決定と実行の一体化の観点から事業本部長などのラインの責任者も取締役会のメンバーとされ、しかしこの結果、取締役の人数は多く、取締役会は決定というより承認の機関となっていた。そこで事業部門の責任者をメンバーとした常務会や経営会議がボトムアップ型の意思決定の場とされたのであるが、事業の再編など部門間の利害が対立する問題をボトムアップで調整することは現状維持の傾向を強めることになる。これでは戦略的な意思決定に後れをとるだけとなる。そこで事業部門の責任者を執行役員とし、社長以下少数の上席執行役を取締役（執行取締役 executive director）とすることによって、取締役会の規模の縮小が図られた。これによって執行役員の権限と責任を明確にするとともに、少人数の取締役会が経営の監視とともに最終的な意思決定を行うという体制がとられること

9）現在、日立製作所はさまざまな試行錯誤の結果、社外取締役7名、社内取締役6名と委員会型の条件をクリアーしている。これを企業統治の変革のみごとな事例と称賛することはもちろん可能である。もう1つ、近年の傾向としては、破綻企業が「再生」をアピールするために委員会型を採用するケースをみることができる。

になった。つまり執行役と取締役を分離することによって全体として経営の強化を図ろうとした。

このとき、問題となるのは、社外取締役の人数の少なさであり、同じく新田（2008）によると、先の調査対象企業613社のうち、取締役の人数は、執行役員制の導入・未導入企業をあわせて1社平均で1997年の21.4人から2004年で12.7人に減少し、さらに執行役員制導入企業では9.6人にまで減少した。しかし社外取締役は執行役員制導入企業で平均して取締役の5.5％、すなわち取締役の平均人数9.6人に対して0.5人にすぎない。要するに60％以上の企業で執行役員制が導入され、取締役の人数が大幅に削減されているとしても、そのうち半数は社外取締役はゼロであり、残りの半数も1人か2人というのが取締役会改革の結果である[10]。

株主重視の真の意味

たとえ取締役会改革として経営の執行と監視を分離するとしても、現実の取締役会の構成では株主利益の観点からの経営の監視機能が果たせない。社長以下経営の責任者が取締役会の多数を占める以上、既存の取締役会と実質的には変わりはない。たしかにこのような批判は形式的には正しい。むしろここからわかることは、この間の日本の企業統治の変革は、あくまでも経営組織の変革を目的としたということであり、執行役員制によって経営の執行と監視を区別するとしても、経営に対する株主からの関与を強めるという方向での企業統治の変革が意図されたわけではないということだ。そのような株主支配型の企業統治を避けるために配当を増額し、そのうえで経営を強化し、競争力を高めて収益力の回復を図ることが、企業統治の変革の目的であったということができる。ゆえに委員会設置会社方式や社外取締役がごく少数であることも当然となる。あるいは経営の監視を図るとしても、広田真一が指摘するように、社外取締役は株主だけを代表するのではなく、企業に関

---

10) 直近の東証『コーポレート・ガバナンス白書2011』によれば、委員会設置会社で社外取締役は1社平均4.43人、独立社外取締役は3.41人、監査役会設置会社でそれぞれ0.83人、0.61人である。

与するステークホルダー全体を代表することが想定されている（広田 2012）。そのことはまた企業統治の変革として、配当重視の意味での株主重視が述べられることと並行して、CSR重視が述べられることにみることができる。つまり、「企業の社会的責任」の観点からの経営の監視であり、「社会」や「外部の目」を代表するのが社外取締役の役割とされ、このかぎりにおいて取締役会の多数を占める必要はない。

　しかしアメリカ企業をモデルとする企業統治、すなわち株主利益のための経営の監視の観点からは、だから日本企業は株主重視の点で問題があり、株主とりわけ外国人株主にとって魅力に劣り、日本企業への投資も敬遠されるのだといった批判が繰り返される[11]。海外のヘッジファンドや投資ファンドが取締役会の構成を基準として株主総会で議決権を行使することはあるとしても、取締役会の構成が株式を購入する基準であるのかは単純に疑問という以外にないのであるが、そのことよりも、アメリカの委員会設置会社の方式が経営の監視において実際に有効であるかは明らかでない。現に噴出するのは、1990年代初頭のエンロンやワールドコムの粉飾決算から近年の投資銀行の無謀な行動まで、社外取締役が経営を監視することの失敗であり、その困難である。あるいは経営情報が限られた社外の取締役が経営を監視するとなると、もっとも容易な指標に頼る以外にない。すなわち株価ということであり、株価が上昇するかぎり、その背後で何がなされようとも、経営は正当化される。そして株価に連動することにより経営者報酬はどこまでも肥大化する。この結果、株価を引き上げるためには何でもするという、「強欲」資本主義をみることになる。皮肉なことに、株主重視を謳うアメリカ企業においてつねに繰り出されるのは、株主を食い物にする経営者の強欲に対する非難であり、これによって株主支配を教義とするエージェンシー理論はどこまでも生き延びることになる。

　このようなアメリカ企業の株主重視と比較して、日本企業の株主重視の意味が理解できる。たしかに企業統治の変革は株主市場の急激な変化、株主圧

---

11) ここから社外取締役の義務化や法制化が主張されるのであるが、これらの論点は第6章で再度取り上げる。

力の高まりとともに進行した。ただし、それを推進したのは既存の経営者であり、あるいは新たに抜擢された内部の経営者であった。その目的は、企業業績の極度の悪化に直面して経営を立て直すための変革であった。そのために執行役員制の導入や取締役の人数削減など、取締役会改革が進展した。そして経営の強化を目的として社外取締役の導入も図られた。すなわち経営のアドバイザーとしての社外取締役であり、この意味でもまた社外取締役はごく少数となる。目的は、これらの取締役会改革によって経営の強化を図り、既存事業の根本的再編を推進することであり、これが意図どおりに実現されたかは疑わしいとしても、その意図はあくまでもみずからの経営のためであった。そしてこのような経営組織の変革や事業組織の変革は、次にみるように、既存の人事制度の変革に向かうことになる。

　このような文脈において、「株主重視」という表現がなされたことが理解できる。なぜなら既存の経営が「従業員重視」と呼ばれていた以上、そのような経営を変革し、事業組織や人事制度を変革するという経営の意志を表すためには、「株主重視」の表現を強める必要があった。その必要をより強く意識するのが、現実に株主圧力により強くさらされた企業であるということはできる。事実、アメージャとロビンスの分析では、外国人持株比率が高まることに応じて既存事業のリストラクチャリングが加速化され（Ahmadjian and Robbins 2005）、同じく先にみた久保（2011）の分析では、取締役会改革の強化に応じて雇用削減の圧力が強まり、配当削減の圧力が弱まることが観察できる。しかしこれらは株主支配型や委員会型の取締役会とは独立してなされたのであり、既存の経営者によって、かつ株主圧力を梃子として、日本企業の組織変革が進展した。ではここからどのような雇用システムの変革が生まれるのか。

1.4　雇用システムの変革

成果主義の導入

　企業統治の変化と並んで、この間の日本の企業システムのもう1つの変化

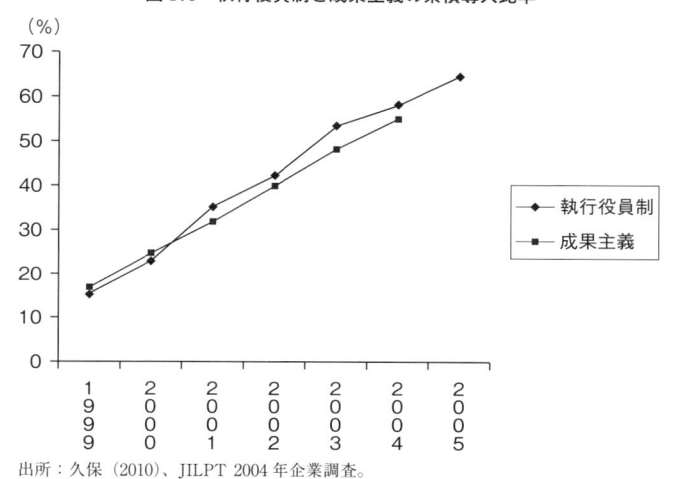

図1.6 執行役員制と成果主義の累積導入比率

出所：久保（2010）、JILPT 2004年企業調査。

に、成果主義の導入がある。そこで前者の執行役員制の導入と後者の成果主義の導入の状況を示すと図1.6のようになる。執行役員制の累積導入比率は先にみた久保（2010）からの数値であり、成果主義の累積導入比率は、次章でみる労働政策研究・研修機構（JILPT）による企業調査からの数値である。後者に関しては成果主義の導入と導入年が質問され、2004年時点でサンプル企業1280社のうち成果主義の導入比率は58.1％であった。2つはまったく異なるデータであるが、執行役員制の導入と成果主義の導入がみごとに重なることが観察できる。先に図1.4では、企業統治の変革とともに、配当が急増したことをみた。つまり、株主に対しては配当の増大、経営陣に対しては執行役員制の導入、そして従業員に対しては成果主義の導入が、2000年前後からの企業統治の変革の三本柱ということができる。

執行役員制と成果主義の関係はこれまでの記述からも明らかであり、執行役員制に代表される取締役会改革が、企業業績の悪化に直面して経営組織の変革を意図したものだとすると、業績回復のためには生産組織の変革を必要とする。それが成果主義の導入となった。直面する問題は、企業収益の極度の悪化であり、経営者の眼中には収益改善の課題しかなかったということも

できる。そして収益重視の経営が飛びついたのが成果主義であった。

当然のことであるが、収益の改善のためにはコストの削減か事業成果（パフォーマンス）の向上、あるいはその2つが必要となる。この点で年功賃金が非難の的となった。年功に基づく昇給や昇進によって賃金コストは毎年増大し、かつ年功の評価によって個人の業績達成の意欲はそがれることになる。ゆえに年功賃金を破棄して、個々人の成果に連動した賃金を導入する必要があるというのであった。これによって労働コストの増大を抑え込み、個人間の競争意識を強めて高業績の達成を動機付けることが可能になる。このような観点から成果主義の導入が一気に進み、かつこれと並行して高コストの正社員の削減もまた図られた。この結果が非正規雇用の拡大であった。

ただし、議論を深めるためにいま一度指摘すると、既存の日本企業の賃金を単純に年功賃金とすることは誤っている。仕事を通じた長期の能力形成が日本企業の人材マネジメントの本質であり、能力形成を促すためには能力の評価に基づく処遇が必要となる。そのために日本企業は職能資格制度を考案した。つまり、能力の等級を社内の資格とし、それぞれの資格に応じて賃金を設定し、上位の資格への昇格を昇給とする。さらに能力形成は年々の積み重ねである以上、毎年の能力査定に基づく昇給を定期昇給の制度とする。以上のことから小池（2005）は、社内資格と査定と定期昇給が日本の賃金制度の核心であるとして、これはまさしく能力主義賃金であることを指摘した。

しかし、このような職能資格制度の最大の難点は、核となる能力評価の困難にあった。生産現場では「仕事表」の形で能力の定義と評価が可能であるとしても、ホワイトカラーに関しては具体的な能力を定義し評価することは難しい。そのために時間をかけた段階的な評価の方式がとられたのであるが、この結果、「遅い昇進」が日本企業の特徴となり、それが中堅管理職やその予備軍の意欲をそぐことは否定できない。あるいは評価の困難から経験の評価に重点が置かれ、この結果、査定に基づくはずの昇給は自動的な昇給となった。そして年齢給の要素も平均して基本給の4分の1近くを占めていた。つまり、能力主義として設計された職能資格制度であるが、その運営は実質的には年功的となっていた。この意味で職能資格制度の変革が不可避とされ、

そのためのもっとも手っ取り早い方法が、毎期の業績を基準とした賃金であった。これによって年齢給の部分や定期昇給の廃止や縮小が可能となり、業績評価によって手の込んだ能力評価も省略できる。そのうえで業績の格差に応じて賃金の格差を広げればよい。これによって高業績者はいっそうの高賃金を目指して仕事の意欲を高め、低業績者もその回復を目指して努力するというのであった。

　このような成果主義の典型がアメリカの経営者報酬だとすると、日本のそれははるかに微温的であることは間違いない。どのように非難されるとしても、アメリカ企業の経営者には株価に応じた巨額の報酬（インセンティブ）と業績悪化に対する即座の解任（パニッシュメント）が作用する。すると、このように経営者に適用される成果主義の圧力は、さらに従業員にも適用される。正確には、ホワイトカラー管理職であり、一般の従業員は成果主義とは対極の職務給の制度のもとにある。そのうえでホワイトカラー管理職に対する成果主義は、高業績には高賃金が、達成できなければ退出すなわち解雇が待ち構えているという意味で、「アップ・オア・アウト」の原理と呼ばれたりもする。それはまた雇用の継続を保証しないことと見合っている。

　これに対して日本の成果主義では、賃金の変動や格差は実際には抑制されている。その理由として、第３章では長期雇用との両立という視点から考察するのであるが、もう１つには経営者に対する成果主義の弱さをあげることができる。アメリカと比べて日本の経営者報酬は10分の１以下であるとか、一般従業員と経営者との年収格差がアメリカ企業の300倍以上に対して、日本企業では５～６倍であるといったことが指摘されるのであるが、たとえば東京証券取引所『コーポレート・ガバナンス白書2011』によれば、ストックオプションの導入企業は東証マザーズでは80％を占めるとしても、東証１部では30％、東証２部では19％にすぎない。また経営者報酬のうち、賞与やストックオプションに連動した変動報酬がアメリカ企業では８割近くを占めるのに対して、日本企業でははるかに限定されている[12]。ここにはアメリ

---

12)『日経新聞』の記事（2012年２月29日付）では、企業収益などの業績連動部分が15％、ストックオプション部分が９％である。

カ型の巨額の経営者報酬はとうてい受け入れられないという事情があると同時に、業績不振を理由とした即座の解任もまた回避されてのことだといえる。ゆえに従業員に対しても、業績連動賃金の上下の変動や個人間の格差は抑制され、低業績者に対する個別の退職圧力も抑制されることになる。それは雇用の継続を制度化することと見合っている。

　ただし、2000年前後からの日本の企業統治の変化の1つの現れは、経営不振を理由とした経営者の交代が例外的ではなくなったということでもある。それはアメリカ型の解任と選任の方式ではないとしても、経営の競争や経営者の競争の意識は、経営の責任や経営者の責任の意識を顕著に高めたことは間違いない。その最大の衝撃は、カルロス・ゴーンの「コミットメント経営」すなわち「必達経営」であったといえる（Olcott 2009）。アメリカの経営者（ゴーンの場合はフランスであるが）と比べると、日本の経営者に向けられるアメもムチもはるかに弱いものであるとしても、企業統治の変革とともに、とりわけ執行役員制の導入とともに、経営者に対する業績達成の圧力は高まった。この結果、従業員に対する成果主義の作用もまた強化されることになる。これによって業績連動賃金の変動と格差は広がるのか、そして個別の退職勧奨の圧力は強まるのか。これらの点が以下での考察の課題となる。

成果主義の現実

　日本の成果主義のもう1つの特徴としては、非管理職の一般従業員にも成果主義が導入される点が指摘できる。一般に欧米企業の現場の従業員に適用されるのが職務給の制度だとすると、それは職務等級によって賃金を決める制度である以上、能力評価や業績評価が導入される余地はない。これに対して一般に大卒ホワイトカラーに関しては、職務等級の幅を大きくし、上下に幅のある賃金が範囲給として設定されることが知られている（小池 2005）。するとこの範囲内において能力評価に基づく賃金部分が大きくなれば職能賃金に類似し、業績評価に基づく賃金部分が大きくなれば成果主義賃金に類似することになる。

　このように理解すると、これまで日本の賃金は、現場の従業員を含めて能

力評価に基づく職能賃金を基本としたのに対して、能力評価にかえて業績評価の部分を大きくすると、成果主義賃金の方向に変化することになる。このような形で現場の一般の従業員においても成果主義の導入が進むことになる。ちなみにかつて小池は、日本の賃金の特徴を、欧米であればホワイトカラーに適用される右上がりの賃金カーブが現場の一般従業員にも適用される点を捉えて、「ブルーカラーのホワイトカラー化」と表現した（小池 1981）。するとこれと類似の現象を成果主義に関してもみることができる。ただし小池はその理由を、職務給の制度を排することによって可能となる現場の従業員における長期の技能形成に見出したのであるが、しかし成果主義に関してはそのようなたしかな根拠があるわけではない。業績評価に基づく賃金が業績達成を動機付けるということができるだけである。

このような事情から、成果主義が導入されるや、成功例よりも失敗例が大々的に報じられることにもなった。実際に達成された業績だけが評価される結果、長期の視点での仕事の取り組みが無視されがちになる（短期主義の弊害）、あるいは達成困難な仕事の取り組みは無視されがちとなる（結果主義の弊害）、そして個人間の業績達成が競われる結果、職場の協力関係は無視されがちになる（個人主義の弊害）、等々の指摘をみることになる。

より一般化していえば、高い成果が高い賃金を生み（成果→報酬）、高い賃金が仕事の意欲を高め（報酬→意欲）、高い意欲が高い成果を達成する（意欲→成果）、というのが成果主義の考えであるとしても、それぞれの結びつきは不明としかいいようがない。というよりも、この連鎖がどこかで切断されると、成果主義の枠組み自体が無効となる[13]。すなわち成果→報酬において、成果の評価に不満があればその賃金が意欲を高めることはない。あるいは意欲→成果において、意欲を高めても能力がともなうことがなければ成果の達成につながることはない。これらのことから「虚妄の成果主義」（高橋 2004）といった批判もまたみることになる。

---

13) 成果主義の実際の運営に関しては次の第2章で企業調査をもとにより詳しく検討し、成果主義が実際に従業員の仕事意欲を高めるかに関しては第3章で従業員調査をもとにより詳しく分析する。

反対にいえば、成果主義の実際の導入からわかったことは、それが機能するためには、それぞれの作用を補完する制度や仕組みが必要ということであった（守島2007）。たとえば評価の納得性のためには考課者訓練が、目標設定の納得性のためには上司とのコミュニケーションが、そして困難な仕事に対しては成果につながるプロセスの評価が重要となる。あるいは個人ごとの成果の達成のためには仕事の進め方の裁量や役割分担を明確にすることが重要となり、そして企業全体の業績達成のためには、個人ごとの成果の達成という部分最適ではなく、経営目標を明示した全体最適の視点が重要となる。

　このように成果主義の導入とともに、仕事や職場のあり方が見直されることになる。そして成果の達成のためには能力形成の重要性が改めて認識されることになる。これは重要なことを意味している。つまり、執行役員制の導入と成果主義の導入が並行して進み、前者が経営組織の変革を意図し、後者が生産組織の変革を意図するとしても、成果主義が賃金制度の変更を意味するだけであれば、それは必ずしも生産組織の変革につながるわけではない。成果主義の導入によって、そしてその問題点に対処することを通じて、生産組織の変革が進むわけであり、これが成果主義の導入の最大の効果であるということもできる。もちろん成果主義を導入するすべての企業がこのような方向にあるわけではないとしても、上記のような形で成果主義が修正されることは、実は成果主義の作用自体が抑制されることを意味している。これについては以下での分析で再度論じることにする。

雇用環境の悪化

　企業統治の変化とともに成果主義の導入をみるのであるが、ではこの結果、長期雇用の制度にどのような変化が生まれるのか。いうまでもなくこれが日本の雇用制度にとって焦眉の課題となる。配当重視や株主重視の企業統治が進むことは、長期雇用に対して否定の方針が強まることが予想され、成果主義の作用が進むことは、業績に応じた賃金だけでなく、業績に応じた雇用の方針が強まることが予想される。もしこのように長期雇用の否定が強まるならば、日本の経済システムは「調整された市場経済」から「自由な市場経済」

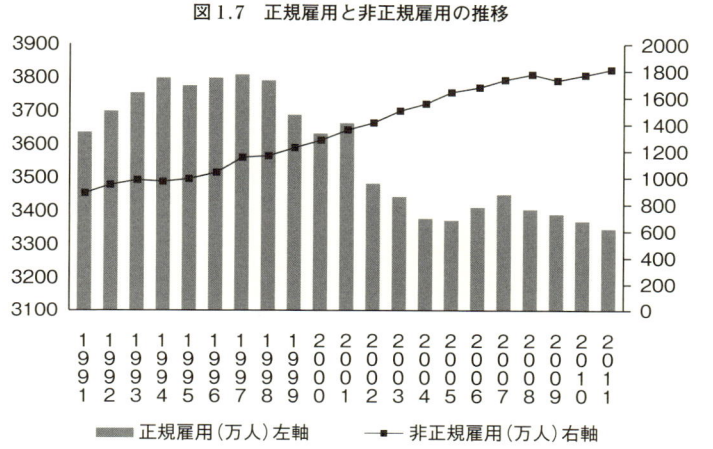

第1章　企業統治と雇用制度の変革

図1.7　正規雇用と非正規雇用の推移

■ 正規雇用(万人)左軸　　─■─ 非正規雇用(万人)右軸

出所:総務省「労働力調査」。

の方向に転換することになる。

　詳しくは次章でみるように、少なくとも現在のところ、日本企業の大半において長期雇用の方針が維持されている。これまでに指摘したように、配当重視の経営は、雇用よりも配当を重視することを意味するわけではなく、配当重視はそれによって株主圧力をかわし、みずからの経営を維持することを意図したものだと解釈できた。そのためには競争力の回復と強化が不可欠となる。そこで成果主義の導入を図り、生産組織の変革を進めるとしても、それは従業員の協力のもとでのことであり、労使の協調を支えるのが長期雇用の制度であった。

　ただし、長期雇用の対象となる正社員は急速に減少し、これにかわって急増するのが非正規雇用である。そして限定された正社員に対して向けられるのが、仕事意欲の活性化を意図した成果主義の導入となる。たとえ株主重視の企業統治が進行するとしても、長期雇用の方針は日本企業にとって根幹の制度であるために否定するのは困難であり、そこで長期雇用の制度と一体化していた年功賃金や職能賃金を成果主義賃金に置き換える、これによって雇用の安定と業績連動賃金の2つから従業員の仕事意欲を高めることが日本企

49

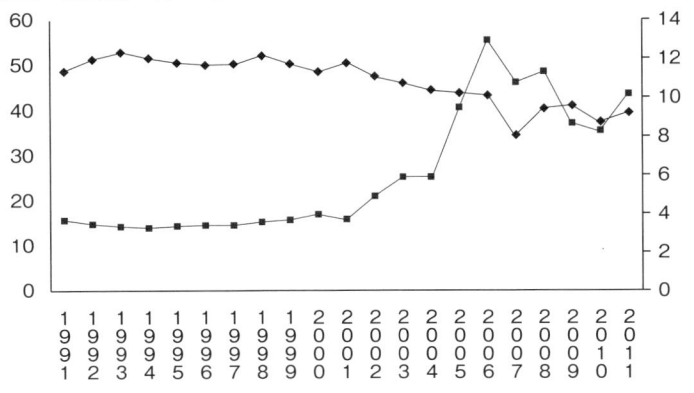

図 1.8 付加価値に占める配当と従業員給与の比率（非金融業、資本金 10 億円以上）

凡例：従業員給与(%)左軸　　配当(%)右軸

出所：財務省「法人企業統計」。

業の新たな方向のようである。それは長期雇用と成果主義という異質な制度から構成されたという意味で、ハイブリッド組織と呼ぶことができる。ただし、このようなハイブリッド組織が安定的に維持されるのか、そして有効に機能のするのかは必ずしも明確ではない。これが以下での検討課題となる。

このように、企業統治の変化とともに、長期雇用と成果主義によって構成された日本企業の新たな方向、ハイブリッド組織の登場をみるとしても、企業統治の変化とともに雇用環境の悪化をみることもまた間違いない。図 1.7 に示されるように、正規雇用は 1997 年をピークとして 2011 年までに約 460 万人、1997 年比で 14.7％減少した。これに対して急増するのは非正規雇用であり、同じく 1997 年比で約 660 万人、36.4％増大した。もちろん正規雇用の減少は企業統治の結果というより、90 年代の「失われた 10 年」、そして 2000 年代の再度の「失われた 10 年」の結果でもある。要するに日本企業における雇用の吸収力、少なくとも正社員の吸収力は急速に低下した。

ただし、2000 年代半ばの「戦後最長」の景気拡大期においても、正規雇用は減少を続ける一方である。先の図 1.3 に示されるように、企業収益と失業率の推移からみると、2003〜2007 年の企業収益の急速なＶ字回復にあっても、

失業率は4〜5％の水準に高止まりしたままであり、景気の循環的な変動に基づく失業率の変動が2〜4％の幅であった経済は、4〜6％の幅の経済に変質したようである。このような近年の日本の雇用状況に関して、小池は、非自発的離職者数と非農林雇用者対前年同月増減数のあいだの関係が、2000年以降これまでとは異なるパターンになったことを見出している。つまり後者で測った雇用状況が同じ時点を比較すると、90年代と比べて2000年代では、解雇数は約50万人増大する（小池2004）。ここから小池は「企業が雇用に対する態度を変えた」ことを示唆するのであるが、この背後に企業統治の要因、とりわけ収益重視の経営の作用があることは当然に想定できる。この検討が次章の課題であるが、近時の状況は、アメリカ経済に関して指摘されてきたのと同様、日本においても「ジョブレス・リカバリー」の状況が生まれていることを示唆している。少なくとも正社員に関してはその増加は厳しく抑制され、そしてこの結果が非正規雇用の増大となる。

　正規雇用の減少と非正規雇用の増大が今日の日本の雇用の最大の問題であるが、これは第6章の検討課題として、さらに収益重視の経営は賃金の圧縮を強いるものでもあった。図1.8に示されるように、付加価値に占める配当と従業員給与の比率の推移をみると、2002年以降、配当の比率は急上昇するのに対して、従業員給与の比率は10ポイント以上減少する。先にみた配当の増大からして当然の結果であるが、それにしても賃金への分配の落ち込みは大きい。企業統治の作用を強調するためにここでは資本金10億円以上の企業を対象としたのであるが、全規模においてもその度合いは弱まるとしても結果に変わりはない。もちろんここには正社員の減少の結果も反映されているとしても、2003年以降の企業収益のV字回復にあっても、その恩恵は従業員には回らなかった。この結果が、「戦後最長」と表現された景気拡大が、「実感なき」景気拡大であったことを説明する。いうまでもなく、非正規雇用の低賃金とともに勤労者所得の減少は、国内需要の減少となってデフレ圧力を強め、日本経済を長期不況に閉じ込める。しかしこれを打破する方策は見出せないままである。

　このように正社員と非正規社員をともに含めて雇用環境は確実に悪化して

いる。これまでにみてきたように、2000年前後からの企業統治の変革は、経営者には収益達成の圧力が全面的に降りかかるものであった。株主圧力に抗して経営の自律を守るためには、何よりも収益の回復を図る必要があった。そのうえで株主圧力に対しては配当で応えるとしても、取り残されたのは従業員であった。その背後には、賃金よりも雇用優先の方針があったということもできる。しかし、経営を立て直し、競争力を回復することは、従業員の働きにかかっている。収益重視の経営は、企業全体の収益という意味ではステークホルダー重視の企業統治と両立するものだとしても、それが現実に労働に報いるものでなければ、企業全体の業績達成に対する従業員の貢献はなく、おそらく経営の立て直しや競争力の構築につながることはない。この意味で企業統治の変革は、株主に対する課題と同時に、従業員に対する課題に応えることが迫られている。

　以上、バブル崩壊以降の日本企業の変化を概観した。1990年代終盤以降、企業統治は配当重視や株主重視の方向に変化し、人材マネジメントは成果主義の方向に変化した。もちろんすべての日本企業がこのような方向に変化したわけではない。株主重視の面でも成果主義の面でも日本企業のあいだでの違いが生まれることになる。ジャコービが指摘するように（Jacoby 2005）、より「市場志向」型の企業からより「組織志向」型の企業まで、日本企業は多様な方向に分岐し、それぞれの企業の変革が成功するのかどうかは、そのもとでの従業員の行動にかかっている。これまで企業統治の変化に関しては、金融の観点からの分析が多数を占め、労働の観点からの分析はほとんどなかったといえる。これに対して本書では、企業統治と雇用制度の変化に対する従業員の意識や行動を取り上げる。それを労働政策研究・研修機構（JILPT）が行った企業調査と従業員調査のデータに基づいて検証することが次章からの課題となる。

第2章
日本企業の多様性

2.1 企業統治の変化

問題提起

　前章ではバブル崩壊後、とりわけ1990年代終盤からの企業統治と雇用システムの変化を概観し、企業統治の変化の要因として、株主要因と経営要因を取り出した。2つの背後にあるのは、90年代終盤の金融危機と企業収益の極度の悪化であり、前者は株主市場の流動化を一挙に進め、日本企業に対して初めて株主圧力を意識させることになった。後者はかつてない業績悪化に直面した日本企業に対して初めて経営の競争を意識させ、みずからの力で経営を立て直すための変革を意識させることになった。そしてこの2つの要因から企業統治の変化が進むことを、配当支払いの増大と執行役員制の導入と成果主義の導入の観点から検討した。そこでの論点は、株主要因の観点からは配当重視の意味でストレートに株主重視の方向への企業統治の変化が想定されるのに対して、経営要因の観点からは企業統治の変化はあくまでも経営組織の変革を意図したものであり、ゆえに前者の想定とは異なる結果となることを取締役会改革に即して検討した。そこでこれらの論点を、企業調査から得られるデータをもとに検証することが本章の課題となる。

　もう1つ、企業統治の変化が雇用に及ぼす影響を検討しよう。この点もまた、企業統治の変化が株主要因に基づくものだとすると、配当重視や収益重視の方針が強まる結果、長期雇用に対して否定的な作用が強まることが予想される。これに対して、経営の立て直しや経営の強化を意図した経営要因の

観点からは、執行役員制の導入とともに生産組織の変革を意図して成果主義の導入が進むと同時に、生産組織の変革は従業員との協調に基づき、新たな能力構築を課題とする以上、長期雇用の方針は維持されることが想定できる。これらの点に関しても、企業調査から得られるデータをもとに検証することにしよう。

　さらに、企業統治の変化と雇用制度の変化の結果、日本企業は多様な方向に変化することが予想される。つまり、株主重視や雇用流動化の意味でより「市場志向」型の企業から、ステークホルダー重視や長期雇用重視の意味でより「組織志向」型の企業まで、日本企業は多様な方向に分岐することが想定できる。そして実は、もっとも有力な方向として、市場志向型と組織志向型の併存あるいは接合によるハイブリッド型の企業の登場をみることができる。これらの点もまた企業調査から得られるデータに基づく検証課題としよう。

　以下で利用するデータは、日本労働政策研究・研修機構（JILPT）が行った2つの企業調査と2つの従業員調査に基づいている。それらはアンケート調査によるものであり、企業統治に関して重要となる株式所有や資金調達に関するデータは欠如している。ただしアンケート調査であることにより、企業統治と雇用制度の変化を進める当事者（企業）と、変化を受け止める当事者（従業員）双方の意識や意図や行動を捉えることが可能となる。これによって変化のプロセスをいわば内部から理解することが可能となる。企業統治の変化を捉えるためにはファイナンスに関する詳細なデータに基づく分析が不可欠であるとしても、制度の変化を捉えるためには、変化を進める当事者と変化を受け止める当事者の意識や意図や行動の分析もまた重要となる。これによって制度の変化の外観とその内実のズレを捉えることも可能となる。この点でJILPTの調査は貴重なデータを提供してくれる。

　以下ではまず、企業調査の結果から、取締役会改革を導く要因を検証する。次に2.2では、長期雇用と成果主義に関してその状況を検討する。そして2.3では2つが対照的な人事制度であることが示される。2.4では、長期雇用の方針と成果主義の導入に作用する要因を検証し、2.5ではこれらの要因か

ら日本企業が4つの方向に分化することを企業統治の要因に基づいて検証する。

データ

　まず、以下で利用するデータについて説明しよう。従業員調査にかかわる分析は次章に回すことにして、ここでは JILPT の2つの企業調査に関してその概略を説明する。まず 2004 年調査（2004 年 11 月）は、「企業戦略と人材マネジメントに関する総合調査」というタイトルで、90 年代末から 2000 年代初頭の日本企業の最悪期を通じて経営戦略と人材マネジメントにどのような変化が生まれたのかを捉えることを目的とした。また 2008 年調査（2008 年 2 月）は、リーマンショックの直前であり、「企業における人事機能の現状と課題に関する調査」というタイトルで、2003 年からの回復期を通じて日本企業の人材マネジメントにどのような変化や修正が生まれているのかを捉えることを目的とした[1]。ゆえにアンケートは、基本的に過去 5 年間の変化を人事担当者に質問するという形でなされた。2004 年調査は鉱業・農林水産業・非営利団体を除いた全産業のうち従業員 200 人以上の企業（全数）1万 8000 社を対象とし、1280 社からの回答を得た（不明企業を除いた有効回収率は 10.8%）。うち新興市場を含めた上場企業は 196 社（15.3%）、非上場企業は 1064 社（83.1%）であった。2008 年調査は同じく 1 万 1865 社を対象とし、923 社からの回答を得た（同じく有効回収率は 7.8%）。上場企業は 96 社（10.4%）、非上場企業は 808 社（87.5%）であり、235 社で 2004 年調査企業とのマッチングが得られた。また回答企業に関してはいくつかの財務データを得た。サンプル企業の分布は表 2.1 に示されている[2]。

---

[1] 前者は、労働政策研究報告書 No.33『変貌する人材マネジメントとガバナンス・経営戦略』（2005 年 6 月）、後者は、JILPT 調査シリーズ No.68『企業における人事機能の現状と課題に関する調査』（2010 年 6 月）として公表されている。

[2] 従業員数は調査票に記載された数値とした。また当該企業とグループ全体の従業員数を求めたが、グループ全体では欠落が多くなるため、正社員と非正規社員を含めた当該企業の数値を使用した。そのため表 2.1 では企業例の回答として従業員 200 人未満の企業も含まれている。

表 2.1　サンプル企業の分布

企業形態	2004年		2008年		従業員規模	2004年		2008年	
	件数	%	件数	%		件数	%	件数	%
上場	196	15.3	96	10.4	100人未満	5	0.4	10	1.1
非上場	1064	83.1	808	87.5	100-299人	226	17.9	186	20.6
不明	20	1.6	19	2.1	300-999人	748	59.2	526	58.4
合計	1280	100.0	923	100.0	1000人以上	285	22.6	179	19.9

　企業統治の変化を調べるためには上場企業の数に大きな制約がある。ただし調査の目的は、企業統治の変化を含めて経営の変革が人材マネジメントにどのような変化を生み出しているのかに置かれたため、あえて上場企業には限定しなかった。また調査の主眼は人材マネジメントの変化を捉えることにあるため、質問は人事担当者に対してなされた。企業統治の変化に対する回答としては制約があるとしても、日本企業において人事担当者は経営トップと密接な関係にあると想定できるため、回答のバイアスは深刻ではないと考えた。またアンケート調査は回答の信頼性に問題があるかもしれない。そこで2つの調査結果を照合することによって信頼性をチェックした。以下ではまず、企業統治に関して取締役会改革の要因を検証し、次に長期雇用と成果主義に関して企業統治との関係を検証した。そして最後に日本企業の4つの類型を生み出す要因を検証した。

株主要因 vs 経営要因

　では、これまでに述べてきた日本の企業統治の変化は実際にどのように観察できるのか。そこで企業調査では、企業統治にかかわる質問として、「株主価値の増大」と「執行役員制の導入などのガバナンス改革」そして「CSR（企業の社会的責任）」を取り上げ、それらを過去5年間の経営の課題として重視してきたかどうかを質問した。選択肢は「重視してきた」「どちらでもない」「重視してこなかった」であるが、表2.2には「重視してきた」とする回答の比率が示されている。ガバナンス改革として2008年調査の設問では「執行役員制の導入」とだけ表示したのであるが、2004年調査を含めて以下

表 2.2　企業統治の変化

過去 5 年間で重視した経営の課題　　　　　　　　　　　　　　　　　（重視の回答の比率　％）

	2004 年			2008 年			マッチング企業（上場）	
	上場	非上場	合計	上場	非上場	合計	2004 年	2008 年
株主価値重視	55.2	11.0	18.2	64.9	16.1	21.5	45.5	69.6
取締役会改革重視	46.3	19.6	23.8	51.0	29.4	31.7	36.4	47.8
CSR 重視	64.9	56.5	57.9	76.6	62.2	63.8	59.1	82.6

では取締役会改革重視とした。

　まず結果をみると、株主価値重視と取締役会改革重視の回答は非上場企業では当然低くなるとしても、上場企業に関しては、2004 年の段階で 55％の企業が株主価値重視を回答し、46％の企業が取締役会改革重視を回答している。2008 年ではそれぞれの回答はいっそう高まり、65％の企業が株主価値重視を回答し、51％の企業が取締役会改革重視を回答している。それは 2004 年と 2008 年のマッチング企業（上場企業に限定）の回答にみることもできる。さらに CSR に関しては、非上場企業を含めて日本企業の大半で企業統治の課題として受け止められていることが示される。

　このようにアンケート結果は非常に明確に 2000 年前後からの日本の企業統治の変化を示している。すなわち上場企業の約半数で株主価値重視の回答があることは、2000 年代に入ってからの配当重視の方向と符合し、約半数で取締役会改革重視の回答があることは、同じく 2000 年代以降の執行役員制の導入と符合する。さらに 60％から 70％の企業で CSR 重視の回答があることは、同じく 2000 年以降の各社の環境報告書や CSR 報告書の公表の増加と符合する。

　以下での問題は、ここでの 3 つのガバナンスの変数、株主価値重視と取締役会改革重視と CSR 重視の回答をどのように理解するのかにある。先に指摘したように、企業統治の変革を進める要因として、株主圧力と経営の変革の 2 つの要因があるとすると、株主圧力の要因が配当重視の経営となり、それが株主価値重視の回答につながることは非常に説得的である。すると日本の企業統治は、株主圧力によって株主価値重視の経営に変化したということ

になる。

　しかし他方では、60％から70％の企業でCSR重視が述べられている。各社のCSR報告書で述べられていることは、まず第一に自社の事業活動がどのように社会に貢献しているかであり、次に環境やエネルギーなどの社会的課題や地域貢献にどのように取り組んでいるかが続き、そして雇用の安定や職場環境やワークライフバランスなどにどのように取り組んでいるか、さらにコンプライアンス（法令遵守）の体制整備にどのように取り組んでいるか、等々となる。もちろんこれ以外の記述や順序の違いはあるとしても、ここからうかがえることは、CSR重視の経営は企業を取り巻くステークホルダー重視のガバナンスとして受け止められているということである。企業の社会的責任とおおげさに表現しなくとも、企業を「社会の公器」と考え、企業の理念は何かと問われると「世のため人のため」と答える日本企業は珍しくない。この意味でCSRの意識は日本企業の伝統的な価値観に基づいているといえる。すると株主重視のガバナンスとステークホルダー重視のガバナンスが併存することになる。はたしてこれはどのように理解できるのか。

　もう1つ、取締役会改革に関しても、株主圧力の要因と経営の変革の要因が作用することが想定できた。もし前者の要因が支配的であると、委員会型の取締役会となることが予想できるのに対して、現実にはそれは例外的であり、ゆえに取締役会改革を進めるのは、自分たちの経営の変革のためであると考えた。それは経営組織を変革し、さらに生産組織を変革することによって競争力を高めることを意図するものだとすると、株主価値重視というよりも、企業価値重視のガバナンスとして理解できる。すると同じく株主価値重視と企業価値重視のガバナンスが併存することになる。はたしてこれはどのように理解できるのか。

　1つの可能性としては、アンケートでの「株主価値の増大」は、「企業価値の増大」として理解されているかもしれないということがある。広田が指摘するように、各種の企業統治のアンケートにおいても、株主価値と企業価値はそれぞれの内容が不明のまま同一視される場合が多い（広田2012）。ちなみに東京証券取引所『コーポレート・ガバナンス白書2011』では、企業統治

の目的として企業価値をあげる企業は全体の 52.4％であるのに対して、株主価値をあげる企業は 6.4％にすぎない。すると、企業調査で上場企業の約半数が回答する株主価値重視は、企業価値重視のことだと解釈できる。

　これに対してここでは株主価値の増大と明示したうえでの回答であるが、それはおそらく配当重視の意味でのことだと思われる。そして配当重視は、少なくとも現在のところ、雇用よりも配当を重視するという意味での株主利益優先のガバナンスにつながるわけではないことをみた（松浦 2001; 久保 2010）。あるいは前章で指摘したように、配当重視はそれによって株主圧力をかわし、みずからの経営を守るためだとすると、そのためには収益を回復し、企業価値を高める必要がある。この意味でもまた配当重視は企業価値重視と同一視できることになる。

　このように企業価値を株主を含めた企業全体の経済的価値のことだとすると、それを広田（2012）はステークホルダーとしての金銭的価値だけではなく、雇用の安定や働きがいなどの非金銭的価値の増大を含めて理解すべきであるとする。これに対して、このような広田の意味でのステークホルダー重視が日本企業においては CSR 重視の回答に表れていると解釈することもできる。この点を前章では、関係特殊的投資に基づく狭義のステークホルダーと、一般の従業員や顧客や地域社会やさらには社会一般を含めた広義のステークホルダーに区別したのであるが、狭義のステークホルダーは企業価値に対する請求権者を意味するのに対して、広義のステークホルダーが CSR の対象になると考えることができる。するとここに環境やエネルギー問題などの社会的課題への取り組みや、雇用の安定や職場環境やワークライフバランスなど、広田の意味でのステークホルダーの非金銭的価値を含めることができる。そこで以下では、CSR 重視の回答を広義の意味でのステークホルダー重視の代理変数とした。

　では、株主価値重視の回答を配当重視や株主重視の代理変数、CSR 重視の回答をステークホルダー重視の代理変数とすると、2 つは取締役会改革に対してどのように作用するのか。企業統治の中核はいうまでもなく取締役会であり、その変革がこの 10 年来の企業統治の改革の中心であった。そしてこ

の変革が何を目的にするのかをめぐって議論はわかれ、一方には株主利益のためだとする見方があれば、他方には株主を含めた企業価値全体のためだとする見方がある。後者の観点は株主価値重視や配当重視と矛盾するわけではないとしても、その行動の意味は前者の場合とは違ってくる。つまり後者の観点からは、企業価値を高めるために執行役員制を導入し、経営の権限と責任を明示し、取締役会改革を進めるとしても、それは株主利益のためというより、みずからの経営のためであり、従業員を含めたステークホルダー重視の経営を守るためだということになる。ゆえにアメリカ型の委員会方式の採用は回避されることにもなる。このような解釈が妥当であるかを検証しよう。

取締役会改革の要因

　以上のような観点から、取締役会改革に作用する要因を推定した。被説明変数は取締役会改革の重視の回答を1とするダミー変数であり、これに加えて2008年調査では、執行役員制の導入前と導入後の取締役の人数の質問を利用して、取締役の人数削減のケースを1とするダミー変数を被説明変数とした。上場企業に関しては執行役員制の導入前の取締役の平均人数は14.4人、導入後は8.8人であった。さらに2008年調査では、社外取締役の導入を質問した。そこで導入の回答を1とするダミー変数を同じく被説明変数に加えた。ただし、社外取締役自体は子会社や関連会社など非上場企業においても多く導入されている。事実、2008年調査での導入比率は上場企業で52.6％、非上場企業で61％であり、人数は上場企業で平均1.8人、非上場企業で平均2.5人であった。

　他方、利用可能な説明変数としては、株主価値重視の回答を1とするダミー変数、CSR重視の回答を1とするダミー変数がある。上記のように、前者は株主重視の代理変数、後者は広義のステークホルダー重視の代理変数とした。さらに経営の要因として、経営環境に関する質問を利用した。技術革新のスピード、市場競争の強さ、事業内容の不確実性について、過去5年間の状態を質問したのであるが、「高まった」「変化なし」「低下した」の選択肢のうち、それぞれ高まったとする回答を1とするダミー変数とした。ただし経

表 2.3 取締役会改革の決定要因

取締役会改革=1とするロジット分析

	2004 年		2008 年		
	取締役会改革		取締役会改革	取締役人数削減	社外取締役導入
株主価値重視	0.540***	0.495**	0.247	0.606**	0.406**
	(2.75)	(2.47)	(1.21)	(2.48)	(2.07)
CSR 重視	0.309*	0.321**	−0.118	−0.27	0.687***
	(1.94)	(1.99)	(−0.71)	(−1.26)	(4.22)
技術革新		0.334*			
		(1.87)			
市場競争		0.124			
		(0.66)			
不確実性		0.0598			
		(0.36)			
営業利益率	−1.734**	−1.708**	0.228	0.692	−1.219
	(−2.08)	(−2.04)	(0.19)	(0.42)	(−1.05)
従業員規模	0.337***	0.322***	0.351***	0.365***	0.0269
	(3.97)	(3.75)	(3.66)	(3.19)	(0.29)
製造業ダミー	0.314**	0.306**	−0.0488	0.0598	−0.304*
	(2.05)	(1.97)	(−0.29)	(0.28)	(−1.89)
上場ダミー	0.593***	0.638***	0.484*	0.387	0.129
	(2.85)	(3.02)	(1.77)	(1.23)	(0.47)
定数	−3.891***	−4.170***	−3.004***	−4.064***	−0.996*
	(−7.00)	(−7.14)	(−4.92)	(−5.52)	(−1.72)
観測数	1063	1044	785	785	781
対数尤度	−534.9107	−546.106	−477.9787	−332.1	−508.724
疑似 R2	0.0854	0.08	0.0299	0.0442	0.0326

カッコ内は t 値、*10%；** 5 %；*** 1 %の有意水準。

営環境に関する質問は 2004 年調査でだけ行われた。さらに財務データとして得られた営業利益率を経営要因の変数とした。推定の予想としては、株主要因としての株主価値重視の回答は、配当重視の圧力から取締役会改革を推進することが予想される。経営環境の変数は、それぞれにおいて経営の強化を必要とするという意味で取締役会改革を推進することが予想される。これに対して営業利益率は、収益悪化に応じて経営の立て直しを必要とするという意味で、符号としてはマイナスが予想される。また CSR 重視の回答は、取締役会改革がステークホルダー全体の経済的価値を目的にするという意味で、取締役会改革を推進することが予想される。コントロール変数としては、正

社員と非正規社員の合計を従業員規模とし、さらに製造業を 1 とする産業ダミー、そして上場企業を 1 とする上場ダミーをとった。以上の変数から 2004 年調査と 2008 年調査に関してロジット分析を適用し、その結果が表 2.3 に示されている。

　2004 年の推定結果は非常に明確に、株主要因として株主価値重視を回答する企業、経営要因として技術革新のスピードが高まったと回答する企業、そして収益の悪化に直面する企業において、取締役会改革重視の方針が強まることを示している。それぞれは予想どおりの結果であり、株主圧力から配当重視の経営が強まり、それが収益重視の経営を強める結果、経営の権限と責任を明示した取締役会改革が進展すると考えることができる。他方、技術革新の要因からは、経営戦略の強化が課題となり、そのために経営の意思決定力の強化を意図した取締役会改革が進展し、そして収益悪化からは、何よりも経営の立て直しが課題となり、経営組織の変革を意図した取締役会改革が進展すると考えることができる。さらに CSR 重視の回答も取締役会改革の方針に有意に作用する。つまり、CSR 重視をステークホルダー重視のガバナンスとして意識することと、取締役会改革が意図する収益重視や企業価値重視のガバナンスが両立することが示される。ここでは株主の状況についてのデータは得られなかったが、株主圧力を代表する外国人投資家の増大がガバナンス改革を進めることは既存研究と整合的であり（Ahmadjian 2007）、収益状態の悪化が取締役会改革を促進させることも既存研究と整合的である（新田 2008）。さらに、上場ダミーが非常に強く作用することは当然としても、規模の効果と製造業において取締役会改革が進むことも観察できる。

　他方、2008 年の推定では、株主価値重視の回答は、取締役会改革自体には有意に作用することはなく、取締役の人数削減と社外取締役の導入に有意に作用する。あとの 2 つを取締役会改革のいっそうの強化であるとすると、株主圧力が経営の強化の方向により強く作用することの結果と考えられる。ただし上場ダミーは有意に作用することはない。取締役の人数削減に関しては、それを執行役員制の導入企業に限定したことの結果と思われ、社外取締役の導入に関しては、非上場企業において導入比率が高いことの結果と思われる。

さらに、CSR 重視が社外取締役の導入に有意に作用するのであるが、広田（2012）が指摘するように、これは日本企業において社外取締役はステークホルダー全体を代表するものと考えられていることと符合する。これに対して収益悪化の変数は有意に作用することはない。これは 2004 年調査では日本企業の最悪期の状態が反映されているに対して、2008 年調査はリーマンショックの前であり、企業収益のＶ字回復が反映されているからと考えることができる。

　ここでのデータは利益率以外は、あくまでも意識に関するデータであり、それは当事者たちがどのような意識においてガバナンス改革を進めているのかを捉えるものとなる。それを株主圧力の意識と経営の変革の意識とステークホルダー重視の意識として捉えると、それぞれが取締役会改革を導くことが検証できる。そのうえで次の問題は、取締役会改革が実際に企業行動にどのような変化を生み出すのかを検討することにある。これまでに指摘したように、株主圧力の観点からは、配当重視の方針が株主利益優先の経営を強める結果、雇用の維持に否定的な方針が強まることが考えられる。これに対して経営の変革の観点からは、組織の競争力を高めることが課題となり、それは最終的に従業員の働きにかかっている以上、長期雇用の方針は維持されると考えることができる。このような観点から、企業統治の変化が賃金と雇用にどのような影響を及ぼすのか検証する。その前に雇用制度の変化を企業調査のデータからみることにしよう。

2.2　雇用制度の変化

長期雇用の維持と成果主義の導入

　日本の企業統治が配当重視や株主重視の方向に変化するとき、雇用や賃金の制度はどのように変化するのか。配当重視や株主価値重視の方針が強まると、これまでの日本企業の基本的な方針であった長期雇用に対しても否定的な作用が強まることが予想される。あるいは成果主義の導入によって、既存の年功賃金や職能賃金の否定だけではなく、個人業績に応じた雇用の方針が

表 2.4 長期雇用と成果主義の状況

(%)

	2004			2008			マッチング企業（全企業）	
	上場	非上場	合計	上場	非上場	合計	2004	2008
長期雇用を維持	71.8	69.4	69.8	83.3	79.3	79.7	74.5	82.1
限定して維持	19.5	21.8	21.5	12.5	16.0	15.6	17.0	11.5
放棄	8.7	8.8	8.8	4.2	4.7	4.7	8.5	6.4
成果主義導入	69.9	55.9	58.1	71.9	52.8	54.8	50.0	54.2
うち、格差拡大	72.4	59.4	61.8	51.5	42.3	43.6	42.9	42.3

強まることも考えられる。すると、低業績者に対しては賃金引き下げの圧力だけでなく、個別の退職勧奨の圧力も強まることになるかもしれない。もしこのことが常態化すれば、雇用流動化を象徴する Hire and Fire の雇用関係をみることになる。そこでまず、長期雇用の方針と成果主義の導入状態について質問した。その結果が表2.4に示されている。

長期雇用に関する質問の選択肢は、「できるだけ多くの社員を対象にして維持する」「対象者を限定して維持する」「経営の優先課題ではない」であり、最初を「長期雇用の維持」、3番目を明示的に長期雇用の否定を意味するものとして「放棄」とした。これに対して2番目の「対象者を限定して維持する」の意味は必ずしも明確ではないのであるが、「正社員に限定する」は自明であるため、「正社員をさらに限定する」という意味で「コア従業員に限定して維持する」とした。つまり非正規雇用の増大にみられるように、長期雇用の対象となる正社員の範囲は限定されるのであるが、それをさらに強めて、正社員のうちの「コア従業員に限定する」方針とした。そして既存の雇用慣行は少なくとも正社員に対しては長期雇用を制度化するものであったという意味で、2番目の回答を長期雇用の方針に否定的な方向を強めるものとした。また成果主義の導入に関しては、そのうち課長レベルでの年収格差の拡大を図った企業の比率が示されている。

回答結果をみると、長期雇用に関しては、2004年においても約7割の企業が「維持」の回答を与え、2008年では約8割に達している。また上場企業と非上場企業のあいだで違いはほとんどない。2004年の段階ではその数年前

の激しい雇用リストラを反映してか、「限定して維持」が約20％、「放棄」が約10％を占めるのに対して、景気回復後の2008年調査ではそれぞれ約15％と約5％に減少する。2004年調査と2008年調査のマッチング企業に関しても基本的なパターンは同じであり、長期雇用の維持がより強まることが観察できる。

ただしここでの回答は人事担当者からであるため、長期雇用を維持する回答が相対的に高くなるのかもしれない。そこで経団連調査（経団連トップマネジメントアンケート調査）による「経営トップ」の回答をみると、2004年の調査では、①「今後とも長期雇用を中心にする」が29.2％、②「長期雇用労働者が中心だが、パート・派遣等の比率を拡大する」が52.0％、③「長期雇用労働者は中核的業務のみとする」が14.8％、④「その他」が4.1％となる。

おそらく経団連調査の背後にあるのは、1995年の日経連のレポート「新時代の「日本的経営」」が口火を切ったいわゆる雇用ポートフォリオの考えであると思われる。つまり、従業員の類型として、「長期蓄積能力活用型」「高度専門能力活用型」「雇用柔軟型」を区別し、長期雇用は「長期蓄積能力活用型」に限定するというものであった。ただしその後の展開は、2番目の契約型の専門職はそれほど増えることはなく、3番目のパート・派遣の雇用柔軟型の増大に集中するのであるが、このような雇用ポートフォリオの方針自体は正社員の範囲を限定したうえで長期雇用を維持する点に変わりはないといえる。そこで経団連調査の1番目と2番目の回答を長期雇用の維持とすると、経営トップの回答においても約8割は長期雇用の維持となり、2004年時点でのJILPT調査の回答をむしろ上回る。事実、日経連の96年の調査では、「長期蓄積能力活用型」は従業員の約8割を占めていた。これに対して3番目の「中核的業務に限定する」は、JILPT調査での「コア従業員に限定する」に対応するとみなせる。それは既存の雇用慣行からは長期雇用の否定を意味するものだとすると、2つの比率はほぼ同じとなる。これに対してJILPT企業調査では、「長期雇用は経営の優先的課題ではない」という意味で、長期雇用のより明示的な否定あるいは放棄の回答がある。長期雇用の限定と放棄のあいだの違いは大きい。2つの違いについては以下でより詳しく

図 2.1 成果主義導入の件数

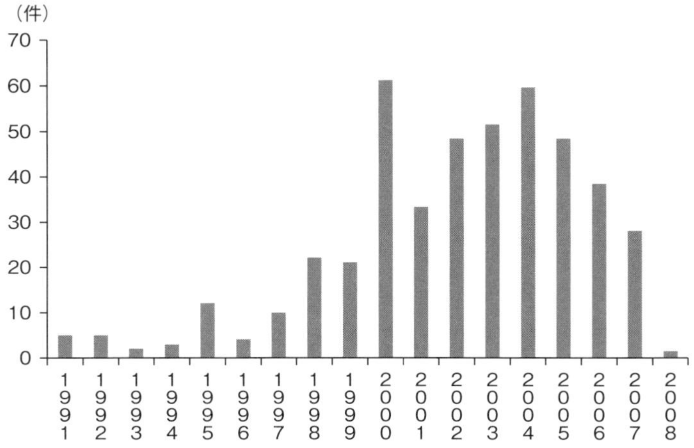

分析することにする。

　他方、成果主義に関しては、2004 年調査で上場企業の 70％、非上場企業の 56％で導入されている。2 つの差は企業規模の違いを反映していると思われる。ただし 2004 年と 2008 年では成果主義の導入にそれほど変化はない。先に図 1.6 では、2004 年調査をもとにして成果主義導入企業の累積比率を示したのであるが、2008 年調査から成果主義導入の年度ごとの件数を示すと図 2.1 のようになる。成果主義の導入は 2000 年前後に加速化し、その後は停滞気味であることがわかる。さらに成果主義導入企業のうちで課長レベルの年収格差の拡大を図った企業の比率をみると、2004 年では上場企業の約 70％、非上場企業の約 60％で格差拡大があったものの、2008 年ではそれぞれ約 50％、40％のレベルに低下する。マッチング企業に関しても、成果主義の導入と格差拡大に関してほとんど変化はない。要するに成果主義の方向への変化は一巡したというか、ある意味では行き詰まっているようである。

日本企業の類型

　このように、約 7〜8 割の企業は長期雇用を維持する方針を堅持し、約半

第2章 日本企業の多様性

表2.5 日本企業の4つのパターン

(%)

	長期雇用維持	成果主義導入	2004年 企業シェア	2004年 従業員シェア	2008年 企業シェア	2008年 従業員シェア	マッチング企業 2004年 (企業シェア)	マッチング企業 2008年 (企業シェア)
既存日本型	○	×	30.0	15.5	36.5	24.8	37.8	40.9
新日本型	○	○	39.7	55.6	43.1	54.3	36.5	41.3
アメリカ型	×	○	18.2	21.0	11.7	14.2	13.3	12.8
衰退型	×	×	12.2	7.9	8.7	6.7	12.5	5.1

数の企業は成果主義を導入するというのが、この10年来の日本企業の方針であることが観察できる。もちろん経団連調査でも約半数はパート・派遣の増大を回答するように、長期雇用の維持は非正規雇用の増大をともなってのことであり、つまりは正社員の範囲を限定してのことである。この結果が非正規雇用問題や格差問題の噴出となる。これについては第6章で再度取り上げることにして、ここでは長期雇用が維持されるかどうか、成果主義が導入されるかどうかの2つの次元から、日本企業を4つのパターンに区別すると、表2.5のようになる。長期雇用の維持と成果主義の未導入を「既存日本型」とし、それとの対比で、長期雇用の維持と成果主義の導入を「新日本型」、長期雇用の否定（「コア従業員や中核的業務に限定的して維持する」と「放棄する」の合計）と成果主義の導入を「アメリカ型」、長期雇用の否定と成果主義の未導入を「衰退型」とした。新日本型は、長期雇用という既存の制度の上に成果主義という新たな制度を導入するだけでなく、2つの異質な制度を併存あるいは接合させるという意味で、ハイブリッド型組織として登場する。これに対して長期雇用を否定して成果主義を導入するケースを「アメリカ型」と表現したのであるが、もちろんアメリカ企業のすべてが成果主義を導入しているわけではない。前章で指摘したように、日本企業においては現場の非管理職の従業員においても成果主義が導入されるのに対して、アメリカ企業では基本的に管理職ホワイトカラー従業員に限られるという意味では、ここでの「アメリカ型」はアメリカ企業の一部に限られる。ただそのうえで、長期雇用の維持と成果主義の未導入の既存日本型と対極にあることを強調するた

表 2.6　日本企業の類型

723 企業（東証 1 部、2 部上場、2002 年）

	ハイブリッド I	ハイブリッド II	逆ハイブリッド	伝統型	家父長型	修正型
市場(株主重視)型	○	○	×	×	×	×
長期雇用	○	○	×	○	○	○
成果主義	○	×	○	×	×	○
企業シェア（％）	9.4	14.7	21	26.2	15.8	13
従業員シェア(%)	31	36	10	11	5	8

出所：Jackson and Miyajima（2007）.

めにアメリカ型と表現した。また長期雇用という既存の制度を維持することも、成果主義という革新的制度を導入することもないケースを衰退型とした。以下で検証するように、既存日本型が新日本型かアメリカ型に進化するのに対して、衰退型は既存日本型の退化を含意している。

そこで 4 つの類型の比率を求めると、表 2.5 に示されるように、2004 年の段階で既存日本型は 30％を占めるだけであり、新たに新日本型（39.7％）とアメリカ型（18.2％）が登場したことがわかる。また衰退型が 12.2％を占めていた。そして新日本型は従業員シェアでは 55.6％を占めるのに対して、既存日本型は 15.5％を占めるにすぎない。これに対して 2008 年調査では、上記のように長期雇用の維持が高まり、成果主義の導入が停滞することの結果、既存日本型（36.5％）と新日本型（43.1％）が増大し、アメリカ型（11.7％）と衰退型（8.7％）が減少する。この傾向は 2004 年調査と 2008 年調査のマッチング企業においても変わりはない。

このような形での日本企業の類型化として、ジャクソンと宮島英昭の研究がある。つまり、日本の企業統治は資金調達の面で証券金融の比率や外国人投資家の比率を高め、かつ執行役員制の導入や社外取締役の導入など取締役会改革を進めるという意味で市場型（株主重視型）の方向に転換したとしても、雇用の流動化という意味での市場型の雇用制度に転換したわけでなく、長期雇用を基盤とした組織型の雇用制度が維持されている。そしてそのうえで組織型の雇用制度の内部に成果主義が導入されていることが発見された（Jackson and Miyajima 2007; 宮島 2011）。このような観点から 2002 年の東証

1部・2部上場企業723社を対象として、企業統治と長期雇用と成果主義の3つの次元から日本企業が類型化され、この結果が表2.6のように示された。

表2.6では市場（株主重視）型の企業統治と長期雇用を維持する組織型の雇用制度の組み合わせがハイブリッド型企業として類型化され、それはさらに、成果主義の導入（ハイブリッドⅠ）と未導入（ハイブリッドⅡ）に区別された。これに対して、長期雇用を否定し成果主義を導入する企業が、しかし銀行金融中心の非市場型企業統治という意味で、逆ハイブリッド型として類型化された。さらに、長期雇用と非成果主義の組み合わせのうち、銀行金融中心の企業が伝統型、オーナー企業中心が家父長型とされ、他方、長期雇用と成果主義の組み合わせであるが、ハイブリッドⅠの子会社や関連会社が中心という意味で非市場型の企業統治の企業が修正型とされた。ハイブリッドⅠは輸出志向型の大企業を中心とし、企業シェアでは10％弱であるが、従業員シェアでは30％を占め、ハイブリッドⅡは国内市場中心の大企業であり、同じく企業シェアは15％弱であるが、従業員シェアは36％を占める。これに対して逆ハイブリッド型はIT・流通・サービス関連の新興企業を中心とし、企業シェアでは21％を占めるが、従業員シェアでは10％であることが示された。

2つの類型はサンプル企業がまったく異なる以上、結果に違いがあるのは当然だとしても、長期雇用と成果主義の組み合わせだけをみると、表2.5の新日本型（長期雇用と成果主義）は企業シェアで40％、従業員シェアで56％であるのに対して、ジャクソンと宮島の類型（ハイブリッドⅠ＋修正型）では企業シェアで23％、従業員シェアで39％となる。またアメリカ型（非長期雇用と成果主義）は企業シェアで18％、従業員シェアで21％であるのに対して、ジャクソンと宮島の類型（逆ハイブリッド）では企業シェアで21％、従業員シェアで10％となる。ジャクソンと宮島の類型では長期雇用と非成果主義のタイプが企業シェアで57％、従業員シェアで52％と最大を占めるのであるが、そのうちハイブリッドⅡは企業統治としては市場型であるのに対して、雇用制度はもっとも強い組織型（長期雇用と非成果主義）という意味で、ハイブリッドの度合いをもっとも強くするということもできる。

このようにジャクソンと宮島の研究では、企業統治と長期雇用と成果主義の3つの次元から日本企業が包括的に類型化されるのであるが、企業統治の要因からこれらの類型がどのように分化するのかということが明示的に分析されているわけではない。またハイブリッド型が安定的であるかも明示的には考察されていない。ハイブリッドⅠの企業は日本を代表する企業群であるとしても、市場型や株主重視型の企業統治と長期雇用がはたして安定的であるのか、そして長期雇用と成果主義という異質な制度の組み合わせがはたして安定的に維持されるのかが実は重大な検討課題となる。あるいはハイブリッドⅡのような、ある意味でもっとも強いハイブリッドがなぜ成立するのかも必ずしも明らかではない。これに対して以下では、日本企業の分化を企業統治の要因を明示して考察する。その前に長期雇用と成果主義のハイブリッドをもう少し詳しく検討しよう。

2.3　成果主義の運営

格差の設計

　上記のように、一方での株主重視の企業統治と、他方での長期雇用の維持と成果主義の導入からなる日本企業の新たな方向をハイブリッド組織として捉えるとしても、異質な要素から構成されたハイブリッド組織が有効に機能するのかは必ずしも保証されていない。以下では株主重視の企業統治と長期雇用がどのように両立するのか、そして長期雇用と成果主義がどのように両立するのかを検討し、この結果、日本企業がどのように分化するのかを企業統治の要因に基づいて検証する。その前に、ここでは企業調査の結果と照らしあわせて成果主義が実際にどのように運営されているのかをみることにしよう。

　前章では成果主義の導入の背後の要因を検討したのであるが、企業調査ではまず成果主義の導入の目的を質問した。表2.7の回答をみると、「従業員の意欲を高めるため」が圧倒的多数を占める。そのために仕事の目標を明示し、その達成度を評価する、といった意図から成果主義が導入されたことが

表 2.7 成果主義導入の目的（2004 年企業調査）

（複数回答 %）

仕事の意欲を高めるため	77.6
評価、処遇の納得性のため	60.1
目標明確化のため	53.5
人件費柔軟化のため	36.9
勤続部分賃金の廃止・縮小のため	28.4
トップの意向	17.9
時間生産性の測定が困難なため	10.3
人件費削減のため	8.4

表 2.8 基本給と賞与の変化（2004 年企業調査）

（複数回答 %）

基本給

	成果主義	
	導入	未導入
業績給・成果給導入	59.4	15.2
定期昇給縮小・廃止	59.2	40.5
年齢給縮小・廃止	54.1	27.1
職務給・役割給導入	42.7	18.2
能力給拡大	35.3	20.8
年俸制導入	28.8	14.7

賞与

個人業績連動部分拡大	67.8	34.4
部門別業績賞与導入	27.7	16.0
企業業績連動賞与強化	54.0	44.6

示されている。評価の納得性に関しても、前章で指摘したように、既存の職能賃金での能力評価の困難さや年功賃金での年功の不透明さに対して、業績を基準とした評価の明確さが求められたと考えることができる。これに対して「人件費の柔軟な調整のため」は 36.9%、「人件費削減のため」は 8.4% にすぎない[3]。換言すれば、人件費の削減は正社員の減少と非正規雇用の拡大

---

3) ただし、次章でみるように、2004 年の企業調査に対応した 2005 年の従業員調査では、成果主義を人件費削減のためと回答する従業員の比率は 34.8%、2009 年の従業員調査では 40.9% に達する。この点を含めて、企業調査と従業員調査からわかることは、両者のあいだの認識ギャップの大きさである。

としてなされたことが示唆される。あるいは人件費の柔軟な調整や人件費の削減が市場型の雇用制度とつながるものだとすると、ここでの回答をみるかぎり、市場型の雇用制度への転換を意図して成果主義が導入されたというよりも、長期雇用を維持した組織型の雇用制度を前提とし、その高業績化を目的としたものだと理解することができる。

　では、実際に賃金制度はどのように変わったのか。表2.8 は、基本給と賞与の変化に対する回答であるが、成果主義の導入を回答する企業の約半数は、基本給に関しては定期昇給や年齢給の縮小や廃止、そして業績給や役割給の導入を回答し、賞与に関しては個人業績連動部分の拡大や企業業績連動部分の拡大をあげている。つまり、成果主義の導入の意図である年功的な賃金上昇の抑制に関しては、年齢給と定期昇給の縮小や廃止を図り、それを業績給や役割給で置き換えることが観察できる。そしてもう1つの意図である、仕事のインセンティブを高めるために業績連動部分の格差を拡大することは、賞与における個人間の格差拡大に表れている。そして賞与への反映であることによって毎期ごとの業績連動が可能となる。

　これらは予想どおりの回答であるが、ただし成果主義の未導入企業においても約 40% は定期昇給の縮小や廃止をあげ、約 45% は賞与に関して企業業績連動部分の拡大を意図している。つまり、賞与の会社業績への連動は成果主義の導入にかかわらず既存の日本企業の方式であること、そして年功的な賃金上昇を抑えるために定期昇給の縮小や廃止を図ることも、成果主義の導入にかかわらず日本企業の共通の課題であることがわかる。そのうえで成果主義導入企業は賞与に関して個人業績の連動をより強める一方、未導入企業は年齢給の縮小や廃止の比率が低いことから基本給における年功要素を維持していることが観察できる。

　もう1つ、成果主義の導入による賞与の業績連動は、個人業績連動に集中しているのに対して、部門別業績賞与の導入は成果主義導入企業においても30%以下にとどまっていることが指摘できる。つまり部門間の業績格差を個人の報酬のレベルで明示することは抑制されている。アメリカ企業や韓国企業に関しては、成果主義の導入によって部門業績連動の強化が指摘されるの

表 2.9 職能資格制度の変化（2008 年企業調査）

(%)

	職能資格制度導入			未導入
	変更	廃止	変更・廃止なし	
成果主義導入	52.3（60.8）	11.0（12.8）	22.7（26.4）	14.0
成果主義未導入	20.3（31.6）	1.1（1.8）	42.9（66.7）	35.6

カッコ内は機能資格制度が未導入のケースを除いた比率。

変更の内容（成果主義導入企業）	（複数回答 %）
資格要件の明確化	66.6
等級数の減少	39.9
停留年数の廃止・縮小	34.0
等級数の増加	17.5
昇進・昇格の定員制や人数枠の導入	7.0

であるが、日本企業ではこれまでの全社レベルの業績連動に加えて、個人業績との連動を強めることに集中する様子が観察できる。これに関連してもう1点、成果主義の対象となる職位を質問すると、部長クラスに導入する企業は87%、課長クラスは91%であるのに対して、係長クラスでも80%、一般従業員のクラスでも70%の企業で成果主義の導入が回答され、非管理職においても圧倒的多数で成果主義が導入されていることが観察できる。これは職務給の制度ではありえない。つまり、既存の賃金が職能賃金であることによって、その変更も柔軟になされるということになる。そしてこのように一般従業員のレベルに成果主義を導入することが部門業績連動を弱める結果になると解釈できる。つまり、部門業績に基づく賞与の格差が部門の責任者だけではなく一般従業員にも及ぶ以上、賞与の部門業績連動は弱めざるをえない。

職能資格制度の修正

では、非管理職にも成果主義が導入されることは、職能資格制度の廃止を意味するのか。一般的には、部課長職に関しては役割等級が導入され、非管理職には職能資格が維持されることが指摘されている（楠田編 2002; 都留・阿

部・久保 2005)。つまり、管理職に到達するまでは能力形成の段階にあることから能力評価に基づく職能賃金を基本とし、管理職の段階では、職責の大小に応じた役割等級を適用するというのがこの間の賃金制度の変更であった。

では職能資格制度はどのように変化するのか。そこで2008年調査では職能資格制度の変化とその内容を質問した。結果は表2.9に示されている。まず職能資格制度の導入をみると、成果主義の導入企業の14％、未導入企業の36％では職能資格制度制自体が未導入であることが観察できる。そのうえで職能資格制度の変化をみると、成果主義導入企業の60％でその変更がなされ、廃止は13％にとどまる。他方、成果主義の未導入企業では職能資格制度の変更や廃止をしていない企業が67％に達する。つまり成果主義の導入によって既存の職能資格制度の廃止ではなく、その見直しや変更が進むことがわかる。

さらに変更の内容をみると、資格要件の明確化が半数以上を占め、次いで等級数の減少、停留年数の廃止や減少が続く。先に述べたように、職能資格制度の難点として能力の定義の困難さや資格要件の曖昧さがあった。そのために停留年数を設けて経験の評価とし、あるいは経験の評価のために等級数を多くすることになり、この結果、職能資格制度の運営は年功的となった。そこで成果主義の導入によって、職能資格制度の廃止ではなく、その変革が意図されている。その変革とは要するに、職能資格制度を本来の能力等級の制度に戻すことだということができる。そのうえで職能資格をベースとして個別の業績評価を加えることが、非管理職レベルの成果主義の運営となる。一方、管理職に対しては、職能等級が役割等級に置き換えられ、そのうえに業績評価が加えられることになる。問題は、このような成果主義がはたしてその意図どおりに従業員の仕事意欲を高めるのかにある。これを従業員調査に基づいて検討することが第3章の課題となる。

長期雇用と成果主義の対照性

では、長期雇用の維持と成果主義の導入はどのような関係にあるのか。雇用流動化の必要性がさまざまに喧伝されるにもかかわらず、2004年調査で

表 2.10 長期雇用と成果主義のコンフィギュレーション（2004 年企業調査）
相関係数

	長期雇用維持	成果主義導入
長期雇用維持	1	
成果主義導入	−0.0273	1
新卒定期採用	0.1473*	−0.0653*
人件費の柔軟化	−0.1565*	0.1065*
成果に応じた処遇の差	−0.0621*	0.3796*
従業員全体の訓練	0.0699*	0.0435
一部の従業員の選抜的訓練	−0.0358	0.0709*
昇進選抜の早期化	0.0122	0.1293*
管理職と専門職のキャリアの区別	−0.0191	0.1198*
経営幹部育成の特別プログラム	−0.0069	0.1079*
キャリア開発プログラムの支援	0.0106	0.1195*
メンタルヘルスの配慮	0.0253	0.1101*
女性管理職の育成・登用	0.0082	0.0630*
組合とのコミュニケーションの重視	0.0595*	0.0395
経営目標や理念の浸透	0.0422	0.1225*
年齢に縛られない部課長層への登用	−0.0072	0.1298*
降格人事	−0.0795*	0.1001*
昇進競争における敗者復活	−0.0592*	0.1907*
異動における自己申告・社内公募	−0.0105	0.1843*
子会社の経営強化のための出向	−0.0350	0.0892*

＊5％の有意水準。

は7割の企業が、2008 年調査では8割の企業が長期雇用を維持するという方針であった。もちろん正社員に限定しての長期雇用であり、かつ正社員の範囲を限定しての長期雇用であるが、長期雇用の方針は日本企業にとって変更困難な制度であることがあらためて確認できる。ゆえに長期雇用の正社員の仕事意欲を高める必要がある、というのが成果主義の導入の目的となることもある意味で当然の方向であるといえる。先にみたように、成果主義導入の理由としてあげられるのは、「従業員の事業の意欲を高めるため」が大多数を占めていた。そして業績連動型の賃金によって仕事意欲を高めるとともに、雇用の安定を通じて仕事意欲を高めることが、長期雇用と成果主義の結合の意図だということができる。

　しかし、長期雇用と成果主義は互いに異質な制度であることもまた間違いない。制度的補完性の観点からは、長期雇用の制度と結びつくのは長期の能

力形成であり、長期の能力評価に基づく昇給と昇進の制度であるのに対して、成果主義によって導入されるのは毎期の業績評価に基づく賃金であり、個人間格差の拡大である。そこで、長期雇用の方針と成果主義の方針が人事制度としてどのような違いとなるのかをみるために、人事制度のコンフィギュレーション（制度的配置）の観点から（須田 2010）、この 2 つがそれぞれその他の人事制度とどのように相関するのかをみた。その結果が表 2.10 に示されている。人事制度に関しては過去 5 年間重視してきたとする回答を 1、それ以外を 0 とし（17 項目）、従業員のキャリア形成に関しては現在実施しているとする回答を 1、それ以外を 0 とし（9 項目）、長期雇用の維持を 1、成果主義の導入を 1 としたダミーの回答との相関係数を求め、そのうち有意に相関する項目の相関係数が示されている。

　表 2.10 からは、長期雇用の方針と成果主義の方針のそれぞれに相関する人事制度が対照的な関係にあることがわかる。つまり、長期雇用の方針とプラスに相関するのは、「新卒定期採用」や「従業員全体の訓練」や「組合とのコミュニケーションの重視」であり、あとの 2 つは成果主義の導入と相関をすることはなく、新卒定期採用はマイナスに相関する。つまり長期雇用が想定するのは新規に採用した従業員の長期の技能形成であり、能力評価に基づく昇進と昇給であり、長期の関係が生み出す従業員の協力や労使の協調の関係であるのに対して、成果主義は新卒定期採用というもっとも伝統的な人事制度と対立することが示される。

　これに対して成果主義の方針とプラスに相関するのは、まずは「人件費の柔軟化」と「成果に応じた処遇の差」であり、これは成果主義の意図からして当然のことだとしても、長期雇用の方針とはマイナスに相関する。つまり長期雇用が制度化するのは雇用の継続にともなう賃金の継続的な上昇であり、それが職能資格として制度化されることが確認できる。

　さらに成果主義の方針とプラスに相関するのは、「一部の従業員の選抜的訓練」や「昇進選抜の早期化」や「降格人事」など、業績評価に基づく個人間の格差を明示する人事制度であり、あるいは「年齢に縛られない部課長層への登用」や「子会社の経営強化のための出向」など、経営の強化を意図し

た人事制度であることが示される。さらにこれらに関連して、「管理職と専門職のキャリアの区別」や「経営幹部育成の特別プログラム」や「キャリア開発プログラムの支援」や「女性管理職の育成・登用」など、あるいは「昇進競争における敗者復活」や「異動における自己申告・社内公募」など、格差や選別を補完する制度が相関する。これに対して長期雇用の方針は、「降格人事」と「敗者復活」に対してマイナスに相関する。つまり長期雇用の人事制度が格差と選別の作用と不適合であることが示される。

このように、成果主義の導入が既存の人事制度の変革を意図したものであることが、成果主義のコンフィギュレーションとして示される。それらは集団的人事管理から個別人事管理への転換であるとされ、その中心となるのが個人ごとの業績評価だということになる。さらに成果主義の方針が経営の革新にともなってのことだとすると、「経営目標や理念の浸透」が重視され、そして業績達成の圧力のマイナス面というべきであるが、「メンタルヘルスの配慮」が重視されることが観察できる。

要するに長期雇用の方針は格差の抑制と伝統的な人事制度と結びつき、成果主義の方針は格差の拡大と革新的な人事制度と結びつく。事実、成果主義と相関する人事制度と長期雇用と相関する人事制度をみると、ともにプラスに相関する項目はなく、一方がプラスに相関すれば他方はマイナスに相関する。あるいは一方の相関に対して他方は相関しないことが示される。そして長期雇用の維持と成果主義の導入のあいだには相関関係はない。この意味で長期雇用と成果主義の組み合わせを、異質な要素から構成されたハイブリッド型の雇用制度とみなすことができる。しかし、それと同時にこのようなハイブリッドがはたして安定的に維持され、有効に機能するのかが問われることになる。これが次章の検討課題となる。

2.4 日本企業の多様性

長期雇用と成果主義の決定要因

これまでの議論をまとめると、まず企業統治に関して、上場企業の約半数

で株主価値の増大と取締役会改革が重視され、それを上回る比率でCSRが重視されていることをみた。次に、長期雇用に関しては、調査対象企業の7～8割で維持の方針が堅持され、成果主義に関しては、同じく5～6割の企業で導入があることをみた。そして長期雇用の方針は伝統的な人事制度と相関し、成果主義の方針は革新的な人事制度と相関することをみた。ではこれらのことから、企業統治の変化と長期雇用および成果主義の関係はどのように理解できるのか。そのうえで4つに類型化できた日本企業の分化がどのように説明できるのか。

まず、長期雇用の方針に対して企業統治の要因がどのように作用するのかをみよう。株主重視や配当重視の観点からは、取締役会改革が収益重視の経営を強める結果、長期雇用の維持に否定的な作用が強まることが予想される。アメージャンとロビンスの分析では、外国人持株比率が高まることに応じて不採算事業の整理など既存事業のリストラクチャリングが加速化することが検証され（Ahmadjian and Robbins 2005）、それは長期雇用の否定をともなうことが予想される。事実、久保克行と齋藤卓爾の分析では、事業再編にともなう企業買収や合併によって雇用は大きく削減される（久保・齋藤2007）。これに対して、経営の強化を意図した取締役会改革の観点からは、その目的が組織の競争力の強化であり、それは最終的に現場の競争力に依存する以上、現場の従業員の長期雇用は維持されることが想定できる。

以上のことを念頭に置き、企業統治の変化が長期雇用の方針にどのような影響を及ぼすのかを推定した。「できるだけ多くの従業員に長期雇用を維持する」という方針に対して、対象者を中核的業務やコア従業員に「限定して維持する」と「経営の優先的課題ではない」の方針を長期雇用の否定としたのであるが、あとの2つのあいだには大きな違いがある。前者は既存の方針からは長期雇用の否定を意味するものだとしても、後者はより明示的に長期雇用の方針そのものの否定となる。そこで、「全員（できるだけ多くの従業員）に維持する」の回答をベースとして、「限定して維持する」と「放棄する」の方針を区別して、それぞれに作用する要因を多項ロジット分析に基づいて推定した。説明変数は、取締役会改革の重視を1とするダミー変数であるが、

これに株主価値重視を1とするダミー変数、CSR重視を1とするダミー変数を加えた。つまり、雇用と賃金の方針に関する経営の意思決定主体として取締役会を想定し、経営の変革を意図した取締役会改革の作用に加えて、株主価値重視が代理する株主要因とCSR重視が代理するステークホルダー要因がどのように作用するのかを検証した。

先にみたように株主要因は取締役会改革の推進に作用するのであるが、それは株主圧力に対して配当重視で応えることにより、みずからの経営の変革を進めるためであると解釈した。このような観点からは、株主要因は雇用に対して影響を及ぼすことはないと想定できるのに対して、株主価値重視の回答をストレートに株主利益優先の方針だとすると、長期雇用に対して否定的な作用が生まれると考えることもできる。このような観点から取締役会改革と並べて株主価値重視の回答を説明変数とした。さらに、経営の変革や生産組織の変革を意図した取締役会改革は、組織の競争力が従業員の働きにかかっている以上、長期雇用を維持するように作用すると想定できるのに対して、戦略的経営の方針を強めることは長期雇用を中核的業務やコア従業員に限定するように作用すると考えることもできる。これに対してステークホルダー要因からは、このような限定ではなく、「できるだけ多くの従業員」に長期雇用を維持する方針が生まれることが想定できる。

さらに、過去5年間の正社員の増減と非正規社員の増減に対する質問から、正社員の減少幅が5～10%と10%以上のケースをそれぞれ区別して説明変数とした。2000年前後の厳しい雇用リストラを反映して2004年調査では5～10%の減少企業は16.7%、10%以上の減少企業は33.1%に達していた。その後の業績回復にともなって2008年調査では5～10%の減少企業は19.0%、10%以上の減少企業は18.3%に低下したが、依然20%弱の企業で10%以上の雇用削減が実施されている。他方、非正規社員に関しては、2004年調査では過去5年間で5～10%の増大企業は16.3%、10%以上の増大企業は34.9%を占めるのに対して、2008年調査では5～10%の増大企業は20.9%、10%以上の増大企業は26.4%というように、非正規雇用の増大のテンポは低下している。正社員の大幅な減少に至ることは長期雇用の方針に否定的な作

表 2.11 長期雇用の変化に作用する企業統治の推定

多項ロジット分析（ベースカテゴリー＝正社員の全員に長期雇用を維持する）

	2004 年		2008 年	
	限定して維持	放棄	限定して維持	放棄
株主価値重視	0.0442	0.363	0.434	0.145
	(0.18)	(1.09)	(1.56)	(0.28)
取締役会改革	0.398**	0.352	0.457**	−0.293
	(2.05)	(1.28)	(1.99)	(−0.71)
CSR 重視	−0.305*	−0.651***	−0.205	−1.302***
	(−1.80)	(−2.68)	(−0.88)	(−3.31)
正社員減少	0.457**	0.179	0.445*	0.683
(5-10%)	(2.03)	(0.50)	(1.66)	(1.47)
正社員減少	0.382**	0.737***	0.244	1.182***
(10%以上)	(2.05)	(2.87)	(0.84)	(2.82)
非正規比率	1.560***	0.701	0.302	−0.145
	(4.31)	(1.35)	(0.63)	(−0.19)
営業利益率	−0.657	0.971	−1.003	−0.687
	(−0.56)	(0.49)	(−0.54)	(−0.21)
従業員規模	−0.224**	−0.0952	−0.131	0.732***
	(−2.08)	(−0.63)	(−0.84)	(−3.25)
製造業ダミー	−0.0177	−0.489*	−0.152	−0.494
	(−0.10)	(−1.93)	(−0.63)	(−1.14)
上場ダミー	−0.0553	−0.288	−0.311	−0.141
	(−0.21)	(−0.77)	(−0.72)	(−0.21)
定数	−0.311	−1.532*	−1.175	−7.020***
	(−0.49)	(−1.70)	(−1.26)	(−5.09)
観測数	1006		709	
対数尤度	−760.85406		−403.86058	
疑似 R2	0.0324		0.0478	

カッコ内は t 値、*10%；** 5 %；*** 1 %の有意水準。

用を強めることが予想できるが、それを 5 〜10%の減少と 10%以上の減少に区別して検証した。これに加えて従業員数の質問から、非正規比率（総従業員に対する非正規社員比率）を説明変数とした。非正規比率の上昇は、非正規雇用を拡大して長期雇用の方針を強める面と、正社員の減少の結果として長期雇用に対する否定の方針を強める面の双方が考えられる。コントロール変数はこれまでと同様、今期の営業利益率、従業員規模、製造業ダミー、上場ダミーとした。

表 2.11 に推定結果が示されている。まず 2004 年と 2008 年の推定ともに、株主価値重視の回答は長期雇用の方針に有意に作用しないことが示される。つまり、株主圧力によって配当重視の経営が強まるとしても、それは雇用に影響を与えるわけではない。これに対して取締役会改革が長期雇用の維持を弱めるように作用する。それは「全員に維持する」方針に対して、「放棄」の選択ではなく、「限定して維持する」の方針を強めるように作用する。つまり、取締役会改革によって戦略的経営の方針が強まる結果、雇用ポートフォリオの意味で正社員の範囲を限定することからさらに強めて、長期雇用を中核的業務やコア従業員に限定する方針が強まると解釈できる。これに対してもう1つ、CSR 重視の回答が、2004 年の推定では「限定して維持する」と「放棄」の方針を抑制し、2008 年の推定では「放棄」の方針を抑制するように作用する。つまり、取締役会改革は長期雇用の対象を限定する方針を強めるのに対して、CSR 重視の経営はステークホルダーとしての正社員の全員に対して長期雇用を支えるように作用する。

さらに、過去 5 年間の正社員の減少に関しては、5〜10％の減少は「限定して維持する」の方針を強め、10％以上の減少では、非常に強く「放棄」の方針を強めることが示される。株主重視や配当重視の経営が長期雇用を否定するわけではないとしても、事実としての正社員の雇用リストラが長期雇用を否定する方向を強めると解釈できる。これに対して非正規比率の上昇は、2004 年の推定では長期雇用の対象を限定する方針を強めるように作用する。つまり非正規雇用の拡大は、長期雇用の維持ではなく、限定する方向に作用する。それはまた取締役会改革が長期雇用をコア従業員や中核的業務に限定するように作用することと整合的となる。ただし 2008 年の推定ではこのような作用は観察されない。

次に、表 2.12 には、成果主義の導入に作用する企業統治の要因が示されている。長期雇用に関して、限定して維持するのか放棄するのかの違いが重要になるのと同様、成果主義に関しては、それを強化するのか抑制するのかが重要な問題となる。そこで、表 2.4 でみたように、課長レベルの年収格差拡大をともなう成果主義を強成果主義、それ以外を弱成果主義として、2つ

表 2.12 成果主義の導入に作用する企業統治の推定

多項ロジット分析(ベースカテゴリー=成果主義の未導入)

	2004 年		2008 年	
	弱成果主義	強成果主義	弱成果主義	強成果主義
株主価値重視	0.345	0.296	0.267	0.447*
	(1.45)	(1.38)	(1.14)	(1.75)
取締役会改革	0.397**	0.604***	0.319*	0.771***
	(1.99)	(3.41)	(1.65)	(3.75)
CSR 重視	−0.153	0.0481	0.600***	0.26
	(−0.93)	(0.32)	(3.21)	(1.25)
営業利益率	0.31	−1.086	2.39	3.589*
	(0.26)	(−1.17)	(1.46)	(1.95)
従業員規模	0.313***	0.363***	0.171	0.401***
	(3.13)	(3.96)	(1.48)	(3.23)
製造業ダミー	−0.031	0.107	0.04	−0.0863
	(−0.19)	(0.72)	(0.22)	(−0.41)
上場ダミー	−0.179	0.0758	0.135	0.318
	(−0.69)	(0.33)	(0.40)	(0.92)
定数	−2.549***	−2.780***	−2.033***	−3.824***
	(−4.00)	(−4.76)	(−2.83)	(−4.88)
観測数	1061		741	
対数尤度	−1110.5417		−754.15945	
疑似 R2	0.0268		0.0403	

カッコ内は t 値、*10%;**5%;***1%の有意水準。

の方針の違いを成果主義の未導入をベースとした多項ロジット分析に基づいて推定した。2004 年では成果主義導入企業のうち強成果主義は 62%、2008 年では 43% であった。説明変数は、同じく企業統治の変数として株主価値重視と取締役会改革と CSR 重視とし、同じくコントロール変数は、今期の営業利益率、従業員規模、製造業ダミー、上場ダミーとした。これまでの議論から、株主要因としての配当重視の経営は収益重視の経営を強めることから、賃金の柔軟性を目的として成果主義の導入を進めることが予想できる。同じく、経営の変革や競争力の強化を意図した経営要因としての取締役会改革は、生産組織や人事制度の変革を目的として成果主義の導入を促進することが予想できる。このことが格差拡大をともなう強成果主義と格差を明示しない弱成果主義にどのように作用するのかを推定した。

表2.12の推定結果をみると、2004年と2008年の推定ともに、経営要因としての取締役会改革が成果主義の導入に強く作用することが示される。取締役会改革が経営の変革を目指し、それは人事制度の変革につながるものである以上、革新的な人事制度の一環として成果主義の導入があることが整合的に説明できる。それはまた格差拡大をともなう強成果主義の導入により強く作用することにみることができる。これに対して株主要因は2008年の推定において強成果主義の導入に10%レベルで有意に作用する以外には、有意な結果は観察されない。ただし、弱成果主義と強成果主義をあわせて成果主義の導入そのものを被説明変数とすると、株主価値重視の回答は2004年の推定では10%のレベルで有意に作用する。つまり株主重視や配当重視の経営は取締役会改革と一体となって成果主義の導入を進めると解釈できる。これに対してCSR重視の回答は、2008年の推定では成果主義の導入に1%レベルで有意に作用するのに対して、2004の推定では有意な作用は観察されない。このことを含めて成果主義の導入に対する企業統治の要因は取締役会改革に尽きるようである[4]。

 このように、長期雇用と成果主義に影響を及ぼすのは、何よりも取締役会改革であることがわかる。企業統治の変革の2つの要因、株主要因と経営要因の観点からは、企業統治の変化が雇用制度に及ぼす影響は経営要因に基づくことが明らかとなる。それを経営の変革を通じて競争力を強化し、企業価値の増大を目指すガバナンスとすると、そのような戦略的経営が長期雇用を中核的業務やコア従業員に限定する方針を強めると同時に、成果主義の導入を強めることになる。それはまた、成果主義の導入が業績評価に基づく雇用

---

4) 先に指摘したように、Jackson and Miyajima (2007) は、ハイブリッドIIとして、一方での市場型の企業統治と他方での長期雇用と非成果主義の組み合わせをあげるのであるが、このことを宮島 (2011) は、ハイブリッドIIのケースは国内市場中心の大企業であるために資本市場からの圧力が弱く、そのため取締役会改革が弱いためであるとして、その理由を社外取締役の導入の遅れに求める。しかしこれまでの分析からは、取締役会改革の弱さは株主圧力の弱さであると同時に、経営の革新や人事制度の革新の弱さを意味し、そのことが成果主義の導入を遅らせることになる。その要因として国内市場中心の大企業であるために製品市場の競争圧力が弱いことがあるとしても、このことと資本市場からの圧力とは直接の関係はない。これは成果主義の導入に対して株主価値重視の作用が非常に限定されていることと、上場ダミーが作用しないことからも推測できる。

の方針を強める結果、長期雇用の方針も中核的業務やコア従業員に限定されると解釈できる。このように長期雇用が限定される結果、非正規雇用が増大する。第6章で再度検討するように、正社員の雇用を守るために非正規雇用が利用される、あるいは非正規雇用が犠牲にされるといったことではまったくなく、正規雇用自体が非常に厳しく限定されるわけである。

　これに対して株主要因は、配当重視の経営を強めるとしても、雇用よりも配当優先という意味での株主支配のガバナンスにつながるわけではない。先に、配当重視の意味は、株主圧力に対して配当で応えることにより、実は経営の自律を維持することだと解釈したのであるが、このような理解が妥当するのをみることができる。企業統治に関してここではファイナンスのデータを欠くという意味で決定的な限界があるとしても、JILPTによる当事者の意識を捉えるデータから企業統治の変革のプロセスを内部から検討すると、この間の企業統治の変化は株主のためというよりも、みずからの経営のためということが浮かび上がる。

　もう1つの発見として、CSR重視という意味でのステークホルダー重視のガバナンスが長期雇用を維持するように作用することが確認できる。これは重要なことを意味している。つまり、株主圧力からの配当重視の経営はいまのところ雇用に直接影響を及ぼすものではないとしても、配当重視が収益重視の経営をより一段と強める結果、戦略的経営の強化を意図した取締役会改革を通じて長期雇用を限定する方針がさらに強まることが考えられる。同じく取締役会改革のいっそうの強化が成果主義の作用を一段と強め、この結果、個人業績に応じた雇用の方針が強まり、同じく長期雇用を中核的業務やコア従業員に限定する方針が強まることも考えられる。要するに戦略的、選別的な雇用の方針が強まることが予想される。

　これに対して既存の長期雇用慣行、すなわち「できるだけ多くの従業員に長期雇用を維持する」ような作用が生まれるとすると、それはCSR重視の企業統治だということになる。先にステークホルダーを狭義のステークホルダーとしてのコア従業員と、広義のステークホルダーとしての一般の従業員に区別したのであるが、コア従業員とその他や、経営管理層とその他や、ホ

ワイトとその他といった区別や格差を明示することがないというのが、これまでの日本企業の基本的な方針であった。これをドーアは「共同体としての日本企業」（Dore 2000）と呼ぶのであるが、この意味で従業員の全員が企業の同等のステークホルダーとされ、これによって長期雇用の慣行は「できるだけ多くの従業員」に適用されることになる[5]。そしてこの背後には、「企業の雇用責任」の意識があるとすると、この意味でCSRの意識は日本企業の伝統的な価値観を引き継ぐものだといえる。それと同時にこのことは、株主重視の意識がより強く浸透する結果、CSRの意識は弱まる可能性があることを意味している。つまり、長期雇用は狭義のステークホルダーとしてのコア従業員に限定される方針が強まることになる。

　さらに、ここでの観察からは、長期雇用の否定につながる直接の要因は正社員の減少、とりわけ過去5年間で10%以上の減少であることが指摘できる。企業統治の要因が長期雇用を明示的に放棄する方針につながることはないとしても、正社員の大幅な削減を余儀なくされる結果、長期雇用はもはや維持できないという意味で、放棄の方針が選択されると解釈できる。さらに、長期雇用を中核的業務やコア従業員に限定することや、それにともなう非正規雇用比率の上昇は、ただちに長期雇用の放棄につながることはないとしても、既存の長期雇用の制度からはその否定として受け止められることに変わりはない。それは従業員の意識においてより強くなると考えられる。この点が次章の従業員調査に基づく検討課題となる。

日本企業の分化の要因

　以上のことから日本企業の分化に作用する要因を検証しよう。これまでに指摘してきたように、長期雇用の維持と成果主義の未導入を既存日本型とすると、これに対して長期雇用を維持して成果主義を導入する新日本型、長期雇用を否定して成果主義を導入するアメリカ型、長期雇用を否定し成果主義も未導入の衰退型の登場をみることができた。2004年調査ではそれぞれの

---

[5] もちろんこの共同体に非正規従業員が含まれないという問題がある（濱口2009）。これについては第6章で論じる。

比率は概算で、30％、40％、20％、10％であり、2008年調査では新日本型と既存日本型の比率の増大と、アメリカ型と衰退型の比率の減少が観察できた。そのうえで長期雇用を維持する方針をベースとして、限定して維持する方針や放棄する方針に作用する企業統治の要因を検証し、同じく成果主義を導入する方針に作用する企業統治の要因を検証した。

類似の発見はジャクソンと宮島によってなされている（Jackson and Miyajima 2007）が、先に指摘したように、それは企業統治を分類の基準とするものであった。これに対してここではより明示的に企業統治の作用を検証しよう。これによって分類ではなく、日本企業の分化や多様化のプロセスを企業統治の観点から理解することが可能となる。そのために、既存日本型をベースとして、新日本型、アメリカ型、衰退型の選択に作用する企業統治の要因を多項ロジット分析に基づいて推定した。説明変数はこれまでどおり、取締役会改革重視を1とするダミー変数、株主価値重視を1とするダミー変数、そしてCSR重視を1のダミー変数とし、同じくコントロール変数は、営業利益率、従業員規模、製造業ダミー、上場ダミーとした。表2.13に推定結果が示されている。

これまでの考察からも予想されるように、推定結果は非常に明確に、既存日本型からの変化に対して取締役会改革が大きく作用することを示している。2004年推定では、既存日本型から新日本型、アメリカ型、衰退型への移行のすべてに、2008年推定では新日本型とアメリカ型への移行に取締役会改革が有意に作用する。つまり、取締役会改革が成果主義の導入を進め、この結果、既存日本型に対して新日本型とアメリカ型が分化する。さらに取締役会改革は長期雇用を限定するように作用するのであるが、これに対して長期雇用を維持するCSRの作用の結果、新日本型とアメリカ型が分化する。このことが2004年の推定ではCSR重視の作用によってアメリカ型の方向が抑制され、2008年の推定ではCSR重視の作用によって新日本型の方向が促進される形で示される。これに対して株主価値重視の回答は、2004年推定では新日本型の方向に作用し、2008年推定ではアメリカ型の方向に作用する。つまり、株主圧力が収益重視の方向に取締役会改革を強め、成果主義の導入を進

表 2.13　日本企業の分化の推定

多項ロジット分析（ベースカテゴリー＝既存日本型）

	2004 年			2008 年		
	新日本型	アメリカ型	衰退型	新日本型	アメリカ型	衰退型
株主価値重視	0.493**	0.292	0.425	0.306	0.647**	0.262
	(2.11)	(1.02)	(1.28)	(1.33)	(2.00)	(0.61)
取締役会改革	0.683***	0.836***	0.600**	0.419**	0.772***	−0.016
	(3.42)	(3.58)	(2.14)	(2.24)	(2.90)	(−0.05)
CSR 重視	0.0648	−0.464**	−0.255	0.473***	0.036	−0.630**
	(0.41)	(−2.43)	(−1.14)	(2.63)	(0.13)	(−2.07)
営業利益率	−0.109	−0.298	−0.249	3.056*	1.732	−0.634
	(−0.09)	(−0.21)	(−0.15)	(1.90)	(0.75)	(−0.26)
従業員規模	0.302***	0.336***	−0.075	0.191*	0.417***	−0.213
	(3.07)	(2.92)	(−0.51)	(1.72)	(2.66)	(−1.02)
製造業ダミー	0.123	−0.272	−0.184	0.0115	−0.284	−0.241
	(0.79)	(−1.42)	(−0.82)	(0.06)	(−1.02)	(−0.75)
上場ダミー	−0.002	−0.045	0.003	0.288	−0.166	−0.235
	(−0.01)	(−0.15)	(0.01)	(0.91)	(−0.36)	(−0.35)
定数	−1.963***	−2.505***	−0.505	−1.660**	−4.196***	0.0926
	(−3.16)	(−3.42)	(−0.55)	(−2.39)	(−4.22)	(0.07)
観測数	1053			736		
対数尤度	−1312.091			−833.383		
疑似 R2	0.0271			0.0375		

カッコ内は t 値、*10％；**5％；***1％の有意水準。

める結果、既存日本型に対して新日本型とアメリカ型が分化する。そのうえで 2004 年の推定では CSR の作用がアメリカ型を抑制し、2008 年の推定では CSR の作用が新日本型を促進することから、前者では株主価値重視の作用が新日本型の方向に現れ、後者ではアメリカ型の方向に現れるのだと思われる。

さらに 2008 年の推定では、CSR の作用が衰退型への移行にマイナスに作用する。つまり CSR の意識の低下に応じて、既存日本型は長期雇用の維持も成果主義の導入もない衰退型に退化する。同じく 2008 年の推定では、営業利益率でみた業績好調企業において新日本型への移行が強まることが示される。これと従業員規模の点で新日本型とアメリカ型は相対的に大規模企業から構成されていることをあわせると、日本の代表的企業において新日本型の方向が強まることが確認できる。

ここでは長期雇用を中核的業務やコア従業員に限定する方針を既存の慣行からすると長期雇用の否定とし、長期雇用を明示的に否定する放棄の方針とあわせてアメリカ型としたのであるが、前者はコア従業員に限定するとしても長期雇用の方針を維持する点で既存の日本型の一部とみなすこともできる。実はこのタイプを青木は日本企業の進化多様性の1つとし、旧来の日本型組織とアメリカ型組織のハイブリッドとする（Aoki 2010）。つまり、旧来の日本企業の組織構造を青木は経営者と従業員のあいだの「認知の共有」として捉え、それはしかし経営者の自律的役割を曖昧とするものであったことを指摘する。これにたいして経営戦略策定のための経営者の自律的役割を不可欠とするのがアメリカ企業の組織構造だとすると、経営環境の急激な変化に対応して日本企業はアメリカ型の組織構造の方向に変化を進めるとともに、経営戦略実現のためには日本型の組織構成として従業員との認知の共有を不可欠とする。この意味で日本企業は旧来の日本型とアメリカ型とのハイブリッドの方向に変化する。このとき青木のモデルでは、経営者の戦略実現に不可欠な従業員は高度の認知資産を備えたコア従業員とされ、ゆえに長期雇用の対象もまたコア従業員に限定されることになる。

　青木自身はこのようなハイブリッドを先にみた Jackson and Miyaajimaga（2007）のハイブリッドに対応づけるのであるが、これまでの分析から明らかなように、青木の意味でのハイブリッドはこの間の取締役会改革からの直接の帰結として解釈できる。すなわち経営者の自律的役割を明示し、経営の強化を意図するのが取締役会改革であり、そして取締役会改革の作用として、一方では成果主義の導入があり、他方では長期雇用のコア従業員への限定がある。事実、長期雇用をコア従業員に限定する方針と成果主義の導入の組み合わせを取り出しそれに作用する企業統治の要因を推定すると、アメリカ型の推定と同様、2004年の推定では取締役会改革がプラスに、CSR重視がマイナスに作用し、2008年の推定では取締役会改革と株主価値重視がプラスに作用する。

　このような青木の意味でのハイブリッドに対して、もう1つのハイブリッド、すなわち新日本型としてのハイブリッドの意味が明らかになる。つまり、

企業統治の変革として取締役会改革だけが作用すると青木の意味でのハイブリッドが成立するのに対して、そこに既存の企業統治の要因としてのCSR重視が作用すると、取締役会改革と成果主義と正社員全体の長期雇用から構成された新日本型のハイブリッドが成立する。もちろんここでの正社員は非正規雇用の活用を前提としたうえでのことであり、青木モデルにおいても雇用ポートフォリオの意味での非正規雇用の活用によって限定された正社員がコア従業員として捉えられている面がある。

ただそのうえで、2つの違いは、経営者の戦略実現や企業の価値生産に貢献するのはコア従業員かそれとも正社員の全体かという点にかかわってくる。青木のモデルは株主主権が想定するように企業の価値生産は株主が提供する物的資産と経営者の認知資産だけに依存するのではなく、経営者と従業員双方の人的資産や認知資産が重要であり、かつ2つの人的資産の相互協力が不可欠であるとし、その典型としてプロフェッショナル・ファームをあげるように、あくまでも高度な知的労働者としてのコア従業員が想定されている。ゆえに青木モデルではコア従業員としてしばしば持ち出される技能の企業特殊性は周到に除外され、むしろコア従業員は移動可能な人的資産を備えた存在であるとされ、ゆえに経営者との相互不可欠性を認識した「認知の共有」の重要性が述べられる。

同じく小池もまた、技能の企業特殊性を過度に強調することの一面性を指摘する（小池2004）。事実次章で検討する従業員調査からも、従業員が認識する技能の企業特殊性の意識は予想外に低いことが観察できる。そのうえで小池が指摘するように、日本の企業組織に観察されるのは現場における従業員の「知的熟練」であり、そのような従業員と経営者との「協働」の関係である（小池2013）。もちろん製造現場の知的熟練はプロフェッショナル・ファームと比較するとその客観的レベルは低いとしても、経営者の戦略実現への貢献の点で、あるいは企業の価値生産への貢献の点で、その認知資産が不可欠であることに変わりはない。この意味で経営側と労働側の「協働」の関係は正社員の全体に広がるものと考えることができる。

もちろん製造現場における知的熟練もまた正社員の全体ではなく、コア従

業員に限定されるということはできる。しかしそのようなコア従業員を製造現場の訓練や経験を通じて育成するのが日本の企業組織である以上、長期雇用の方針は正社員の全体に適用されることになる。そしてここでの重要な発見は、このような方針がCSRという既存の企業統治の要因によって維持されるという点にある。つまり日本企業の新たな方向として経営の強化を意図した取締役会改革があるとしても、それと同時に既存の経路としてのCSR重視のガバナンスが作用することによって、新日本型としてのハイブリッドと青木の意味でのハイブリッドが分岐する。この意味で新日本型としてのハイブリッドは、株主圧力のもとで経営の強化を意図した取締役会改革とCSRが意図するステークホルダー重視の経営の二重の関係という意味で、ハイブリッドの企業統治に基づいている。

2つのCSR

企業経営との「協働」の関係をコア従業員に限定するのか正社員の全体とするのかは、企業統治の根本問題であるといえる。そしてここでの分析からは、企業統治の変革として取締役会改革だけが作用するとコア従業員に限定したハイブリッドが成立し、それにCSRの作用が加わると正社員の全体を含めたハイブリッドが成立すると推論することができた。反対にいえば、株主圧力がさらに強まり、戦略的経営の強化を意図した取締役会改革がさらに強まるならば、そしてCSRで意図されるステークホルダー重視の意識が弱まるならば、企業にとって従業員との「協働」は、正社員の全体からコア従業員に限定する方向に向かうことが予想される。この意味で新日本型のハイブリッドが維持されるかは、CSR重視の企業統治がどこまで維持されるかにかかっているということができる。

そこでCSRについてもう少し述べると、かつての日本企業に関しては、従業員の雇用を守ることが経営者の責任であるといったことが述べられた。あるいは企業を「社会の公器」とする表現もそれほど珍しいものではなかった。しかしそれは株主に対する責任を無視するものだといった批判が生まれ、事実、株主圧力の高まりとともに配当重視の方向が強まることをみた。その

うえで、かつての雇用重視の経営やその経営責任は、そしてより広く社会のさまざまなステークホルダー重視の経営は、CSR として公認されることにより、株主圧力のもとで持続あるいは生き延びているということもできる。つまり CSR を媒介として、日本の企業統治は歴史的経路としてのステークホルダー重視のガバナンスを引き継ぐと理解することができる。

　この点に関して、ジャクソンとアポストラコウは、企業統治と CSR の関係について次のように指摘する。つまり、アメリカ、イギリスの「自由な市場経済」では、企業統治は株主支配型であるために、そこから抜け落ちる項目が CSR の課題となる。それらの項目として環境対策や省エネルギーなどの社会的課題があるとしても、それらはあくまでも企業の自発的取り組みであり、株主支配の企業統治のうえでの選択となる。つまり賃金や雇用や配当などの企業行動そのものは株主支配の企業統治の領域となり、それから切り離して CSR の課題が設定される（Jackson and Apostolakou 2010）。これと類似した観点として、ティロールは、企業統治に関しては株主支配型が優位することを主張する一方、社会はステークホルダーの集合体というものであり、ゆえに後者の課題を引き受けることが CSR の課題となることを指摘する（Tirole 2001）。これらのことからジャクソンとアポストラコウは、アメリカ、イギリスの「自由な市場経済」では企業統治と CSR は互いに異質な性格として代替的な関係にあることを指摘する（Jackson and Apostolakou 2010）。

　これに対して、同じくジャクソンとアポストラコウは、ドイツ、日本の「調整された市場経済」では、企業統治と CSR は互いに類似した性格として補完的な関係にあることを指摘する（*ibid.*）。つまり企業統治と CSR は互いにステークホルダー重視として補完しあう。これによって CSR の課題は企業統治と切り離されるのではなく、それ自体が企業統治として意識されることになる。このように企業統治と CSR が相互に補完しあうことにより、CSR 重視の回答が、企業統治の作用として長期雇用を維持するように作用することが合理的に説明できる。

　ただしこれと正反対の議論の組み立ても可能である（Kang and Moon 2012）。つまり「自由な市場経済」では企業統治が株主支配型であることから、CSR

も株主価値を高めるための手段とされる。つまり、CSR はそれによって企業の社会的評価を高め、そのことが企業価値を高めて最終的に株主価値を高める点で正当化される。たしかに経営学が推奨する CSR はこのようなものであり（Porter and Kramer 2006）、それはまた SRI（社会的責任投資 Socially Responsible Investment）の対象となることによって株主価値と結びつく。この意味で株主支配の企業統治と CSR は類似の性格のものとして補完関係にあるものとみなされる。ここでの問題は補完性あるいは代替性をどのように捉えるかということでもあり（Brammer, Jackson and Matten 2012）、一方では互いに類似した性格であることによって結びつく関係が補完関係とされ、他方では対照的であることによって互いに補いあう関係が補完関係とされる。ジャクソンとアポストラコウの視点は、前者の類似性をドイツや日本に見出し、後者の対照性をアメリカやイギリスに見出したうえで、前者を補完関係、後者を代替関係と呼ぶのであるが、むしろティロールの意味で CSR を捉えると、アメリカ、イギリス型の CSR は株主重視の企業統治を補完するものとみなすことができる。

　このように視点の違いはあるとしても、一方では株主支配の企業統治を前提として、それを補完あるいは代替するものとして CSR が意識される。これに対して他方では、ステークホルダー重視の企業統治と一体のものとして CSR が意識される。そして後者が日本企業の CSR だとすると、一方で配当重視の経営が進むと同時に、他方では CSR 重視の経営として長期雇用の維持があることも整合的に理解できる。それはまた、株主重視や配当重視はそれによって株主圧力をかわし、みずからの経営を維持するためだと解釈することとも整合的となる。先に指摘したように、この意味で日本の企業統治の変革は歴史的経路としての経営者企業のなかにある。そして日本において経営者企業がみずからの根拠とするのが、企業と従業員の間の「擬似共同体」（Dore 2000）としてのステークホルダー関係であるとすると[6]、それが CSR の意識となり、そこに「企業の雇用責任」が入ることは不思議ではない。念のためにいえば、このことと現実の雇用調整が矛盾するわけではなく、2 つの両立が日本の雇用制度だということである。

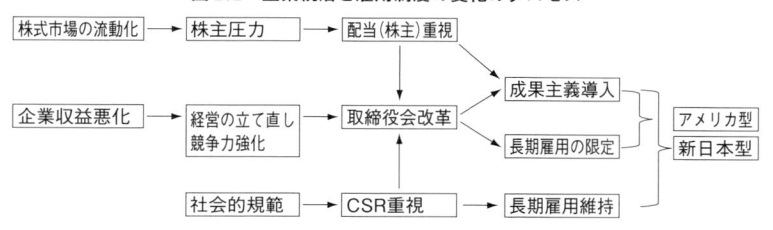

図2.2 企業統治と雇用制度の変化のプロセス

```
株式市場の流動化 → 株主圧力 → 配当(株主)重視
                                        ↘
企業収益悪化 → 経営の立て直し → 取締役会改革 → 成果主義導入 ┐
              競争力強化                                    ├ アメリカ型
                                    ↗ 長期雇用の限定 ┘    新日本型
社会的規範 → CSR重視 → 長期雇用維持
```

ハイブリッド組織

　以上、限定された変数からであるが、日本企業の分化や多様化に対して企業統治の変化が有意に作用することがわかる。ここでのデータはあくまでもアンケート調査に基づくものであるが、これによって企業統治と雇用制度の変革を進める当事者の意識の観点から変化を理解することが可能となる。変化を生み出すさまざまな環境要因はもちろん無視するわけではないとしても、変化が最終的に当事者の選択である以上、当事者の観点から変化のプロセスを理解する必要がある。そこでこれまでの分析結果をまとめると、図2.2のように描くことができる。

　まず、2000年前後からの企業統治の変化を迫る要因として、株式市場の流動化と企業収益の悪化があった。前者は株主圧力を強め、後者は経営の立て直しを迫り、前者は配当の顕著な増大となり、後者は経営組織の変革を意図した取締役会改革の進展となった。そしてもう1つ、配当重視と同時にCSR重視が述べられた。前者が意味する株主重視に対して、後者はステークホルダー重視の意識と結びつく。そして日本企業にとって配当重視が株式市場の

---

6) 経営者企業とステークホルダーに関する古典的議論としてバーリとミーンズ（Berle and Means 1932）がある。つまり、1930年代当時の経営者企業に対して、それが正当化されるためには、株主支配の「私的貪欲」でもなく、経営者支配の「私的貪欲」でもなく、「公正な賃金や、従業員への安全や、社会に対する適切なサービスや、事業の安定」など「公共的な立場に立って、社会のさまざまな集団の多様な要求をバランスさせる」経営であるべきことが述べられた。ただしバーリとミーンズが現実にみた経営者企業は経営者の「私的貪欲」に支配されるものであり、よってこれと対照的な行動が、ステークホルダー重視やCSR重視の経営として説かれるのであった。この意味で、今日のアメリカ企業と同様、バーリとミーンズにとってもまた、経営者企業の企業統治とCSRは互いに異質であることから補いあう、あるいは代替しあう関係となる。

表 2.14　2004 年と 2008 年の 4 つのパターンのクロス表

(%)

2004 年	2008 年			
	新日本型	アメリカ型	既存日本型	衰退型
新日本型（N=84）	58.3	14.3	25.0	2.4
アメリカ型（N=31）	51.6	19.4	19.4	9.7
既存日本型（N=88）	26.1	9.1	62.5	2.3
衰退型（N=29）	27.6	10.3	44.8	17.2

変化から生まれた新たな方向であるのに対して、CSR 重視はむしろ日本企業の伝統的な価値観や社会的規範を受け継ぐものと解釈できた。そのうえで雇用制度の変化を生み出す要因として、カギとなるのは取締役会改革であり、一方では成果主義の導入を進め、他方では長期雇用を中核的業務やコア従業員に限定する方針を強めることが検証できた。この結果、前者の成果主義の導入から、既存日本型に対して新日本型とアメリカ型が分化し、それと同時に後者の長期雇用の限定に対しては、CSR 重視の作用が長期雇用を維持することから、新日本型とアメリカ型が分化すると解釈できた。かくして企業統治の変化の結果、一方では成果主義の導入とともに長期雇用の否定を強めるアメリカ型と、他方では CSR の作用によって長期雇用を維持したうえで成果主義を導入する新日本型が分化する。

このように、新日本型としての長期雇用と成果主義のハイブリッドは、さらにガバナンスの意味でも、株主重視とステークホルダー重視のハイブリッドとなる。しかしハイブリッドが安定的に維持されるのかはわからない。事実、配当重視が収益重視の経営を強めるとすると、成果主義のいっそうの強化とともに長期雇用に対しても否定的な作用が強まることが考えられる。それはアメリカ型の方向を強めることになる。これに対して現在のところ、CSR の意識が新日本型あるいはハイブリッド型組織を維持しているとしても、その持続が保証されているわけではない。CSR の意識の背後には企業をステークホルダー全体の利益共同体と捉える企業観があるとしても、このような企業観がどこまで持続するのかは怪しいということもできる。アメリカのビジネススクール出身者が経営陣の多数を占めるにつれて、企業を株主の利

益共同体と捉える見方が支配的となることも考えられる。反対に、CSRの意識のもとで、経営の革新も取締役会改革もなければ、成果主義が未導入の既存日本型が持続する。あるいは既存日本型のもとでCSRの意識が衰退すれば、成果主義の導入も長期雇用の維持もない衰退型をみることになる。

　このように日本企業の分化は固定したものではない。これを2004年調査と2008年調査のマッチング企業235社を取り出し、2時点での4つのパターンの分布をクロスさせると、表2.14のようになる。表から明らかなように、それぞれのパターンはそれぞれがさらに異なる方向に分化することが示される。とりわけ2004年において新日本型であった企業のうち、2008年においても新日本型であるのは58％にすぎない。14％はアメリカ型に移行し、25％は既存日本型に移行する。つまり、前者は長期雇用の否定に向かい、後者は成果主義の否定に向かう。あるいはアメリカ型のうち52％は長期雇用を復活させて新日本型に向かい、20％は長期雇用の復活だけではなく成果主義を否定して既存日本型に向かうことが示される。さらに既存日本型も26％は成果主義を導入して新日本型の方向に変化する。

　このように日本企業の多様性は、多様な方向へのさらなる分化を示している。この背後にはこれまでに検討した企業統治の要因だけでなく、業種や事業環境や経営戦略の違いがかかわり、最終的には選択した組織のタイプが実現する企業業績に帰着する。これに加えてアーキテクチャの観点からは、インテグラル型とモジュラー型の組織構造の違いもまた日本企業の分化の重要な要因になると思われる。これに対して次章では、従業員の行動を検討しよう。企業統治の変革が、経営組織の変革からさらに生産組織の変革を志向してのことであるかぎり、それは最終的に従業員の行動にかかっている。とりわけ新日本型やハイブリッド型の日本企業の意図が、長期雇用を維持したうえで成果主義を導入し、これによって高業績に向けて従業員のインセンティブを高めることだとすると、はたしてその意図が達成されるのかを、従業員のレベルで検証する必要がある。これらのことが次の検討課題となる。

第3章
成果主義と長期雇用の
ハイブリッドは有効か

3.1 問題設定

　前章では企業統治の変化とともに、日本企業の新たな方向として、長期雇用を維持したうえで成果主義を導入するハイブリッド組織の登場をみた。それは二重のハイブリッド、市場（株主重視）型の企業統治と組織型の雇用制度のハイブリッド、そして長期雇用と成果主義のハイブリッドとして捉えることができた。つまり、株式市場からの圧力に対しては配当の増大で応じると同時に、取締役会改革を通じて経営の変革を進め、長期雇用の方針を維持したうえで成果主義を導入して、生産組織を変革する。そして雇用の安定と業績連動賃金の2つから従業員の仕事の意欲を高めて業績回復を図ろうとする。この意味でハイブリッド組織は日本企業の新たな方向、現在の日本企業のベストプラクティスを示すものと考えることができた。
　しかし、異質な原理から構成されたハイブリッド組織がはたして安定的に維持されるのかは自明ではない。事実、前章の分析結果からは、配当重視の方針が収益重視の経営を強め、取締役会改革を通じた経営組織と生産組織の変革をいっそう進めるならば、成果主義の作用はより強化され、長期雇用を中核的業務やコア従業員に限定する方針もより強化されることが考えられる。するとこの2つが結びつくと、個人業績に応じた賃金格差だけでなく、個人業績に応じた雇用の方針もまた強まることが予想される。この結果、低業績者に対する賃金の切り下げ圧力だけでなく、低業績者に対する退職勧奨の圧力が強まることも予想される[1]。もしこのような方向が強まるならば、新日

本型としてのハイブリッド組織はアメリカ型の方向に大きく転換することになる。

　もちろん前章の観察では、2000年代半ばの景気拡大を反映して、長期雇用の維持を回答する企業は増大し、ハイブリッド型企業（新日本型）は2004年調査の40％から2008年調査の43％に増大していた。そしてこの背後には、一方での株主重視のガバナンスに対して、他方でのCSRの意識によって代理されるステークホルダー重視のガバナンスの作用があることをみた。これによって株主重視と長期雇用のハイブリッドが維持されるという意味で、株主重視とステークホルダー重視の2つの作用のうえにハイブリッド組織が成り立っている。それと同時にこのことは、2つの作用をどのようにバランスさせるかという課題を生む。これが第5章の検討課題となる。

　これに対して本章では、もう1つのハイブリッド、長期雇用と成果主義のハイブリッドを検討しよう。つまり、ハイブリッド組織の意図が、雇用の安定と業績連動賃金によって従業員の仕事の意欲を高めることだとすると、それが意図どおりに実現できるのかは従業員の実際の行動にかかっている。しかし、前章でみたように、長期雇用の制度と結びついた人事制度と成果主義が想定する人事制度との違いは大きい。前者は長期の能力形成を意図して、各段階での能力評価に基づく昇給と昇進を制度化する。それは従業員の側からは雇用の継続に応じて賃金の継続的な増額を期待するものであった。もちろん能力評価の結果、昇給と昇進の格差は広がり、賃金格差も広がるとしても、それは段階的に時間をかけてのものであった。

　これに対して成果主義の人事制度は、毎期の業績評価に基づき賃金の変動と格差を大きくし、これによって従業員の業績達成のインセンティブを高めることを目的とする。それは賃金格差だけでなく、昇進選抜の早期化や降格人事など、短期的な視点での個人間の格差を顕著とする方針と結びつく。あるいは従業員の能力形成も、業績達成を基準として、全員の訓練ではなく選抜的な訓練の方向を強めることになる。さらには低業績者に対する賃金切り

1）第6章で述べるように、解雇規制の問題はこの点にある。

下げの圧力だけでなく、個別の退職勧奨の圧力もまた強まることが予想される。もしこのような形で成果主義の作用が強まるならば、それは既存の雇用関係における従業員の期待を裏切るという意味で、「心理的契約の破壊」（Rousseau 1995; 服部 2011）となることが考えられる。するとこの結果、従業員の仕事意欲はむしろ低下することになるかもしれない。

　これに対して、同じく前章でみたように、成果主義の導入は、管理職と専門職のキャリアの区別やキャリア開発プログラムや昇進選抜における敗者復活など、個人間の格差を補完する人事制度をともなうものであった。あるいは女性管理職の登用や異動における自己申告や社内公募など、個別の人事管理や革新的な人事制度を促進させるものでもあった。するとこれらのことから、成果主義のもとでの賃金の変動と格差の拡大を前提として、業績達成に応じてより高額の賃金とポストの獲得を期待する、新たな心理的契約が形成されることも考えられる。

　前者の長期雇用の制度と結びついた心理的契約の観点からは、その破壊を回避するために成果主義の作用を修正し、業績格差や賃金格差を抑制する方針が選択されるかもしれない。これによって成果主義が意図するインセンティブの効果は低下するとしても、雇用の安定や処遇の安定が生み出すインセンティブ効果をあわせて成果主義の導入の目的が達成されると考えることができる。しかしこれは、成果主義に応じた新たな心理的契約の観点からは、その裏切りとなる。つまり成果主義として期待した業績評価に基づく処遇は裏切られ、この結果、従業員のインセンティブは低下するかもしれない。

　すると、このような隘路を打破するために、明示的に長期雇用を否定して、成果主義を強化する方向が選択されるかもしれない。これがアメリカ型の方向となる。反対に、明示的に成果主義を否定して、長期雇用を維持する方向が選択されるかもしれない。これが既存日本型の方向となる。これに対して長期雇用と両立する形で成果主義を抑制する方向が選択されるかもしれない。これが新日本型となる。

　以上のような観点からハイブリッド組織における従業員の行動を調べることにしよう。ハイブリッド組織が有効に機能するのかどうかは、長期雇用と

同時に導入する成果主義に対して従業員がどのように行動するのかにかかっている。はたして従業員は成果主義をどのように考え、実際の仕事に対してどのように取り組もうとしているのか、これらの点を JILPT の 2 つの従業員調査に基づいて考察したい。

以下では、まず 3.2 で、長期雇用と成果主義に対する従業員の意識を調べ、長期雇用が維持されると考える従業員が 4 割程度であることの要因を検討する。3.3 では、成果主義に対する従業員の認識を企業調査の結果と対照させて検討し、3.4 では成果主義が実際にどのように運営されているのかを検討する。そして 3.5 では成果主義の作用を回帰分析に基づいて検証し、日本企業のさらなる分化の可能性を考察する。

3.2 従業員調査

データ

まず、以下で使用するデータについて説明しよう。データは JILPT が 2005 年と 2009 年に行った従業員調査に基づき、それを加工した。それぞれは、2004 年と 2008 年の企業調査と関連づけて行われた。まず 2005 年の従業員調査（2005 年 2 月）は、「新時代のキャリアデザインと人材マネジメントの評価に関する調査」というタイトルで、2004 年の企業調査の回答企業 1280 社に対して 1 社当たり 30 通の調査票を送付し、うち 239 社から 2823 人の回答があった[2]。2004 年の企業調査は、2000 年前後の日本企業の急激な業績悪化によって人事制度がどのように変化しているのかを調べることを目的としたのであるが、これに対応づけて 2005 年の従業員調査は、そのように企業が進める人事制度の変化を従業員がどのように捉えているのかを調べることを目的とした[3]。次に、2009 年の従業員調査（2009 年 3 月）は、2008 年の企業調査が 2003 年以降の日本企業の業績回復を反映した人事制度の変化を捉

---

2) 各社に対して、事務管理部門、営業部門、商品開発・研究開発・情報部門にそれぞれ 10 通ずつの配布を依頼した。回答は、1 社平均 11.8 人、中位値は 12 人、最大 30 人、最少 1 人であった。また 2009 年調査も対象を上記の分野とした。

えることを目的としたのに対応づけて、同じくそれらの変化を従業員がどのように捉えているのかを調べることを目的とした。ただし 2009 年の従業員調査はウェブ調査として行われ、2008 年の企業調査とのマッチングは得られていない。また 2008 年の企業調査は 2008 年秋のリーマンショックの直前であるのに対して、2009 年の従業員調査はリーマンショック後の企業業績の急速な落ち込みのなかで行われた。回答数は 1 万 2000 人であるが、うち 1457 人は非営利団体の所属であるためにこれを除外した。また 2005 年の従業員調査の回答者は従業員規模 100 人以上の企業の従業員であるのに対して、2009 年調査では 3089 人が従業員規模 100 人未満の企業の従業員であるため、2009 年のサンプルからこの部分を除外した。また 2005 年調査では少数であるが役員も含まれるためこれも除外し、さらに 2005 年 2009 年ともに 60 歳未満の回答者に限定した。以上の結果、サンプル数は 2005 年調査が 2802 人、2009 年調査が 8353 人となった。

表 3.1 に回答従業員の基本的な属性が示されている。2009 年のウェブ調査では、職位の数が均等となるように集計されたため、2005 年調査と比べて部・課長職の比率が相対的に高くなり、年齢も相対的に高くなった。また企業規模も 1000 人以上が約半数を占めている。ウェブ調査に関してはその信頼性が疑問視されることがあり、また 2005 年の調査は 239 社から 1 社当たり平均 11 人の回答であるため、特定の企業で回答が類似したものになるというバイアスがあるかもしれない。そこで以下では 2005 年と 2009 年の調査結果を並べて結果の妥当性をチェックすることに留意した。

技能の企業特殊性

　以下では従業員調査のデータに基づいて、長期雇用の状態について従業員はどのように考えているのか、同じく成果主義の作用についてどのように考えているのかを調べ、そのうえで従業員の仕事意欲の状態を検証する。その

3）結果は、労働政策研究報告書 No.49『変革期の勤労者意識』（2006 年 4 月）として発表されている。また 2004 年企業調査と 2005 年従業員調査をあわせた結果が、労働政策研究報告書 No.61『現代日本企業の人材マネジメント』（2006 年 6 月）として刊行されている。

表3.1 サンプル従業員の属性（構成比　%）

性別	2005年	2009年
男性	79.7	90.9
女性	20.3	9.1

年齢階層	2005年	2009年
～29	18.4	4.3
30～39	33.1	29.5
40～49	27.9	45.1
50～59	20.6	21.2

学歴	2005年	2009年
高卒	22.9	13.3
専門・短大卒	13.6	11.7
大卒・院卒	63.5	75.0

従業員規模	2005年	2009年
100～299人	12.4	23.0
300～999人	62.0	22.1
1000人以上	25.6	54.9

職位	2005年	2009年
部長	9.4	22.5
課長	25.0	29.1
係長	18.1	29.4
役職なし	47.5	19.0

勤続年数	2005年	2009年
平均	14.6	16.5
中位値	13.0	17.0

前に従業員調査から得られた重要な発見として、技能の企業特殊性に関して述べておこう。周知のように日本の雇用制度の特徴としては、企業内のOJT（On the Job Training）に基づく技能形成の結果、技能の企業特殊性が強まることが強調され、このことが移動可能性の制約となって従業員の行動に影響を及ぼすというように議論が展開されてきた。そこで従業員調査では、「あなたの技能は他企業でどの程度通用しますか」という表現で技能の企業特殊性の度合いを質問した。もちろん従業員の意識のうえでのことであるが、通用度として、「すべて通用」「7～8割通用」「半分通用」「2～3割通用」「まったく通用しない」のなかからの選択とし、それを特殊性の度合いに置き換えた。さらに特殊性度を5段階のスコア（ゼロ＝1、2～3割＝2、半分＝3、7～8割＝4、すべて＝5）に変換し、職位ごとの平均スコアを求めた。回答の分布が表3.2に示されている。

表3.2の結果をみると、2005年調査では45.1%、2009年調査では54.6%の従業員は、自分の技能の企業特殊性度はゼロを含めて2～3割程度と考えている。約半分と考える従業員は3割前後、7割以上と考える従業員は2割程度にすぎない。また職位によって区別すると、2005年と2009年ともに職

表 3.2　技能の企業特殊性

特殊性度	（従業員構成比　％）		職位	（特殊性度の平均スコア）	
	2005 年	2009 年		2005 年	2009 年
ゼロ	12.1	20.7	部長	2.4	2.1
2〜3 割	33.0	33.9	課長	2.4	2.4
半分	33.5	27.7	係長	2.6	2.6
7〜8 割	19.0	14.9	一般	2.9	2.9
すべて	2.5	2.9	合計	2.7	2.5

位が上がると企業特殊性の意識は低下する。表には記載されていないが特殊性度の分布としてみると、2005 年で部課長クラスの約 60％、2009 年で約 70％は、自分の技能の企業特殊性はゼロを含めて 2〜3 割以下と考えている。これに対して一般従業員において企業特殊性の意識が高まるとしても平均スコアが 2.9 であるように、その度合いを半分以下と考える従業員は 2005 年で約 70％、2009 年で約 60％となる。

このように従業員における技能の企業特殊性の意識は予想外に低い。というよりも、技能の企業特殊性の割合はせいぜい 2 割程度とする小池（2005）の指摘と符合する。そして小池の指摘は、日本の雇用制度を技能の企業特殊性の観点から論じることの一面性に注意を促すためでもあった。つまり、技能の企業特殊性のゆえに日本の従業員は移動可能性が制約され、企業に縛られた存在となる。ここから一方では、移動可能性の制約と引き換えに雇用が保証される必要があるといった議論をみることになり、それとは反対に他方では、ゆえに労働市場の流動性を高めるためには企業内訓練を中心とする内部労働市場自体の変革が必要であるといった議論をみることになる。しかし、従業員の意識としても技能の企業特殊性の度合いが 2 割か 3 割程度であれば、これまでの議論は修正される必要がある。

そのうえで、たとえ技能の企業特殊性の部分が 2 割から 3 割程度であるとしても、企業にとってはそのように当該の業務に精通した者の雇用を優先することは当然の選択となり、同じく従業員にとっては、当該業務に精通した企業での定着を求めることは当然の選択となる。これは移動可能性が制約されるとか、企業に縛りつけられているからといったことではなく、特定業務

に精通することから生まれる2割から3割程度の企業特殊的技能をもっともよく活用するために、企業の側では雇用の継続を図り、従業員の側では定着を志向すると解釈すればよいわけである。そして重要な点は、このように特定業務に精通することを通じて技能の形成がある以上、技能形成の可否は、1つには従業員の仕事への取り組みに、もう1つは仕事の幅を広げることにかかっている点にある。つまり、仕事への意欲がなければ技能の習得もないわけであり、これを制度化するのが段階的な技能評価に基づく昇給と昇進の職能資格制度であった。そして技能の幅を広げるための持ち場の移動を可能とする制度が、同じく職能資格制度であった。そして職能資格制度は企業ごとに固有のものである以上、この点での企業特殊性を強めるということができる。つまり、技能の企業特殊性は低いとしても、評価の企業特殊性が強まることになる。

　おそらく一般的なパターンとしては、勤続とともにまずは特定業務に精通することを通じて企業特殊性の度合いを強め、その後、小池のいう「知的熟練」（小池 2005）の高まりとともに、適応能力や応用能力を高め、一般性の度合いを強めていくことが想定できる。ゆえに表3.2に示されるように、管理職において企業特殊性の意識が低下することになる。このような観点から、企業特殊性の度合いの意識が勤続年数に応じてどのように変化するのかを推定するために、上記の企業特殊性の5段階のスコアを被説明変数とし、勤続年数を説明変数とした順序ロジット分析を適用した。勤続年数は対数変換したうえで、その2乗項も説明変数に加えた。つまり勤続年数の効果がプラスで、かつその2乗項の係数がマイナスで有意であれば、勤続年数とともに技能の企業特殊性の意識が高まるとともに、ある水準でピークに達したのち低下し、一般性の意識が高まることが想定できる。さらに説明変数としては、転職回数の質問から、転職ゼロを1とするダミー変数を加え、コントロール変数としては、従業員規模1000人以上を1とするダミー変数と製造業を1とするダミー変数とした。転職に関しては、転職ゼロの従業員において企業特殊性の意識が高まることが予想される。職位に関しては勤続年数と相関することと、管理職の効果が非常に大きくなると思われるので説明変数からは

第3章 成果主義と長期雇用のハイブリッドは有効か

表3.3 技能の企業特殊性の意識の決定要因

順序ロジット分析（企業特殊性度＝5段階スコア）

	2005年		2009年	
	(1)	(2)	(1)	(2)
勤続年数	−0.183	−0.312*	0.312***	0.289**
	(−1.14)	(−1.93)	(2.77)	(2.57)
勤続年数の2乗	−0.000851	0.0133	−0.0680**	−0.0920***
	(−0.02)	(0.34)	(−2.50)	(−3.35)
転職ゼロ		0.633***		0.434***
		(7.55)		(7.56)
従業員規模(1000人以上)	0.0184	−0.0691	−0.0352	−0.101**
	(0.23)	(−0.84)	(−0.74)	(−2.10)
製造業ダミー	−0.0693	−0.112	0.0688	0.0552
	(−0.95)	(−1.52)	(1.46)	(1.17)
観測数	2534	2529	6116	6116
対数尤度	−3517.734	−3483.48	−8779.842	−8751.14
疑似R2	0.0031	0.0113	0.0006	0.0039

カッコ内はt値。*10％；**5％；***1％の有意水準。

図3.1 勤続年数の効果のシミュレーション

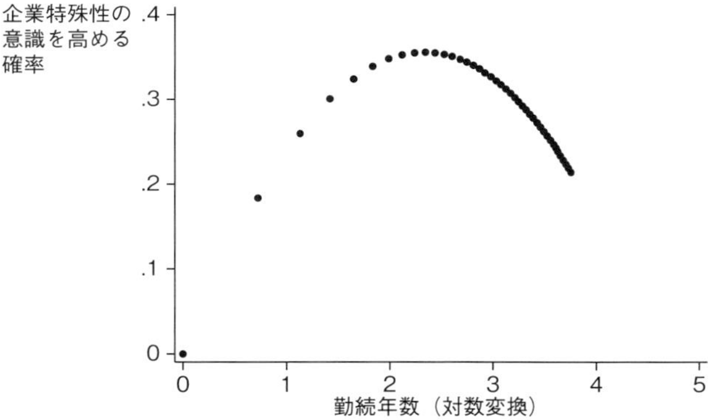

除外した。以上の推定結果が表3.3に示されている。

2005年の推定では予想した結果を得ることはないのであるが、2009年の推定は非常に明確に予想どおりの結果を示している。つまり、勤続とともに従業員は技能の企業特殊性の度合いが高まることを意識し、ある水準でピークに達したのち、特殊性の意識は低下し、一般性の度合いが高まることを意

識する。また転職ゼロの効果は 2005 年と 2009 年の推定ともに非常に強く企業特殊性の意識を高めることが確認できる。そこで 2009 年の推定（1）から、$Y = a_0 + a_1 X + a_2 X^2$（Y＝企業特殊性の意識を高める確率、X＝勤続年数、a_1＝勤続年数の係数、a_2＝勤続年数の2条項の係数）の形でシミュレーションを行うと、図 3.1 のように描くことができる。ここでは勤続年数は対数変換した数値で示されているのであるが、特殊性度の意識を最大とする勤続年数の元の数値を求めると、10 年となる。もちろんこれは限定されたデータからの結果であるが、企業特殊性の意識が最大となるのは入社して 10 年目、すなわち現場の業務に一通り精通した段階でのことのようである。小池の知的熟練に即していえば、こののち仕事における対応能力や適応能力を高め、これに応じて従業員本人は、他企業でも通用可能な一般性を獲得するものとして自分の技能を意識することになる。ちなみに勤続 10 年の従業員の企業特殊性の平均スコアは 2.4 となる。これを 0 ％、25％、50％、75％、100％の 5 段階に変換すると、企業特性度は 35％となる。要するに平均的な姿としては、入社して 10 年目の段階で現場での技能の企業特殊性の意識を最大とし、その場合も特殊性の割合は 35％程度であり、こののちさらに適応能力を高めて一般性の獲得を意識する。あるいは別の現場に移動すれば、もう 1 つの企業特殊性のカーブが成立する。このようなものとして知的熟練と表現するのにふさわしい技能形成が成立するのだと思われる。

　しかし、技能の企業特殊性の意識が上記のようなものであることは、企業内訓練を通じて従業員は企業特殊性の意識を高め、そのことが従業員の行動に影響を及ぼすといった想定からの分析が有効ではないことを意味している。事実、以下でのいくつかの推定に企業特殊性の変数を説明変数として加えたとしても、有意な結果は得られなかった。あるいは解釈困難な推定結果をみることになる。これらのことから、以下では技能の企業特殊性の変数は従業員行動の分析からは外すことにした。

認識ギャップ
　では本題として、従業員において長期雇用はどのように受け止められてい

表3.4 長期雇用と成果主義の状況

回答の比率（％）

	従業員調査		企業調査
	2005年	2009年	2004（239社）
長期雇用が維持される	40.7 (47.8)	44.4 (54.3)	71.3
限定して維持される	20.3 (23.8)	20.2 (24.3)	19.8
放棄される	24.1 (28.3)	18.6 (22.3)	8.9
わからない	14.9	16.9	—
成果主義の導入	62.5	70.9	53.6

カッコ内は「わからない」の回答を除いた比率。

るのかを検討しよう。前章では、調査対象企業の約7割（2004年）から8割（2008年）の企業で長期雇用の方針が回答され、約6割の企業で成果主義の導入が回答されることをみた。同じく従業員調査では、長期雇用に対する企業側の方針を従業員がどのように考えているのかを質問した。設問は企業調査とあわせる形で、長期雇用が維持されるのか、対象者を限定して維持されるのか、経営の課題ではないという意味で放棄されるのかとし、企業調査と同様、「対象者を限定して」の意味は、「コア従業員や中核的業務に限定して維持される」とした。この結果が表3.4に示されている。従業員調査では「わからない」という質問項目があるため、それを除いた回答の比率がカッコ内に示されている。

驚くべきことに、長期雇用が維持されると考える従業員は2005年調査で41％、2009年調査で44％にすぎない。これに対して、中核的業務やコア従業員に限定して維持されると考える従業員は2005年と2009年調査のいずれも20％であるが、放棄されると考える従業員は2005年調査で24％、2009年調査で19％に達している。表3.4には2005年の従業員調査に対応する2004年企業調査の239社の回答が示されている。これをみても企業と従業員のあいだの大きな認識ギャップがわかる。「限定して維持される」に関してはそれほど大きな差はないのであるが、「放棄される」に対して両者の差は顕著となり、このことが「長期雇用が維持される」における大きな差となって現れる。

これに対して、成果主義が導入されていると考える従業員は 2005 年調査で 63%、2005 年の従業員調査に対応する 2004 年企業調査でも成果主義の導入を回答する企業は 54% で、それほど大きな違いはない。2009 年の従業員調査において成果主義の導入を回答する比率が高くなるのは、回答者のうち従業員 1000 人以上の企業が 55% を占めるためだと思われる。これに対して企業調査では、従業員 1000 人以上の企業の比率は 2004 年調査で 23%、2008 年調査で 18%、グループ企業全体ではそれぞれ 42%、38% であった。
　規模のバイアスを考慮に入れると成果主義に関する回答は企業側と従業員側でそれほどの違いはないと考えられるのに対して[4]、長期雇用に関しては企業側と従業員側の回答の差は大きい。株主重視の方向に企業統治が変化することによってはたして長期雇用は維持されるのか、というのが本書の問題関心であるが、企業側は 7～8 割が長期雇用を維持する方針であるのに対して、そのように考える従業員は 4 割程度にすぎない。もちろん企業側の方針は、非正規雇用の増大をともなったうえでの長期雇用の方針であるが、それは長期雇用を維持することの重要性を認識してのことだとすると、従業員の意識は企業側と大きく隔たっている。ここにみられる企業と従業員のあいだの認識ギャップは重大である。長期雇用に基づく労使の緊密な意思疎通、というのが日本企業の特徴とされてきたのであるが、それはもはや過去の話のようにも思われる。

長期雇用に対する従業員の意識
　では、上記のような従業員の回答はどのように説明できるのか。約 20% の

---

[4] これに対して立道（2006）は、2004 年企業調査と 2005 年従業員調査を対応させて、企業側の回答では成果主義が未導入であるにもかかわらず成果主義が導入されていると回答する従業員は全体の 20.1%、反対に成果主義が導入されているにもかかわらず未導入と回答する従業員 14.6% を占めることを発見した。立道の解釈は、賃金格差の拡大をみて、成果主義が未導入であるにもかかわらず従業員は成果主義の導入を意識するというものである。同じ観点から、企業側では長期雇用の否定の方針（限定して維持と放棄）であるにもかかわらず長期雇用が維持されると回答する従業員は 9.8% であるのに対して、企業側では長期雇用を維持する方針であるにもかかわらず、否定されていると回答する従業員は 34.5% を占めている。長期雇用に関して企業と従業員のあいだの認識ギャップが大きいことがわかる。

従業員は自分たちの企業は長期雇用を対象者を限定して維持する方針だと考え、20％から25％の従業員は長期雇用は経営の課題ではなくなっていると考えるのであるが、このような回答はどのような要因に基づくのか。

　そこで企業調査に関して行ったのと同様、長期雇用が「全員に維持される」の回答をベースとして、「限定される」と「放棄される」の回答を導く要因を、多項ロジット分析によって推定した。ただし2009年従業員調査では対応する企業情報が得られないため、推定は2005年従業員調査に限定して行った。説明変数としては、従業員の特性にかかわる変数として、役職ダミー（部長・課長・係長＝1、その他＝0）、大卒ダミー（大卒・院卒＝1、その他＝0）、性別ダミー（男性＝1）、年齢をとり、さらに転職回数を加えた。転職回数は、ゼロ＝69.4％、1回＝16％、2回以上＝14.6％であり、転職ゼロをベースとして、転職1回と2回以上を分けてそれぞれを転職ダミーとした。

　また2005年従業員調査では、2004年企業調査からの企業特性にかかわる変数が利用可能であり、そこで従業員の回答に影響を与える企業側の変数として、過去5年間での正社員減少幅の変数（20％以上減＝21.7％、10〜20％減＝22.6％、5〜10％減＝14.7％）から、5〜10％の減少と10％以上の減少を区別して正社員減少ダミーとした。さらに企業側の変数として、非正規雇用比率、組合ダミー（組合あり＝1、なし＝0）、協議制ダミー（労使協議制あり＝1、なし＝0）、営業利益率、製造業ダミー、そして従業員規模をとった。以上の推定に加えて、企業統治の変数として、株主価値重視、取締役会改革、CSR重視を加えた推定を行った。

　推定の予想は、役職者、大卒者、男性はそれぞれ、その他のカテゴリーと比較して長期雇用の維持をより強く確信すると思われる。転職ダミーを加えたために、年齢を説明変数としたのであるが、中高年者ほど既存の長期雇用の維持を確信すると考えることができる一方、この間の雇用リストラの進行は反対方向に作用することも考えられる。転職経験に関しては、転職なしの従業員と比較して転職経験者は現在の企業での長期雇用の持続には否定的であると予想されるのであるが、それを転職1回のケースと2回以上のケースに分けて検証した。企業特性の変数に関しては、営業利益率や正社員減少ダ

表 3.5　長期雇用に対する従業員の回答の推定（2005 年従業員調査）

多項ロジット分析（ベースカテゴリー＝全員に維持）

	(1) 限定	(1) 放棄	(2) 限定	(2) 放棄
役職ダミー	0.168	−0.353**	0.131	−0.386**
	(1.08)	(−2.43)	(0.81)	(−2.54)
大卒ダミー	−0.0405	0.0027	0.00625	0.0181
	(−0.31)	(0.02)	(0.05)	(0.14)
男性ダミー	−0.0932	−0.425***	−0.075	−0.376**
	(−0.54)	(−2.80)	(−0.42)	(−2.37)
年齢	0.158	0.24	0.11	0.204
	(0.50)	(0.80)	(0.33)	(0.65)
転職ダミー	0.139	0.0473	0.126	0.0233
（1 回）	(0.86)	(0.30)	(0.74)	(0.14)
転職ダミー	0.416**	0.634***	0.423**	0.664***
（2 回以上）	(2.23)	(3.63)	(2.16)	(3.63)
正社員減少	0.344*	0.391**	0.304	0.400**
（5～10%）	(1.95)	(2.23)	(1.57)	(2.12)
正社員減少	0.609***	0.881***	0.624***	0.882***
（10%以上）	(4.52)	(6.70)	(4.20)	(6.11)
非正規比率	0.288	0.656**	0.524*	0.834***
	(1.00)	(2.40)	(1.74)	(2.91)
組合ダミー	−0.13	−0.416***	−0.153	−0.410***
	(−0.82)	(−2.76)	(−0.93)	(−2.61)
協議制ダミー	−0.082	0.0839	−0.0707	0.12
	(−0.51)	(0.55)	(−0.43)	(0.77)
営業利益率	−1.132*	−1.759***	−1.119*	−1.857***
	(−1.96)	(−3.25)	(−1.91)	(−3.34)
従業員規模	−0.0371	−0.0761	−0.0781	−0.0666
	(−0.59)	(−1.20)	(−1.02)	(−0.87)
製造業ダミー	−0.0271	0.0821	−0.00551	0.0326
	(−0.22)	(0.70)	(−0.04)	(0.26)
株主価値重視			0.235	0.0234
			(1.23)	(0.12)
取締役会改革			0.387***	0.353**
			(2.58)	(2.46)
CSR 重視			−0.0456	−0.344***
			(−0.34)	(−2.75)
上場ダミー			−0.281	−0.216
			(−1.46)	(−1.16)
定数	−1.357	−0.941	−1.034	−0.766
	(−1.15)	(−0.84)	(−0.83)	(−0.65)
観測数	2042		1914	
対数尤度	−2076.2788		−1940.4921	
疑似 R2	0.0305		0.0361	

カッコ内は t 値，*10％；**5％；***1％の有意水準。

ミーなど企業業績に関連した変数の悪化は、従業員においても長期雇用の維持に否定的な回答を強め、同じく非正規雇用比率の増大は長期雇用の維持に否定的な回答を強めることが予想される。この点を先に企業側の方針に関して検証したのと同様、過去5年間の正社員の減少が5～10%と10%以上のケースに区別して検証した。これに対して組合と労使協議制は企業と従業員のあいだの意思疎通を強め、認識ギャップを埋めることを通じて、長期雇用の維持に否定的な回答を弱めると考えられる。また企業統治の変数に関しては、前章の企業行動の分析では、株主価値重視は長期雇用の方針に影響を与えることはなく、取締役会改革は長期雇用を限定して維持する方針を強め、CSR重視は長期雇用の維持を強めるのであるが、このことが従業員の回答にどのように反映されるのかをみることにした。以上の想定に基づく推定の結果が表3.5に示されている。

推定結果をみると、企業側の雇用政策に対する従業員の回答に影響を及ぼす要因として、まず転職経験があることが示される。ただし1回の転職経験は有意に作用することはなく、2回以上の転職経験が、限定と放棄の回答を有意に強める。2回以上の転職者は、自分自身の経験として、長期雇用に対する否定の意識を強めることが考えられる。これに対して従業員の属性に関しては、役職者と男性において放棄の回答が減少すること以外には有意に作用する要因はない。そのうえで従業員の回答に影響を及ぼす企業側の要因としては、現実の正社員の減少と企業業績の悪化であることがわかる。正社員の減少は、過去5年間に5～10%の減少、10%以上の減少企業でいずれも、従業員において限定と放棄（2009年推定を除く）の回答を強めるように作用する。同じく収益悪化企業の従業員において限定と放棄の回答が顕著に高まる。非正規比率の上昇もまた限定（2005年推定を除く）と放棄の回答を高めるように作用する。これに対してもう1点、組合が存在する企業の従業員において長期雇用の放棄の回答が弱まることが示される。

さらに企業統治の変数に関しては、株主価値重視を回答する企業においても従業員は、限定と放棄を含めて長期雇用が否定されると考えるわけではないこと、これに対して取締役会改革を進める企業において限定と放棄の回答

が高まり、CSR 重視の企業において放棄の回答が有意に抑えられることが示される。これらは非常に納得的な結果であり、取締役会改革が従業員において長期雇用の放棄の回答を強める点を除けば、企業統治の影響に関して、企業側と従業員側はある意味で認識を共有している。

　先にみた企業側の回答においても（表2.11）、長期雇用の放棄の方針が強まるのは正社員の減少であった。要するに事実としての正社員の減少に直面して、企業の側は長期雇用の放棄の方針を強め、従業員の側は放棄されると意識することになる。ただそのうえで、企業の側の放棄の回答は対象企業の10％以下であるのに対して、従業員の側の放棄の回答は約25％と、大きく異なる。限定の回答はそれぞれ約20％であるのに対して、長期雇用が明示的に否定されると意識する従業員は約4分の1に達している。

　この間の急激な雇用削減や企業業績の悪化をみて、長期雇用の方針は破棄されると従業員が考えることはある意味で当然のことかもしれない。企業側の回答では過去5年間に正社員が10％以上減少の場合に長期雇用の放棄の方針が高まるのに対して、従業員側では5～10％の減少の企業でも放棄されるとする回答を強める。非正規雇用比率の上昇に関しても、企業側の方針は長期雇用の放棄につながるわけではないのに対して、従業員側は長期雇用の放棄の意識を強めることになる。同じく取締役会改革に関しても、企業側の方針は長期雇用を中核的業務やコア従業員に限定することであるとしても、それはこれまでの慣行からは長期雇用の否定であることから、従業員は長期雇用の放棄と受け止めることになるのだと思われる。

　これに関連してもう1つの重要な発見として、組合が存在する企業において長期雇用が放棄されると回答する従業員は減少することがある。その理由として、1つは、組合の力によってそのような方針が阻止されると従業員は考えるのかもしれない。もう1つは、組合を通じた労使の意思疎通によって、企業と従業員のあいだの認識ギャップが埋められることが考えられる。この点はハイブリッド組織にとって重大な意味をもつ。つまりハイブリッド組織の意図が成果主義によって従業員の仕事のインセンティブを高めると同時に、長期雇用を維持することが従業員の意欲を高めると想定してのことだとする

第3章　成果主義と長期雇用のハイブリッドは有効か

表 3.6　成果主義に対する従業員の考え

「そう思う」の回答の比率　　　　　　　　　　　　　（複数回答　%）

	従業員調査	
	2005年	2009年
個人のやる気を引き出す制度	62.4	40.0
個人の成果が処遇に反映される良い制度	61.1	43.0
会社全体の業績を向上させる制度	52.2	29.8
現在の経営環境に照らして導入は適切である	47.1	24.5
人件費削減の制度	34.8	40.9
今の会社の成果主義は成功している	12.2	11.7

と、従業員において長期雇用の方針が否定的に受け止められるなら、ハイブリッド組織自体が意味をなさない。この点で企業と従業員のあいだの認識ギャップを埋めることが重要となる。雇用の削減が不可避であるとしても長期雇用の方針は堅持する、というのが多くの企業の方針であるとしても、そのことが従業員側に伝わらないかぎり、現実の雇用削減をみることによって、あるいは長期雇用を限定する方針をみることによって、従業員は長期雇用の否定の意識を強めることになる。前章の表2.9でみたように、長期雇用の方針と相関する人事制度は、新卒定期採用と従業員全体の訓練と組合とのコミュニケーションの重視であった。この意味で長期雇用の制度は組合との協調関係を不可欠とする。しかし成果主義による労使関係の個別化は、組合の存在を希薄化させることでもある。この意味でハイブリッド組織において組合の役割が再度問われることになる。次章ではこの点を企業統治に対する従業員の参加に関して検討する。

3.3　成果主義の実態

従業員のジレンマ

　では従業員は成果主義の導入をどのように考えているのか。前章でみたように、成果主義を導入する企業の意図は、人件費の削減や柔軟化よりも、従業員の仕事意欲を高めるためにあった。そのために個々の従業員の成果に応

じて賃金の格差を拡大する。この結果、賃金の変動は大きくなり、柔軟性が高まるとしても、目的はあくまでも従業員の仕事のインセンティブを高めることにあった。問題はこのような成果主義賃金が実際に従業員の仕事意欲を高めるのかにある。

そこで、成果主義に対する従業員の考えを質問すると、表3.6の結果が得られる。回答は、「そう思う」「どちらでもない」「そう思わない」の3段階であるが、「そう思う」の比率が示されている。これをみると2005年調査では、半数以上の従業員は成果主義を「個人のやる気を引き出す制度」や「個人の成果が処遇に反映される良い制度」や「会社全体の業績を向上させる制度」など、肯定的に回答していることがわかる。2004年の企業調査においても、成果主義導入の理由として、78％の企業は「従業員のやる気を引き出すため」をあげ、60％は「評価処遇制度の納得性を高めるため」と回答していた（表2.7）。2005年の従業員調査の回答は2004年の企業調査の回答企業239社からのものであり、成果主義に関して、企業と従業員は認識を共有しているようにも思われる。

ただしこれらの回答は、成果主義に関する一般的な論調や支配的な議論を反映したものかもしれない。これまでにも述べたように、2000年前後の日本企業の極度の業績低迷は既存の人事制度の革新を迫り、そのためには年功賃金を破棄して成果主義を導入する必要があるといった議論が一気に広がった。このような状況を反映して、2005年調査では「現在の経営環境に照らして導入は適切」とする回答が従業員の半数近くに達するということもできる。しかしこのような一般的な論調に対して、実際に「今の会社の成果主義は成功している」かの質問に対しては、肯定する従業員はわずか12％にすぎない。さらに成果主義の導入の理由として、「人件費の削減」とする回答は企業調査ではまったくわずか（8％）であったのに対して、従業員側の回答は35％に達している。

さらに、2009年の従業員調査では成果主義に対する肯定的な回答自体が大幅に減少する。意欲を高める制度や成果を反映する制度として肯定的に回答する従業員は約40％を占めるとしても、「会社全体の業績を向上させる制

表 3.7　成果主義導入後の職場の変化

(複数回答　%)

	企業調査（マッチング企業）		従業員調査	
	2004 年	2008 年	2005 年	2009 年
進捗管理が厳しくなった	63.7	57.0	46.2	42.1
一部の者に仕事が集中するようになった	54.1	35.9	57.0	47.5
精神的ストレスを訴える従業員が多くなった	36.6	68.0	61.3	54.5
仕事意欲が高まった	27.7	24.2	54.6	35.7
競争意識が高まった	22.3	18.8	19.0	17.3

度」や「現在の経営環境に照らして導入は適切」とする回答は大幅に減少する。これに対して一貫して変わらないのは、成果主義は成功しているとする回答の低さであり、2005 年と同様 10％程度にすぎない。要するに成果主義の導入の必要性は認めるとしても、実際に成功しているとは思えない。ここにあるのは成果主義を受け入れる従業員のジレンマのようである。

職場環境の悪化

　従業員にとって成果主義の「成功」が何を意味するかは必ずしも明確ではないのであるが、たとえば成果主義の導入を会社全体の業績を向上させる制度と受け止めた従業員は、現実の企業業績の低迷をみて、「成功」に対して否定的回答を向けるのかもしれない。それと同時に、指摘すべきは、職場環境の悪化がある。成果主義の導入を回答する企業と従業員に関して過去 5 年間の職場の状態の変化に関して質問すると、表 3.7 の結果が得られる。従業員調査では多岐の項目に及ぶのであるが、ここでは企業調査での項目と一致するものに限定した。つまり企業側からみた職場の状態と従業員側からみた職場の状態が示されている。企業側の回答はその変化を対応づけるために、2004 年と 2008 年調査のマッチング企業とした。また 2005 年従業員調査は 2004 年企業調査に対応したものである。

　まず 2004 年企業調査と 2005 年従業員調査を対応させると、企業側も従業員側も約半数は、「進捗管理が厳しくなった」や「一部の者に仕事が集中す

るようになった」ことをあげている。これに対して「精神的ストレスを訴える従業員が多くなった」とする企業は37％であるのに対して、従業員側では61％に達する。そして企業側の認識としても、2008年では精神的ストレスをあげる企業が68％に達する。要するに、進捗管理と仕事の集中と精神的ストレスが、成果主義の職場のようである。

これに対して、成果主義が意図する従業員の仕事意欲に関しては、高まったと回答する企業は2004年で28％、2008年で24％にすぎない。従業員側の回答は2005年では55％が高まったと回答するとしても、2009年では36％に減少する。ただしここでの設問は、企業側に対しては職場における仕事意欲、従業員側に対しては個人の業績達成の意欲を問うものであり、同じ内容というわけではない。ただこれらの回答からするかぎり、成果主義の導入によって個人業績や企業業績の達成を促す方向に職場が変化したかというと、2005年の従業員側の回答を除いて、それは怪しい。何よりも企業の側の認識として、職場での仕事意欲が高まったとする回答は、予想外にわずかである。先に従業員の認識として、現在の成果主義が成功しているとする回答がまったくわずかであったのと同様、企業側の認識としても、成果主義は成功から程遠いもののようである。そしてもう1つ、成果主義が意図する従業員の競争意識に関しても、高まったとする回答は企業側も従業員側も20％前後にすぎない。いずれにせよ成果主義の意図と現実には大きな開きがある[5]。ではこのことから成果主義はどのような方向に向かうのか。その意図を実現するためにいっそう強化されるのか、それとも成果主義自体が修正されるのか。

成果主義のプロセス

では成果主義は実際にどのように運営されているのか。第1章では成果主

5）この点に関して守島（2006）は、ここでの2004年の企業調査から、成果主義の導入によって新日本型とアメリカ型では伝統型（既存日本型）と比べて職場の競争意識は高まるとしても、仕事意欲に対する効果は新日本型では観察されることはなく、アメリカ型ではむしろ悪化することを発見した。その分析はあくまでも企業側の回答に基づくものであるのに対して、以下では従業員の回答から仕事意欲の変化を捉え、かつ仕事意欲を3つのタイプに区別して分析する。

義の問題点を指摘したのであるが、ここでは成果主義の実際の作用について検討しよう。はたして成果主義賃金によって実際に従業員の仕事意欲は高まるのか。

　まず、成果主義の実際の作用に関する既存の研究をみよう。ただし成果主義の導入前と導入後の仕事意欲の状態を直接比較することは困難であり、ゆえに分析の中心は、成果主義の導入や賃金の変動や格差を従業員が意識することにより仕事意欲にどのような変化が生まれるのかを検証することになる。しかしこれまでの分析では、必ずしも明確な結論が得られているわけではない。たとえば阿部（2000）の実証では、成果主義の導入によって賃金格差を認識する従業員において仕事意欲が高まることが示されると同時に、それ以上に格差を認識しない従業員において仕事意欲が高まることが観察された。格差を認識することはむしろ仕事意欲をそぐ可能性があるという興味深い発見であるが、都留（2001）の実証ではそのような格差の効果が観察されることはなく、太田・大竹（2003）の研究ではホワイトカラーに関して、自分の賃金が組織内で中の上レベルであると認識する従業員において仕事意欲が高まることが観察された。つまり相対的に高い賃金を得ている従業員において仕事意欲が高まるのであるが、しかしこのことは成果主義賃金にだけ限定されるわけではない。

　さらにこれらの研究では、仕事の意欲は「転職希望」や「時間外労働はしない」や「仕事を持ち帰らない」といった質問で代理されるか、あるいは「働く意欲」という一般的な表現で質問されている。しかしマルチタスク問題として指摘されるように（Holmstrom and Milgrom 1991）、成果主義の問題点として、業績評価が困難な仕事や成果の達成の困難な仕事に対して業績連動賃金は有効に作用しないということがある。あるいは目標の未達を恐れて目標自体を引き下げるということもある。これらの点を捉えるためには、「働く意欲」という一般的な表現ではなく、従業員の意欲をより具体的に明示する必要がある。この点において、以下で利用するJILPTの従業員調査では、従業員の仕事意欲を、個人業績に対する達成意欲、会社全体の業績に対する貢献意欲、そして新しい課題に対する挑戦意欲に区別することを可能と

する。このように従業員の仕事の意欲や動機を特定化することにより、成果主義の作用がそれぞれに異なることを明らかにし、そのうえで成果主義の作用をめぐって日本企業のさらなる分化の可能性を考察することが、以下での検討課題となる。

　成果主義の導入によって賃金の変動と格差が実際に仕事意欲を高めるのかに関しては必ずしも明確な結論があるわけではないとしても、成果主義が機能するための条件に関しては多くの研究成果がある。前章で指摘したように、成果主義が機能するプロセスを、高い成果が高い賃金を与え、高い賃金が高い意欲を生み、高い意欲が高い成果を実現するプロセスとして捉えると、成果→賃金→意欲→成果の連鎖がどこかで切断されると成果主義は有効でなくなる。実は成果主義に対する批判は、このプロセスがうまく作用しないことの指摘にあった。つまり、成果の達成が困難な仕事に対して成果主義が導入されても、その結果は不満を生むだけであり、意欲につながることはない。あるいは目立った成果につながることのない仕事に対して成果主義が導入されても、同じくその結果は不満を生むだけとなる。それが日常の業務やいわゆる裏方の仕事であるなら、その仕事意欲の低下は結果として職場や組織の全体に重大な影響を及ぼすことになる。あるいは意欲があったとしても目標が明確でなければ、あるいはそれを遂行する能力形成の機会がなければ、成果につながることはない。そして業績達成の競争意識が職場の協力関係を損なうならば、組織や部門全体の成果が高まることはない。

　反対にいえば、成果主義が有効に機能するためには上記の連鎖を補完する条件が必要となる。このような観点から、成果→賃金の連鎖に関しては、成果に対する評価の納得性が重要であること、そのためには仕事のプロセスの評価や長期の視点での評価が重要であること、そして何よりも評価の公平性が必要であることが指摘された（守島 2007）。同じく、意欲→成果の連鎖に関しては、意欲の発揮のためには仕事の遂行のプロセスが重要であること、そのためには目標設定の納得性や仕事の進め方の裁量、そして何よりも能力形成の機会が重要であることが指摘された（玄田・神林・篠崎 2001; 大竹・唐渡 2003）。

これらの点が重要であることは間違いない。それらはしかし、成果主義に固有の問題というよりも、一般に従業員の仕事意欲を高めるための重要な要因であり、このことをあらためて認識させた点に成果主義の導入の意義があるということができる（Marsden 2009）。それはまた成果主義の導入がもたらす副次的効果といってもよい。たとえば、成果主義の導入によって目標管理が強められ、この結果、目標が明確となることによって達成の意欲が高まることの効果と同時に、目標設定の納得性や評価の納得性を高めることの必要性からラインの管理者と従業員のあいだの意思疎通が図られることの効果が指摘できる。とりわけ欧米の生産組織では、一般にラインの管理者と従業員のあいだが疎遠であるのに対して、成果主義の導入によって職場の従業員に発言に機会が生まれることの効果が強調される（ibid.）。あるいは前章でみたように、成果主義が格差や選別を強める結果、それを補完する制度もまた形成されることになる。

　そのうえで、上記の連鎖において残っている項目がある。賃金→意欲の連鎖であり、実はこの点において、成果主義に対するもっとも強い反論をみることができる。1つは「虚妄の成果主義」（高橋 2004）の観点であり、仕事の意欲を高めるのは、金銭という外発的動機ではなく、仕事の目的や意義や満足など内発的動機であるとの観点から、成果主義に対して根本的な批判が向けられた。もう1つは、「虚妄」論とは正反対の立場からの、成果主義の「内側からの崩壊」論がある（城 2004）。つまり、成果主義の核となる考えが、成果に連動して賃金の変動と格差を大きくして仕事のインセンティブを高めることだとすると（高橋 1999）、ここからひるがえって、実際の賃金の変動と格差が抑制されるために成果主義が有効に機能しないといった論点もまた生まれてくる。事実、中嶋・松繁・梅崎（2004）の研究では、成果主義の導入によって賃金格差がむしろ縮小する事例が報告されている。その理由として、評価者にとっての業績評価のストレスから、実際には評価が中央部分に偏ることが指摘される。この結果、成果主義は形骸化し、「内側から崩壊」するということになる。

　はたして賃金の変動と格差を大きくすれば賃金→意欲の連鎖が有効に作用

119

表 3.8　成果主義の問題点

(複数回答　%)

	企業調査	従業員調査	
	2004年	2005年	2009年
評価者によって評価がばらつく	69.8	79.7	74.9
成果の測定が困難な部署がある	66.0	86.3	77.5
手続きが複雑	27.3	40.5	51.1
仕事の進め方などプロセスが評価されない	27.0	46.6	53.4
部門間で評価に大きな差が出る	25.4	57.5	59.6
成果の出にくい仕事に取り組まない	16.5	45.3	51.2
部門や会社全体の目標が意識されなくなる	16.0	25.6	34.4

表 3.9　成果主義の修正（2008年企業調査）

(複数回答　%)

部門や会社全体の目標への貢献度を評価	52.4
考課者訓練の実施や強化	44.4
評価手続きの精密化	43.7
仕事の進め方やプロセスの評価	40.5
部門間の有利不利の調整	34.9
相対評価から絶対評価への変更	28.6
評価結果の分布の見直し	25.4

するのか。反対にいえば、変動と格差が抑えられているために賃金→意欲の連鎖が有効に作用しないのか。いやそれ以前に、賃金→意欲の連鎖そのものが「虚妄」であるのか。この点の検証が次節の課題となる。

成果主義の修正

　以上、成果主義をめぐる論点を提示したが、ではJILPTのデータからはどのようなことが観察できるのか。まず企業と従業員がそれぞれ成果主義の問題点をどのように認識しているかを示すと、表3.8のようになる。ただし企業側は2004年調査だけが利用可能である。企業側の認識としては、「評価がばらつく」と「成果の測定が困難な部署がある」に集中するのに対して、2004年の企業調査と対応した2005年の従業員調査では、この2つに加えて、約半数の従業員は、「部門間での評価の差」や「プロセスが評価されない」や「成果の出にくい仕事に取り組まない」ことを指摘する。つまり、成果の達

成が困難な仕事や、結果だけが評価されることの問題に関して、企業と従業員のあいだに大きな認識ギャップが存在する。というよりも、成果主義を推進する企業の観点からは、部門間の格差が大きくなることや、プロセスではなく実際の結果だけを評価することは当然であると考えていたことが想定できる。

そこで2008年の企業調査では成果主義の見直しや変更点を質問した。ここでは2004年の企業調査とのマッチングが得られる236社を取り出して示すと、表3.9のようになる。約半数の企業は「部門や会社全体の目標への貢献度を評価」することをあげ、さらに「考課者訓練の実施や強化」、「評価手続きの精密化」、「仕事の進め方やプロセスの評価」、「部門間の有利不利の調整」が続く。つまり、評価のばらつきや測定の困難という当初の問題に対しては、考課者訓練や評価手続きの精密化で対処することが図られ、さらに部門間の格差やプロセスの無視といった問題に対しても、大きく修正が図られる。そしてもっとも大きな修正として、2004年調査では部門や会社全体の目標が意識されなくなる点はほとんど問題視されていなかったのに対して、2008年調査ではこの点での修正がもっとも多くなる。

このように成果主義の修正が進むことが観察できるのであるが、それは評価の納得性を高めるためであると同時に、プロセスの評価や部門間の有利不利の調整や絶対評価への変更や評価分布の見直しなどは、成果主義賃金が本来生み出す変動や格差に対して、その抑制を意図するものでもあるといえる。上記のように、中嶋らは、低い評価をつけることの評価者の心理的負担から、結果として評価が中央点に集中することを指摘する（中嶋・松繁・梅崎 2004）のであるが、これに加えて部門間の有利不利の調整や、結果ではなくプロセスの評価や、評価分布の見直しや相対評価から絶対評価への変更等々は、成果主義賃金の変動や格差を抑制することにつながることになる。

格差の抑制

では現実の賃金の変動と格差はどのようなものであるのか。そのために2004年の企業調査では賞与を含めた課長レベルの年収格差を質問した。平

図3.2 制度上（事前）と実際（事後）の年収格差（2004年企業調査）
■事前（制度上）の格差　■事後（実際）の格差

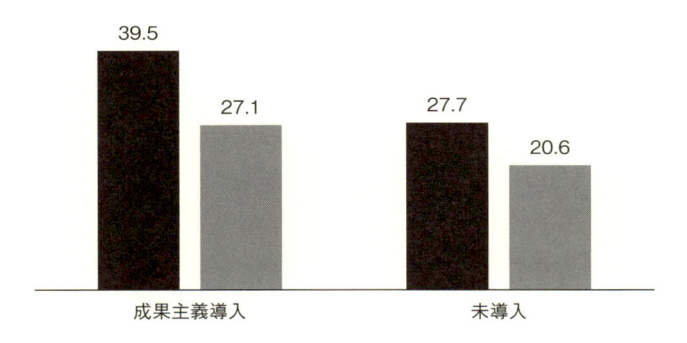

成果主義導入: 39.5 / 27.1
未導入: 27.7 / 20.6

均的な水準を100としたうえで、制度上設計された格差（事前の格差）と実際の格差（事後の格差）を区別し、それぞれの最高と最低の水準を質問した。その結果が図3.2に示されている。数値は最高と最低のあいだの幅の平均であり、かつ成果主義の導入企業と未導入企業に区別して示されている。これをみると、成果主義導入企業では制度上の格差として上下に約40の幅（最高と最低の間は1.5倍）の格差を設計するとしても、実際の格差は約27の幅となり（1.3倍）、事前の格差に対して事後の格差は約30％引き下げられる。2008年の企業調査では成果主義導入企業にのみ課長レベルの年収格差を質問したのであるが、その結果も事前の設計された格差の幅は40、事後の実際の格差の幅は31というように、約25％引き下げられる。図3.2からはもう1点、成果主義導入企業と未導入企業を対比させると、導入企業の実際の格差が未導入企業の制度上の格差に対応していることがわかる。つまり、成果主義が未導入の企業であったとしても制度上は上下に約28の幅の格差が設計されているのであるが、それが実現されることはなく、成果主義の導入によって、かつ抑制された形態で実現するというのが成果主義の実態のようである。

このような状況をみると、上記の「内側からの崩壊」論があてはまるようにも思われる。つまり、成果主義の機能の低下は、従業員のインセンティブを高めるはずの賃金の変動と格差が抑制されているからだということになる。

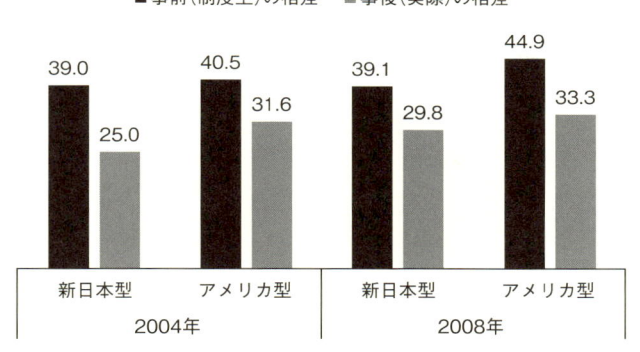

第3章　成果主義と長期雇用のハイブリッドは有効か

図3.3　制度上の格差と実際の格差（新日本型 vs アメリカ型）
■ 事前（制度上）の格差　■ 事後（実際）の格差

2004年: 新日本型 39.0 / 25.0、アメリカ型 40.5 / 31.6
2008年: 新日本型 39.1 / 29.8、アメリカ型 44.9 / 33.3

そして格差の抑制の理由を、低い評価をつけることの評価者の心理的負担にあるとすると、それは職場での長期の関係を背景にしてのことであり、すると長期雇用のもとでこのような傾向はより強まることが想定できる。あるいはプロセスの評価や部門間の評価の調整も長期的視点に基づいてのことだとすると、この結果としての格差の抑制は、同じく長期雇用の方針と結びついてのことだと思われる。

　このような観点から、制度上の格差と実際の格差に関して、長期雇用と成果主義の新日本型と非長期雇用と成果主義のアメリカ型に区別して示すと、図3.3のようになる。2004年調査では新日本型もアメリカ型も制度上の格差は上下に約40の幅であるのに対して、実際の格差は新日本型で25、アメリカ型で32の幅となる。つまり、新日本型は制度上の格差から36％、アメリカ型は22％の抑制となる。新日本型とアメリカ型の差は1％のレベルで統計的に有意であり、長期雇用のもとで成果主義はより強く抑制されることが観察できる。さらに2008年調査では、制度上の格差も実際の格差もアメリカ型がより大きくなる。ただし新日本型もアメリカ型も実際の格差は制度上の格差から約25％の抑制となる点では変わりはない。

　以上のことからすると、長期雇用を維持して成果主義を導入するハイブリッド型や新日本型の企業は、長期雇用を否定するアメリカ型と比べて実際の

格差をより大きく抑制するために、成果主義の機能は抑制されるといった予想が立てられる。ゆえに成果主義の機能を高めるために、長期雇用を否定してアメリカ型の方向が選択されるといった予想も成立する。これに対して、成果主義が機能するためのプロセスの観点からは、成果主義の抑制は、賃金→意欲の連鎖が作用するための補完的条件とみなすこともできる。つまり、成果主義が従業員によって受け入れられ、長期雇用と両立する形で定着するためには、実際の格差と変動は抑制される必要がある。いずれの見解が妥当するかを検証することが以下での課題となる。

　最後に、成果主義をめぐっては、2000年前後からの導入とともに、賛否の激しい議論がなされてきた。しかし、10年後の現在、成果主義をめぐる議論自体をみることが稀となっている。ちなみに『日経新聞』朝刊・夕刊の記事検索で、成果主義あるいは成果給のタイトルで検索すると、2000年には136件、ピークの2004年には256件の記事があるのに対して、2010年ではわずかに59件をみるだけである。そのなかには成果主義の廃止を伝える記事も含まれる。つまり、成果主義に対する関心自体が低下しているようでもある。事実、前章の表2.4でみたように、成果主義導入企業の比率は2004年から2008年へわずかに減少し、マッチング企業236社を取り出しても、わずかに増大するだけである。

　もちろんこのことは、成果主義が定着したから、と解釈することは可能である。当初の成果主義の衝撃に対しては、結果主義や短期主義や個人主義の弊害が指摘され、そして先にみたように、それらの弊害を克服して成果主義が機能するための条件が示されてきた。しかし、成果主義に対する関心の低下は、成果主義が当初の想定どおりには有効に機能しないからかもしれない。つまり成果主義に対する失望が成果主義に対する関心の低下となることは不思議ではない。

　するとここからは、成果主義を放棄する方針が打ち出されることになるかもしれない。つまり既存日本型への回帰であるが、反対に、成果主義の作用をより強化するためには長期雇用を否定したアメリカ型の方向が選択されるかもしれない。要するに長期雇用と成果主義のハイブリッドはある意味で不

第3章　成果主義と長期雇用のハイブリッドは有効か

表3.10　仕事意欲の状態

(%)

		成果主義導入			成果主義未導入		
		高まった	変わらない	低下した	高まった	変わらない	低下した
個人業績の達成意欲	2005年	54.6	29.8	15.7	38.1	37.3	24.6
	2009年	35.7	47.3	17.0	23.6	51.6	24.7
会社業績への貢献意欲	2005年	58.1	25.8	16.2	56.4	23.0	20.6
	2009年	39.7	43.7	16.6	35.7	48.2	16.1
新しい課題への挑戦意欲	2005年	34.9	40.8	24.3	32.2	38.8	29.0
	2009年	22.6	49.8	27.7	17.9	54.0	28.1

安定な状態にある。この意味でハイブリッド組織が安定的に維持できるかどうかは実際の成果主義の作用にかかっている。この点の検証が次の課題となる。

3.4　成果主義はどのように作用するのか

データ

では、JILPT調査から従業員の仕事意欲はどのように理解できるのか。そこでまず、3年前と比べた仕事意欲の状態を質問した。質問は「自分の業績達成を強く意識するようになった」「会社全体の業績に対する意識が高まった」「新たな課題に取り組む意欲が高まった」であり、それぞれを「個人業績の達成意欲」「会社業績への貢献意欲」そして「新しい課題への挑戦意欲」とした。回答は5段階の形式（「そう思う」「どちらかと言えばそう思う」「どちらでもない」「どちらかと言えばそう思わない」「思わない」）であるが、前2つをまとめて「高まった」、後2つをまとめて「低下した」とし、「どちらでもない」を「変わらない」とした。成果主義が導入されていると回答する従業員と未導入を回答する従業員に区別したうえで、それぞれの比率が表3.10に示されている。

表3.10をみると、2005年調査では成果主義の導入を回答する従業員のうち、個人業績の達成意欲と会社業績への貢献意欲に関しては「高まった」と

図3.4 仕事意欲のスコア
■導入 ■未導入

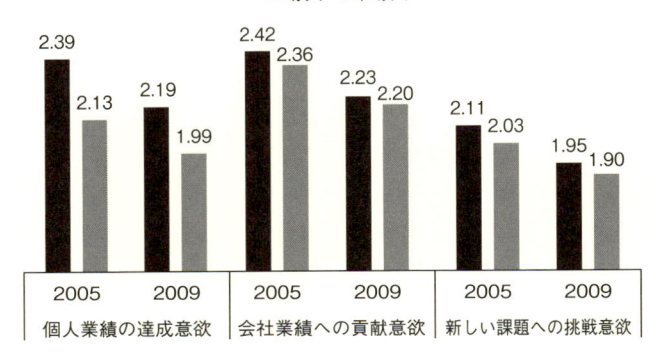

	2005	2009
個人業績の達成意欲	2.39 / 2.13	2.19 / 1.99
会社業績への貢献意欲	2.42 / 2.36	2.23 / 2.20
新しい課題への挑戦意欲	2.11 / 2.03	1.95 / 1.90

する回答が約半数に達するのに対して、新しい課題への挑戦意欲に関しては「高まった」とする回答は35％、「低下した」とする回答も約24％を占めている。また成果主義の導入を意識する従業員と未導入を意識する従業員を比較すると、個人業績の達成意欲に関しては前者で「高まった」とする回答の比率が大きくなるのに対して、会社業績の貢献意欲と新しい課題への挑戦意欲に関してはこのような違いは観察されない。さらにこのようなパターンは2009年調査でも同様であり、かつ2009年調査ではすべてにおいて「高まった」とする回答が大幅に減少する。

　以上の結果をより明確にするために、仕事意欲を低下した＝1、変わらない＝2、高まった＝3とスコア化し、それぞれの平均スコアを示すと、図3.4のようになる。すると成果主義の導入にかかわらず、会社全体の業績に対する貢献意欲が高いことがわかる。それを組織に対するコミットメントの意識とすると、この点において日本の従業員は依然として高い意欲を示していることが観察できる。これに対して新しい課題への挑戦意欲は、成果主義の導入にかかわらず、一貫して低い。2009年では平均スコアとしても、「変わらない」の2の水準を下回っている。そのうえで、個人業績の達成意欲の低下が大きいことがわかる。2005年と2009年のサンプルはまったく異なる以上、ここから単純に仕事意欲の低下を導くことには注意を要するとしても、成果

表 3.11　独立変数のデータ

賃金の構成　(%)

	2005 年		2009 年
	導入	未導入	導入
年齢・勤続部分	41.0	50.8	39.5
能力部分	28.5	25.5	28.2
業績・成果部分	30.6	23.8	32.3

賃金の変動：平均を 100 として業績が良いときと悪いときの幅

		平均	標準偏差	中位値	最大	最少
2005 年	成果主義導入	18.7	20.8	15	280	0
	未導入	17.7	20.3	12	220	0
2009 年	成果主義導入	20.8	20.1	20	275	0

水平的格差：勤続年数が近い者の間の年収格差　(%)

	2005 年			2009 年		
	拡大	変化なし	縮小	拡大	変化なし	縮小
成果主義導入	43.2	51.1	5.7	30.7	63.1	6.2
未導入	15.9	77.2	6.9	13.6	80.5	5.9

垂直的格差：勤続年数が離れた者の間の年収格差　(%)

	2005 年			2009 年		
	拡大	変化なし	縮小	拡大	変化なし	縮小
成果主義導入	23.8	52.2	24.1	25.2	64.0	10.8
未導入	11.5	73.3	15.2	13.8	78.3	8.0

主義の導入によって従業員の仕事意欲を高めるという意図とは反対の結果をみることができる。いや、成果主義が未導入と回答する従業員においても同様の結果をみるのであり、成果主義とはかかわりなく仕事意欲の低下が日本企業の近年の状況のようである。この理由を問うことはここでの範囲を大きく超えてしまうのであるが、先に指摘した職場環境の変化に関して（表 3.7）、成果主義が未導入と回答する従業員においても「進捗管理が厳しくなった」とする回答は 2005 年で 46％、2009 年で 41％、同じく「仕事が集中するようになった」は 2005 年で 47％、2009 年で 39％、「精神的ストレスの増大」は

2005年で36％、2009年で48％というように、半数弱の従業員は職場環境の悪化を意識している。

　仕事意欲に影響を及ぼす要因として職場の状態がもっとも重要であることはいうまでもない。ただしそれは成果主義の導入にかかわりなく重要な課題であるとしたうえで、ここでは成果主義の実際の作用を考察することを主眼としよう。そのために利用可能なデータが表3.11にまとめられている。まず賃金の変数として、賞与を含めた賃金の総額に占める年齢連動部分、能力連動部分、業績連動部分の比率を質問した。ただし2009年調査では成果主義の導入を回答する従業員に対してだけ質問された。これらはあくまでも従業員の認識であるが、成果主義が導入されていると回答する従業員においても、業績連動部分の比率は約3割にとどまる。もちろんこれは平均であり、当然10割の回答も存在する。そこでこの成果部分の認識の違いが従業員の仕事意欲にどのように影響を及ぼすのかを検証課題とした。

　次に、賞与を含めた賃金の変動に関して、最近5年間の平均を100としたうえで、個人の業績が良かった年と悪かった年でどれほど年収が変わったかを質問した。ただし2009年調査では成果主義の導入を回答する従業員に対してだけ質問された。表の数値は業績が良かった年と悪かった年のあいだの上下の幅の平均値であるが、2005年と2009年で変動幅にそれほどの違いはない。もちろん分散は大きいとしても、平均として、良い年には1割増大、悪い年には1割減少のようである。2005年と2009年のサンプルはまったく異なるとしても、そして2009年はウェブ調査でその回答の信頼性に疑問が向けられるとしても、これまでの数値を含めて、2005年と2009年の調査の回答に特段疑問とする点はない。以下では成果主義の導入による賃金の変動を意識することが仕事意欲にどのように影響するのかを検証課題とした。

　最後に賃金構造として、3年前と比べて勤続年数が近い従業員のあいだで賃金格差が拡大したか縮小したか、また勤続年数が異なる従業員の間で賃金格差が拡大したか縮小したかを質問した。前者を水平的格差、後者を垂直的格差とすると、水平的格差に関しては、成果主義の導入を回答する従業員のうち、2005年では43％、2009年では31％は拡大したと意識している。また

格差の拡大の回答は、成果主義の導入を意識する従業員で顕著に増大する。これに対して垂直的格差に関しては、同じく成果主義の導入を回答する従業員のうち、2005年では24％が拡大したと回答するのに対して、縮小したとする回答も24％を占める。2009年においても、拡大したとする回答が25％であるのに対して、縮小したとする回答も11％を占める。

　この点に関して、都留康らの研究が示すように、成果主義の導入によって業績査定が強化される結果、昇進・昇給格差は広がるのに対して、定期昇給や年齢給の廃止や縮小によって賃金カーブはフラット化することが想定できる（都留・阿部・久保2005）。そこで水平的格差に関して、その拡大を意識することは業績査定によって同期のあいだで昇給や昇進格差が拡大することを意識することであり、縮小を意識することはその反対と考えることができる。同じく垂直的格差に関しては、その縮小を意識することは成果主義によって賃金カーブのフラット化が進むことを意識することであり、拡大を意識することはその反対に年功カーブの存続を意識すると考えることができる。このように理解すると、水平的格差に関しては、成果主義の導入による昇進格差や昇給格差の拡大を意識する従業員の比率は、縮小を意識する従業員を大きく上回ることがわかる。ただし、垂直的格差に関しては、成果主義の導入による賃金カーブのフラット化を意識する従業員の比率は、賃金カーブの傾きの拡大を意識する従業員と同じ（2005年）かむしろ下回る（2009年）。この点に関しては、垂直的格差の拡大は年功カーブの存続や強化というよりも、業績査定に基づく長期の昇進格差や昇給格差の拡大と解釈することもできる。つまり、水平的格差は短期の業績評価に基づく昇進格差、垂直的格差は長期の業績評価に基づく昇進格差と理解することができる。このような観点から水平的格差と垂直的格差の認識がどのように従業員の仕事意欲に影響を及ぼすのかを検証課題とした。

　最後に長期雇用に対する意識がある。新日本型あるいはハイブリッド型企業では、従業員の意欲を高めるためには業績連動型の賃金だけではなく、雇用の安定もまた必要であると想定してのことだとすると、しかしこれまでにみたように、長期雇用が維持されると考える従業員は40％程度にとどまる。

このことはひるがえって、従業員において長期雇用を期待することが仕事意欲をどのように高めるのかを重要な検討課題とする。そしてもう1つ、仕事意欲を高めるのは金銭ではなく仕事そのものだという論点を検証するために、「仕事内容の満足度」の質問を利用して（「満足していない」＝1から「満足している」＝5までの5段階の回答）、その効果を検証した。仕事の満足度の平均スコアは、成果主義の導入を意識する従業員で2005年が3.5、2009年が3.4、成果主義の導入を意識することのない従業員で2005年が3.3、2009年が3.3であった。つまり仕事の満足度は成果主義の導入を意識することとは無関係であるが、仕事の満足が実際にどのような影響を及ぼすのかを検証課題とした。

分　析

　以上のデータから、従業員の仕事意欲に作用する要因を推定した。被説明変数としての仕事意欲を、個人業績の達成意欲、会社業績への貢献意欲、そして新しい課題への挑戦意欲に区別し、それぞれに順序ロジット分析を適用した（高まった＝3、どちらでもない＝2、低下した＝1）。説明変数は、（1）成果主義の導入を1とするダミー変数、（2）賃金に占める業績連動比率、（3）業績が良かった年と悪かった年の間の賃金の変動幅、（4）変動幅の2乗項、（5）水平的格差に関して、「変化なし」をベースとして、拡大を1とするダミー変数、縮小を1とするダミー変数、（6）垂直的格差に関して、「変化なし」をベースとして、拡大を1とするダミー変数、縮小を1とするダミー変数、（7）長期雇用の維持を1とするダミー変数、（8）成果主義の導入と長期雇用の維持の交差を1とするダミー変数、そして（9）仕事内容の満足度の変数とした。それぞれは従業員の回答として与えられたものであり、従業員の意識を表す変数となる。賃金の変動幅は分散が大きいため、平均値プラス標準偏差の3倍を基準として異常値の処理を行ったうえで対数変換した。さらにコントロール変数として、部・課長職を1とする管理職ダミー、勤続年数（対数変換）、従業員1000人以上を1とする規模ダミー、製造業を1とする業種ダミーを取った。コントロール変数の分布は2005年と

2009年で大きく異なるため、ここでは大括の変数とした。

　推定の目的は、賃金の業績連動とその変動、そして格差をより大きく意識することが従業員の仕事意欲を高めるのか、反対にいえば、それらが抑制されていると意識するために従業員の仕事意欲が低下するのかを検証することにある。また、成果主義が導入されていると意識することの効果とあわせて、長期雇用が維持されていると意識することの効果を検証の課題とした。そのために長期雇用ダミーだけでなく、成果主義ダミーと長期雇用ダミーを交差させたハイブリッドダミーを追加した。さらに、仕事意欲を高めるのは金銭ではなく仕事そのものだという論点を検証するために、仕事内容の満足度の効果を検証課題とした。ただし、業績連動比率と賃金の変動幅の質問は、2009年の調査では成果主義の導入を回答する従業員に対してだけ行われた。そこですべての従業員を含む推定と成果主義の導入を回答する従業員に限定した推定を区別して行った。前者は成果主義ダミーとハイブリッドダミーの効果を検証することを目的とし、後者は成果主義の導入のもとでの賃金の変動と格差の効果を検証することを目的とした。そして以上の推定を、2005年と2009年に区別して行った。

　推定の予想は、成果主義の導入、業績連動比率の増大、業績に応じた賃金の変動幅の拡大を意識する従業員において仕事意欲が高まることであるが、この成果主義の想定がはたして妥当するのかを、個人業績の達成意欲、会社業績への貢献意欲、そして新しい課題への挑戦意欲に即して検証することを課題とした。また賃金の変動幅の2乗項の係数がマイナスで有意であれば、ある水準を超えると変動幅の効果は低下することが予想される。さらに水平的格差を短期の業績評価に基づく昇進と昇給格差、垂直的格差を長期の業績評価に基づく昇進と昇給格差とすると、成果主義の観点からは、水平的格差の拡大を意識することは短期の業績達成を目指して仕事意欲を高めるように作用し、縮小を意識することは反対の結果となることが予想される。これに対して垂直的格差に関しては、その拡大を意識することは長期の業績評価をより強く意識することになり、成果主義が意図する短期の業績達成の意欲を弱めるように作用し、縮小を意識することは反対の結果となることが予想さ

表 3.12　個人業績の達成意欲の推定結果

順序ロジット分析（仕事意欲：低下した＝1、変わらない＝2、高まった＝3）

	2005年				2009年			
	(1)	(2)	(3)	(4)	(1)	(2)	(3)	(4)
成果主義ダミー	0.607***				0.475***			
	(7.40)				(8.46)			
ハイブリッド ダミー		0.477*** (5.18)				0.280*** (5.14)		
業績連動比率			1.447***	1.505***			0.621***	0.608***
			(3.55)	(3.65)			(3.46)	(3.35)
賃金の変動幅			0.587***	0.583***			0.249***	0.213**
			(3.49)	(3.43)			(3.00)	(2.54)
賃金の変動幅 （2乗項）			−0.134*** (−2.93)	−0.131*** (−2.84)			−0.0410* (−1.95)	−0.031 (−1.46)
水平的格差 （拡大ダミー）			0.394** (2.49)	0.387** (2.42)			0.276*** (3.05)	0.292*** (3.20)
水平的格差 （縮小ダミー）			0.174 (0.59)	0.179 (0.61)			0.185 (1.28)	0.204 (1.39)
垂直的格差 （拡大ダミー）			0.218 (1.21)	0.211 (1.16)			0.0856 (0.89)	0.0748 (0.77)
垂直的格差 （縮小ダミー）			0.451** (2.57)	0.444** (2.50)			0.194* (1.67)	0.192 (1.63)
長期雇用ダミー			0.299** (2.40)	0.205 (1.61)			0.168*** (2.64)	0.0461 (0.71)
仕事の満足				0.305*** (4.89)				0.467*** (13.19)
管理職ダミー	0.310***	0.239**	0.204	0.19	0.392***	0.351***	0.299***	0.189***
	(3.43)	(2.53)	(1.49)	(1.37)	(7.80)	(6.44)	(4.50)	(2.80)
勤続年数	−0.056	−0.0225	−0.103	−0.0771	−0.0943***	−0.0770**	−0.136***	−0.0961*
	(−1.05)	(−0.39)	(−0.99)	(−0.73)	(−2.83)	(−2.14)	(−2.77)	(−1.93)
従業員 1000人以上	0.119 (1.32)	0.227** (2.41)	−0.133 (−1.02)	−0.179 (−1.36)	0.159*** (3.14)	0.202*** (3.71)	0.117* (1.76)	0.102 (1.52)
製造業ダミー	0.167** (2.09)	0.139 (1.64)	0.138 (1.11)	0.117 (0.93)	0.0498 (1.02)	0.0551 (1.04)	0.059 (0.94)	0.0588 (0.93)
観測数	2369	2085	1070	1062	6317	5303	3762	3762
対数尤度	−2401.505	−2109.33	−993.9359	−974.964	−6435.53	−5470.33	−3802.67	−3713.441
疑似R2	0.017	0.0111	0.0348	0.0464	0.0134	0.0084	0.0138	0.037

カッコ内はt値、*10%；**5%；***1%の有意水準。

れる。あるいは賃金カーブの傾きとして捉えると、その拡大を意識することは年功カーブが支配的であることを意識し、成果主義の意味での仕事意欲を弱めるように作用し、縮小を意識することは反対の結果となることが予想される。最後に仕事内容に対する満足の効果は仕事意欲にプラスに作用すると

表 3.13 「高まった」の回答に対する限界効果

	2005 年		2009 年	
業績連動比率	0.334***	0.340***	0.143***	0.135***
賃金の変動幅	0.135***	0.132***	0.058***	0.047**
水平的格差（拡大ダミー）	0.091**	0.087**	0.064***	0.065***
水平的格差（縮小ダミー）	0.040	0.040	0.043	0.045
垂直的格差（拡大ダミー）	0.050	0.048	0.020	0.017
垂直的格差（縮小ダミー）	0.104**	0.100**	0.045*	0.043
長期雇用ダミー	0.069**	0.046	0.039***	0.010
仕事の満足		0.069***		0.104***

ともに、賃金ではなく仕事が重要という観点からは、賃金の効果を上回るかそれを打ち消すように作用することが予想される。以上の想定からの推定結果が表 3.12、3.14、3.16 に示されている。

表 3.12 は個人業績の達成意欲に関する推定結果である。2005 年と 2009 年の推定（1）と（2）はすべての従業員を対象とした推定、（3）と（4）は成果主義の導入を回答する従業員に限定した推定を表している（以下も同様）。まず 2005 年の推定（1）から、成果主義の導入を意識することが個人業績の達成意欲を高めることと、長期雇用とのハイブリッドダミーも有意に作用することが確認できる。さらに推定（3）からは、成果主義の想定どおりに、業績連動比率をより大きく意識することと、業績に応じた賃金の変動をより大きく意識することが個人業績の達成意欲を高めるように作用することが確認できる。また賃金の変動幅の 2 乗項はマイナスであり、変動幅の拡大が個人業績の達成意欲を高めるとしても、そこにはある上限があること、それを超えると変動幅の効果は低下することが示される。そして水平的格差に関しては拡大ダミーが、垂直的格差に関しては縮小ダミーが有意に作用することも、成果主義の想定と整合的となる。つまり個人業績の達成意欲は、水平的格差の意味でも垂直的格差の意味でも、短期の業績評価によって強く動機づけられることが示される。

さらに 2009 年の推定に関しても、2005 年の推定と同様、成果主義の導入から、業績連動比率の増大、変動幅の拡大、水平的格差の拡大、そして垂直的格差の縮小まで、成果主義の想定が当てはまる。ただし、2005 年と 2009

表3.14 会社業績への貢献意欲の推定

順序ロジット分析（仕事意欲：低下した＝1、変わらない＝2、高まった＝3）

	2005年				2009年			
	(1)	(2)	(3)	(4)	(1)	(2)	(3)	(4)
成果主義ダミー	0.0708				0.0283			
	(0.83)				(0.51)			
ハイブリッドダミー		0.232**				0.281***		
		(2.45)				(5.16)		
業績連動比率			1.200***	1.204***			0.24	0.197
			(2.93)	(2.93)			(1.33)	(1.09)
賃金の変動幅			0.432**	0.429**			0.274***	0.246***
			(2.56)	(2.53)			(3.29)	(2.93)
賃金の変動幅（2乗項）			−0.0893*	−0.0882*			−0.0553***	−0.0471**
			(−1.95)	(−1.92)			(−2.62)	(−2.22)
水平的格差（拡大ダミー）			0.353**	0.360**			0.229**	0.240***
			(2.25)	(2.29)			(2.54)	(2.64)
水平的格差（縮小ダミー）			0.337	0.361			0.163	0.165
			(1.09)	(1.17)			(1.12)	(1.12)
垂直的格差（拡大ダミー）			0.189	0.201			0.00504	−0.0105
			(1.04)	(1.10)			(0.05)	(−0.11)
垂直的格差（縮小ダミー）			0.0208	0.024			0.171	0.171
			(0.12)	(0.14)			(1.47)	(1.45)
長期雇用ダミー			0.449***	0.396***			0.382***	0.283***
			(3.56)	(3.10)			(6.02)	(4.38)
仕事の満足				0.206***				0.390***
				(3.33)				(11.20)
管理職ダミー	0.300***	0.243**	0.222	0.208	0.236***	0.183***	0.222***	0.127*
	(3.22)	(2.47)	(1.61)	(1.50)	(4.73)	(3.36)	(3.34)	(1.89)
勤続年数	0.0393	0.0493	0.0748	0.0767	−0.00657	−0.0112	−0.0617	−0.0279
	(0.72)	(0.82)	(0.73)	(0.74)	(−0.20)	(−0.31)	(−1.27)	(−0.57)
従業員1000人以上	0.197**	0.145	0.202	0.176	0.102**	0.0397	0.0143	−0.00455
	(2.10)	(1.48)	(1.52)	(1.32)	(2.03)	(0.73)	(0.22)	(−0.07)
製造業ダミー	0.0224	−0.0228	−0.108	−0.103	0.101**	0.111**	0.154**	0.156**
	(0.27)	(−0.26)	(−0.87)	(−0.82)	(2.07)	(2.10)	(2.45)	(2.46)
観測数	2370	2087	1072	1064	6313	5300	3757	3757
対数尤度	−2284.82	−1980.97	−988.7923	−979.194	−6447.64	−5421.3	−3811.03	−3747.21
疑似R2	0.0049	0.0051	0.0308	0.0362	0.0026	0.0046	0.0114	0.028

カッコ内はt値、*10%；**5％；***1％の有意水準。

年の推定を比較すると、それぞれの係数の値は2005年と比べて2009年では大きく低下する。そこで2005年と2009年の推定（3）と（4）から、意欲が高まったとする回答に及ぼす限界効果を求めると、表3.13のようになる。2005年と比べると2009年の効果はそれぞれ半減する。この意味で成果主義

第3章 成果主義と長期雇用のハイブリッドは有効か

表 3.15 「高まった」の回答に対する限界効果

	2005 年		2009 年	
業績連動比率	0.275***	0.274***	0.057	0.046
賃金の変動幅	0.099**	0.098**	0.066***	0.057***
水平的格差（拡大ダミー）	0.081**	0.082**	0.055**	0.056***
水平的格差（縮小ダミー）	0.077	0.082	0.039	0.038
垂直的格差（拡大ダミー）	0.043	0.046	0.001	−0.002
垂直的格差（縮小ダミー）	0.005	0.005	0.041	0.040
長期雇用ダミー	0.103***	0.090***	0.091***	0.066***
仕事の満足		0.047***		0.091***

の作用の低下をみることができる。これに対して仕事の満足度の限界効果は顕著に増大する。また 2005 年と 2009 年はまったく異なるサンプルであるが、ほぼ同じ結果が得られる。この意味で 2 つの推定結果は頑強であると思われる。最後に重要な点として、2005 年と 2009 年の推定（3）と（4）を比較すると、仕事の満足は有意に作用すると同時に、仕事満足度の効果によって賃金の業績連動比率や変動幅など賃金の効果が弱まるわけではないことが示される。これに対して、仕事の満足の効果が加わると、長期雇用ダミーが有意でなくなる。つまり個人業績の達成意欲に関しては、仕事効果が賃金効果ではなく、長期雇用効果を打ち消すように作用することが示される。

次に、表 3.14 は会社全体の業績に対する貢献意欲に関する推定結果であるが、まず指摘すべきは、成果主義ダミーが有意に作用しない。先に図 3.4 でもみたように、会社業績への貢献意欲に関しては、成果主義の導入を回答する従業員と未導入を回答する従業員のあいだで意欲のスコアにほとんど差はなかった。これに対して成果主義と長期雇用のハイブリッドダミーは有意に作用する。そのうえで推定（3）と（4）をみると、賃金の業績連動比率の増大、変動幅の拡大、その 2 乗項、そして水平的格差の拡大がそれぞれ有意に作用する。ただし 2009 年の推定では賃金の業績連動比率の効果は有意でなくなる。また垂直的格差は拡大ダミーと縮小ダミーもいずれも有意に作用しない。つまり、従業員において賃金の業績連動や変動の拡大を意識し、短期の業績評価を意識することは、会社全体の業績に対する貢献意欲を高めるとしても、それは成果主義の作用とは無関係だということになる。これは

表 3.16 新しい課題への挑戦意欲の推定

順序ロジット分析(仕事意欲:低下した=1、変わらない=2、高まった=3)

	2005 年				2009 年			
	(1)	(2)	(3)	(4)	(1)	(2)	(3)	(4)
成果主義ダミー	0.157*				0.0834			
	(1.94)				(1.50)			
ハイブリッド		0.458***				0.436***		
ダミー		(5.16)				(7.97)		
業績連動比率			1.133***	1.150***			0.109	0.0327
			(3.00)	(3.00)			(0.61)	(−0.18)
賃金の変動幅			0.146	0.145			0.208**	0.146*
			(0.92)	(0.90)			(2.50)	(1.72)
賃金の変動幅			−0.0249	−0.0195			−0.0305	−0.0134
(2乗項)			(−0.58)	(−0.45)			(−1.45)	(−0.62)
水平的格差			0.291**	0.284*			0.0272	0.0484
(拡大ダミー)			(1.97)	(1.90)			(0.30)	(0.53)
水平的格差			0.345	0.386			0.381***	0.426***
(縮小ダミー)			(1.27)	(1.40)			(2.65)	(2.93)
垂直的格差			−0.198	−0.196			−0.0101	−0.0226
(拡大ダミー)			(−1.19)	(−1.17)			(−0.11)	(−0.23)
垂直的格差			0.0947	0.0868			−0.0619	−0.052
(縮小ダミー)			(0.58)	(0.52)			(−0.54)	(−0.45)
長期雇用ダミー			0.556***	0.435***			0.528***	0.375***
			(4.75)	(3.65)			(8.29)	(5.76)
仕事の満足				0.494***				0.655***
				(8.15)				(18.01)
管理職ダミー	0.165*	0.0832	0.163	0.13	0.422***	0.386***	0.414***	0.273***
	(1.89)	(0.91)	(1.28)	(1.01)	(8.36)	(7.06)	(6.23)	(4.03)
勤続年数	−0.0744	−0.0319	−0.133	−0.105	−0.169***	−0.204***	−0.242***	−0.194***
	(−1.45)	(−0.57)	(−1.37)	(−1.06)	(−5.01)	(−5.60)	(−4.92)	(−3.89)
従業員1000人以上	0.115	0.117	−0.045	−0.12	0.167***	0.106*	0.0861	0.0576
	(1.32)	(1.28)	(−0.37)	(−0.97)	(3.29)	(1.94)	(1.30)	(0.86)
製造業ダミー	0.144*	0.12	0.222*	0.219*	0.0222	0.0104	0.0291	0.0391
	(1.86)	(1.45)	(1.91)	(1.86)	(0.45)	(0.20)	(0.46)	(0.61)
観測数	2365	2084	1077	1069	6314	5298	3755	3755
対数尤度	−2556.011	−2240.64	−1138.036	−1095.04	−6450.81	−5492.03	−3881.89	−3710.244
疑似 R2	0.0029	0.0076	0.0211	0.0513	0.0069	0.0119	0.0176	0.061

カッコ内は t 値、*10%;**5%;***1%の有意水準。

前章でみたように、賞与に関しては成果主義が未導入の企業においても企業業績への連動を強める方針であることと符合する。あるいは成果主義の作用が有意でないことは、水平的格差の作用も短期の業績評価ではなく短期の能力評価の強化として作用していると考えることもできる。これもまた前章で

表 3.17 「高まった」の回答に対する限界効果

	2005 年		2009 年	
業績連動比率	0.252***	0.243***	0.020	0.006
賃金の変動幅	0.032	0.031	0.037**	0.025*
水平的格差（拡大ダミー）	0.065**	0.060*	0.005	0.008
水平的格差（縮小ダミー）	0.077	0.082	0.068***	0.073***
垂直的格差（拡大ダミー）	−0.044	−0.042	−0.002	−0.004
垂直的格差（縮小ダミー）	0.021	0.018	−0.011	−0.009
長期雇用ダミー	0.124***	0.092***	0.095***	0.064***
仕事の満足		0.104***		0.112***

みたように、成果主義の導入とともに職能資格制度を本来の能力評価の制度として改善することと符合する。そして既存の日本企業において、職能資格制度は組織全体への貢献を動機付けるものでもあった。またハイブリッドダミーが有意であることから想定されるように、推定（3）では長期雇用ダミーは有意に作用し、そして仕事満足の効果は長期雇用ダミーと両立する。さらに賃金の変動幅の係数は 2005 年と比べて 2009 年では大きく低下し、2009 年の推定では業績連動比率の効果は有意でなくなる。このことはまた、表 3.15 に示される限界効果の低下によって確認できる。ただしその低下の度合いは、個人業績の達成意欲に対する限界効果の低下と比べて抑制される。この意味でも会社業績に対する貢献意欲は成果主義とは独立していることが推測できる。

　最後に、表 3.16 は新しい課題への挑戦意欲に関する推定結果であるが、まず成果主義ダミーは 2005 年の推定では 10％レベルで有意であるが、2009 年の推定では有意ではなくなる。先の会社業績への貢献意欲と同様、従業員において成果主義の導入を意識することは新しい課題への挑戦意欲を高めるわけではないこと、少なくともその効果は非常に弱いことが示される。これに対して成果主義と長期雇用のハイブリッドダミーは 2005 年と 2009 年の推定でともに有意に作用する。さらに重要な点として、賃金の効果として有意に作用する変数は、2005 年の推定では賃金の業績連動比率だけ、2009 年の推定では賃金の変動幅の拡大だけであり、賃金の効果は非常に限定されている。さらに 2005 年の推定では水平的格差の拡大が有意に作用するのに対して、

2009年の推定ではむしろ水平的格差の縮小が有意に作用する。水平的格差に関して2005年と2009年で反対の結果となるのであるが、2009年の推定結果は、短期の業績評価に基づく昇進格差を弱めることが新しい課題への挑戦意欲を高めるように作用することを示している。研究開発や新規事業の展開あるいは新しい職場や仕事への取り組みなど、新しい課題への挑戦はその結果が不確かというリスクをともなう以上、この結果は納得的である。また長期雇用ダミーと仕事満足はともに有意に作用する。表3.12から表3.16まで、成果主義の導入を回答する従業員において長期雇用ダミーはすべてに有意に作用するのであるが、それぞれの限界効果（表3.13、3.15、3.17）をみると、新しい課題の達成意欲に対してもっとも大きくなり、個人業績の達成意欲に対してもっとも小さくなる。

　最後に、成果主義に対するもっとも強い反論を検討するために、仕事内容の満足度を説明変数に加えて推定した。仕事意欲を高めるのは賃金ではなく、仕事の内容や仕事の意義や目的を理解することであるといった観点からは、仕事内容の満足度が高まることに応じて意欲は高まるとしても、仕事効果によって賃金の効果は弱まることが考えられる。そこで各年度の推定（4）をみると、たしかに仕事の満足は、個人業績の達成意欲、会社業績への貢献意欲、新しい課題への挑戦意欲のすべてに有意に作用する。それぞれの限界効果をみると新しい課題への挑戦意欲に対してもっとも大きく、会社業績への貢献意欲に対してもっとも小さい。また仕事効果が加わることでそれぞれの推定の決定係数は大きく改善する。この意味でも仕事意欲に対する仕事の満足の重要性が確認できる。そのうえで重要な点として、各年度の推定（3）と（4）の比較から、仕事効果が賃金効果を弱めるように作用するわけではないことがわかる。つまり賃金効果と仕事効果は両立する。これに対して個人業績の達成意欲に関しては、仕事効果によって長期雇用効果が有意でなくなる。つまり、個人業績の達成意欲に対しては、長期雇用効果はもっとも弱いというだけでなく、仕事効果によって長期雇用効果は打ち消される。そして個人業績の達成意欲に対しては、成果主義の効果がもっとも強い形で作用する。するとより強めていえば、個人業績の達成意欲を高めるためには、成

果主義と仕事の満足だけでよいということになる。

　以上の結果は職種の違いを考慮しても変化はない。そのうえで職種として、総務・管理部門、営業部門、研究開発・技術部門、商品開発・マーケティング部門を取り出し、それぞれのダミー効果を推定すると、個人業績の達成意欲に関しては総務ダミーがマイナスに、営業ダミーがプラスに作用し、会社業績への貢献意欲に関しては営業ダミーと商品開発ダミーがプラスに作用し、新しい課題への挑戦意欲に関しては商品開発ダミーがプラスに作用することが観察できる。研究開発ダミーはいずれも有意でないとしても、それぞれの結果は納得的であり、とりわけ個人業績の達成意欲に関して、測定可能な業績の達成が困難な総務・管理部門と測定可能な営業部門で成果主義の作用が反対に表れること、商品開発・マーケティング部門において会社全体の業績達成と新しい課題への挑戦意欲が高まることは納得的であると同時に、興味深い結果を示している。

3.5　結論と展望

まとめ

　本章の目的は、長期雇用を維持したうえで成果主義を導入する日本企業の新たな方向が期待どおりに機能するのかを検証することにあった。それを個人業績の達成意欲、会社業績への貢献意欲、そして新しい課題への挑戦意欲に区別して検証した。

　推定結果をまとめると、まず個人業績の達成意欲に関しては、成果主義の導入から、賃金の業績連動比率の上昇と変動幅の拡大、そして水平的格差の拡大と垂直的格差の縮小まで、成果主義の想定が妥当することが確認できた。これに対して、会社業績への貢献意欲に関しては、賃金効果は有意に作用するとしても、それは成果主義の作用とは独立したものであり、さらに新しい課題への挑戦意欲に関しては、賃金効果自体が非常に限定されることが示された。

　このように、成果主義の作用は個人業績の達成意欲、会社業績への貢献意

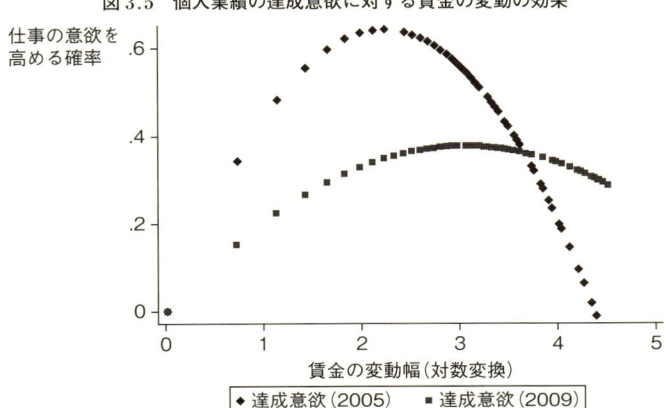

図 3.5　個人業績の達成意欲に対する賃金の変動の効果

欲、そして新しい課題への挑戦意欲に対してそれぞれに異なるものとなる。より強めていえば、成果主義の想定が妥当するのは個人業績の達成意欲だけと結論付けることができる。これはマルチタスク問題として指摘されてきたことであるが、その実証研究は必ずしも多くはない（Foss and Laursen 2005）。これに対してここでは従業員の仕事意欲を測定可能な指標（個人業績の達成）と測定困難な指標（会社全体の業績への貢献と新しい課題への挑戦）に区別することによって、成果主義の作用が前者に偏ることがより明示的に示された。これに対して長期雇用と成果主義のハイブリッドの効果はすべてにおいて有意に作用し、さらに成果主義の導入のもとでの長期雇用の効果は、個人業績の達成意欲でもっとも低く、会社業績への貢献意欲、新しい課題への挑戦意欲の順で大きくなることが確認できた。

次に、賃金効果に関しては、変動幅の効果には上限があること、ある水準を超えると賃金の変動の効果は低下することが示された。また 2005 年と比べて 2009 年の推定では変動幅の効果が低下することも示された。この点をより具体的に、個人業績の達成意欲に関する 2005 年と 2009 年の推定（3）をもとに、$Y = a_0 + a_1 X + a_2 X^2$ に（Y＝意欲を高める確率、X＝賃金の変動幅、a_1＝変動幅の係数、a_2＝変動幅の 2 条項の係数）の形でシミュレーションすると、図 3.5 のように描ける。X 軸上の変動幅は対数変換した数値として示されて

いるのであるが、2005年の推定ではあるレベルを超えると変動幅を大きくしてもその効果は急速に低下し、2009年の推定では変動幅を大きくしてもその効果はそれほど伸びることはなく、また2005年の推定よりも全体として下回ることが示される。そのうえで個人業績の達成意欲を高める作用が最大となる変動幅をもとの数値として求めると、2005年では上下に8の変動幅、2009年では上下に20の変動幅となる。先に表3.11で示したように、従業員が回答する変動幅の中位値は、2005年では15、2009年では20であった。すると2005年では変動の大半は過剰であったということになる。このように賃金の変動幅の効果が限定されたものだとすると、賃金の変動を抑制しても成果主義の作用が低下するわけではないと結論付けることができる。

最後に仕事の満足の効果に関しては、仕事効果がそれぞれに有意に作用すると同時に、仕事効果によって賃金効果が弱められるわけではないこと、すなわち仕事効果と賃金効果は両立することが示された。そのうえで、個人業績の達成意欲に関しては、仕事効果は長期雇用の効果を打ち消すように作用するという重要な発見がなされた。つまり、長期雇用の方針が否定されても、個人業績の達成意欲に関しては、長期雇用の効果を仕事効果によって補うことが可能となる。より強めていえば、仕事の満足があるかぎり、個人業績の達成意欲を高めるためには、長期雇用を否定して成果主義を強化する方向が可能となる。

新たな分化の可能性

以上の結果から、日本企業はさらに分化するという予想も立てられる。1つは個人業績の達成意欲を何よりも重視し、ゆえに成果主義の作用を強め、長期雇用は否定するという方向である。マルチタスク問題の観点からいえば、従業員に求める仕事意欲のうち、成果主義に適合するのは個人業績の達成意欲だけだとすると、それに沿って組織を編成することが考えられる。もちろんこれは仕事内容に対する満足が実現されることを前提にしてのことであるが、ある有力証券会社は投資銀行部門や市場部門の特定社員に限定してであるが、雇用の安定を明示的に否定して外資と同等の報酬をともなう成果主義

の方向に舵を切ったことがいわれている。これは金融の分野だけではなく、いわゆるモジュラー型の組織アーキテクチャの分野では、個々の職務は組織の全体および他の職務と切り離して（アンバンドリング）定義されるため、従業員に求めるのは職務ごとの個人業績の達成だけとする方針が浸透することは十分に予想できる。前章でみたジャクソンと宮島の分類においても、非長期雇用と成果主義の逆ハイブリッド型はIT、流通、サービスの分野が中心であった（Jackson and Miyajima 2007）。

　さらにいえば、成果主義の導入において述べられたのは、雇用の安定ではなく、仕事を原理とした雇用関係への転換、ということであった（高橋 1999）。問題は仕事の満足を高めることができるかどうかであるが、この条件を満たすかぎりにおいて、長期雇用と切り離して成果主義を強化する方向が可能になるということが、ここでの推定からの含意となる。最初に指摘したように、成果主義にともなって新たな心理的契約が生まれるとすると、それは個人業績の達成だけを課題として、成果主義賃金と仕事の満足から構成された契約として想定できる。もちろん組織全体がこのような方向に転換するというよりも、おそらく特定分門を切り離して別会社とし、あるいは異なる雇用制度としたうえで、非長期雇用と成果主義のアメリカ型の方向が強まることが考えられる。

　しかし、それと同時に、企業全体の業績に対する貢献意欲や新しい課題への挑戦意欲を従業員に求めるかぎり、長期雇用を維持し、成果主義の作用を抑制することが妥当であることもまたここでの推定からの結論となる。もちろん個人業績の達成が無視されるわけではない。ただ、ここでの分析からわかった点は、賃金の変動幅の効果は限定されたものであり、かつ変動幅の効果も短期の業績評価の効果も低下しているということであり、これに対して長期雇用を維持することはすべてにおいて有効に機能する。この意味で、抑制された成果主義と長期雇用が新日本型として定着することが想定できる。

　すると、最初に指摘したように、日本企業において成果主義に対する関心が低下しているとすると、それは成果主義の機能が低下したからというよりも、企業の関心が、個人業績の達成意欲から企業業績への貢献意欲や新しい

課題への挑戦意欲にシフトしているからだと考えることができる。成果主義の導入の当初は、企業側の関心は個人業績の達成意欲をいかに高めるかにだけあったといえる。しかし前章でみたように、その後の短期主義や結果主義の弊害をみて、企業の側から成果主義は修正され、それは結果として成果主義の作用を抑え、賃金の変動と格差を抑制するものであった。このようなプロセスを従業員側の実際の仕事意欲の観点から跡づけることができる。

さらに、組織アーキテクチャの観点からは、いわゆるインテグラル型の組織では、職務と組織の全体、職務と職務のあいだが密接に関連しあうため、そして統合された組織能力が競争力の決め手であるため（藤本 2004）、会社全体への貢献意欲が重要となる。それが日常業務の改善意欲や提案意欲、あるいは柔軟な組織編成に対する協力の態度といったことだとすると、日本企業の競争優位の条件がインテグラル型の組織構造にあるかぎり、長期雇用と抑制された成果主義から構成されたハイブリッド組織が合理的な選択となる。

この点に関して、オルコットによる日産のケーススタディが興味深い。それは日産の従業員への詳細なインタビューから、日産の従業員はルノーとの合併によって企業統治は「大きく変化した」と意識するのに対して、賃金と雇用に関しては「やや変化した」と意識するだけであることを発見した（Olcott 2009）。とくに興味深い点は、成果主義の導入によって、日産従業員は業績達成が強く要求されるようになったと意識する一方で、現実の賃金に関しては「やや変化した」と意識するだけであり、成果主義が実際には抑制されたものであることが示唆される。この意味でハイブリッド組織の結論、すなわち企業統治は市場型や配当重視の方向に変化するとしても、長期雇用を維持したうえで成果主義を導入する、そして長期雇用と両立する形で成果主義を抑制することが合理的な選択となる。

新日本型の優位

最後に、以上の全体を従業員の類型に即してまとめてみよう。つまり成果主義の導入と長期雇用の維持を意識する従業員を新日本型、成果主義の導入と長期雇用の否定を意識する従業員をアメリカ型、長期雇用の維持と成果主

図3.6 従業員の類型と仕事意欲のスコア

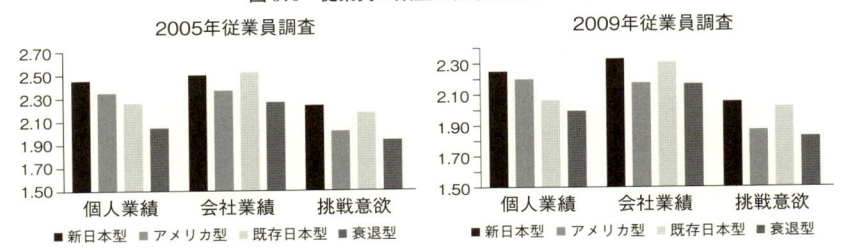

2005年従業員調査 / 2009年従業員調査

■新日本型　■アメリカ型　■既存日本型　■衰退型

義の未導入を意識する従業員を既存日本型、長期雇用の否定と成果主義の未導入を意識する従業員を衰退型として、それぞれの仕事意欲のスコアを示すと、図3.6のようになる。

　従業員の類型としては長期雇用の否定を意識する従業員が半数近くに達するために、アメリカ型の比率が2005年で34％、2009年で33％になるのに対して、新日本型の比率は2005年で31％、2009年で41％となる。つまり、従業員の類型としては、新日本型とアメリカ型がほぼ同じ比率となる。他方、既存日本型の比率は2005年で17％、2009年で13％となり、衰退型の比率は2005年で18％、2009年で14％となる。同じく既存日本型と衰退型がほぼ同じ比率となる。そのうえでそれぞれのタイプの仕事意欲のスコアを比較すると、個人業績の達成意欲に関しては、2005年と2009年調査ともに、新日本型、アメリカ型、既存日本型、衰退型の順で小さくなる。これに対して会社業績への貢献意欲に関しては、新日本型と既存日本型の従業員がスコアにおいて並び、同じく新しい課題への挑戦意欲に関しても2つがほぼ同等のスコアとなる。他方、アメリカ型と衰退型の従業員は、会社業績への貢献意欲と新しい課題への挑戦意欲に関してほぼ同等のスコアとなり、かつ新日本型と既存日本型の従業員のスコアを有意に下回る。要するにアメリカ型の従業員は個人業績の達成意欲に関して既存日本型の従業員を上回るとしても、新日本型の従業員を下回り、会社業績への貢献意欲と新しい課題への挑戦意欲に関しては、新日本型と既存日本型の従業員のスコアを有意に下回る。

　もちろんここでの従業員の類型は前章でみた企業の類型と対応するわけで

はない。ただそのうえで日本企業の分化や多様性の観点から次のように結論づけることができる。つまり、これまで従業員に対して企業全体への貢献意欲を求めるとしても、明示的な形で個人業績の達成を課題とすることはなかったというのが既存の日本企業だとすると、それが成果主義と無縁であることも合理的となる。仕事意欲のスコアとして、既存日本型の従業員は企業全体への貢献意欲を新日本型と並んでもっとも高い水準とする。これに対して企業統治の変革とともに、とりわけ取締役会改革とともに企業業績の回復が最重要の課題とされ、それを個人ごとの業績達成に求めることから成果主義の導入が急速に進むことになった。しかし、それが長期雇用の否定をともなって進むなら、長期雇用の否定と成果主義の導入を意識するアメリカ型の従業員ににみられるように、企業全体への貢献意欲や新しい課題への挑戦意欲は大きく低下する。かつ個人業績の達成意欲に関しても、長期雇用の維持を意識した新日本型の従業員を下回り、既存日本型の従業員と比べても顕著な改善があるわけはない。さらに仕事意欲のスコアの合計を求めると、新日本型でもっとも高く（2005年で2.40、2009年で2.21）、次いで既存日本型となり（2005年で2.31、2009年で2.31）、アメリカ型はこの2つを下回る（2005年で2.25、2009年で2.08）。既存日本型とアメリカ型の差は統計的に有意ではないとしても、新日本型の優位は統計的にも有意である。そして衰退型はもっとも低いスコアとなる（2005年で2.09、2009年で1.82）。

　以上のことからしても、企業統治の変革のもとで長期雇用を維持したうえで成果主義を導入する新日本型の方向が、日本企業にとってもっとも有望であると結論付けることができる。ただし、長期雇用が維持されると回答する従業員は半数以下というのが日本企業の現実であり、むしろこの点にこそ最大の問題がある。現実の雇用削減を前にして従業員は長期雇用の否定の意識を強めることになるのであるが、長期雇用の維持を期待することによって成果主義とのハイブリッド効果が生まれる以上、企業と従業員のあいだの認識ギャップを埋めることが重要となる。そこで次の課題として、株主重視や配当重視の企業統治を従業員はどのように考えているのかを検討しよう。

第4章
日本の従業員は株主重視の企業統治を支持するのか

4.1 問題提起

　これまでの議論では、バブル崩壊以降、とりわけ1990年代終盤以降の日本企業の変化を、1つは株主重視の方向への企業統治の変化と捉え、もう1つは長期雇用を維持したうえでの成果主義の導入と捉えて、このプロセスをJILPTの調査に基づいて考察した。とくに第2章では、企業側に焦点を置き、企業統治の要因から日本企業が4つの類型に分化することをみた。次に第3章では、従業員側に焦点を置き、長期雇用を維持して成果主義を導入する日本企業の新たな方向を、従業員の仕事意欲の観点から考察した。本章では同じく従業員側の観点から企業統治の変化について考えよう。はたして日本の従業員は株主重視の方向への企業統治の変化にどのような態度を示すのか。

　一般に日本の従業員は、現在の経営を脅かす外部の株主からの介入に対しては、経営者とともに反対の立場に立つと考えられてきた。事実、2000年代前半にみられたように、突如仕掛けられた敵対的企業買収に対しては、経営者だけでなく従業員もまたこぞって反対することは稀ではない。これに対して、経営者みずからによる企業統治の変革がこの10年来の日本企業の行動である。これを従業員はどのように受け止めているのかを検討しよう。

　既存の企業統治がステークホルダー重視や従業員重視の経営と呼ばれてきたことからすると、経営者が進める企業統治の変革を株主重視と受け止めるかぎり、従業員は当然反対することが予想される。とりわけこの間の企業統治の変化とともに進行したかつてない規模の雇用調整と非正規雇用の拡大、

そして成果主義のもとでの業績達成の圧力を前にすれば、従業員は経営者が進める企業統治の変革に疑問や不信の目を向けることが考えられる。同じく企業統治の変化は何よりも配当支払いの急増となり、これに対して2000年代半ばの景気拡大においても賃金上昇は厳しく抑えられていた。すると従業員においてこそ、日本の企業統治は株主重視の方向に大きく変化したとする意識が強まるということもできる。

　ただし、これまでにみてきたように、たとえ配当重視の経営が観察されるとしても、それによって文字どおり株主利益優先の経営や株主支配の経営が意図されているわけではなかった。松浦（2001）や久保（2010）の実証分析によれば、企業業績の悪化において、配当を削減して雇用を維持するという意味での従業員重視の経営はさすがに少数となったとしても、その反対に雇用を削減して配当を維持する方向が支配的となったわけではない。配当と同時に雇用も削減するというのが株主重視の企業統治の実態であった。同じく執行役員制の導入など取締役会改革が急速に進むとしても、株主利益を代表するという意味での社外取締役が過半数を占める企業は例外的にわずかであり、大半は社外取締役はゼロ、せいぜい1人か2人というのが、株主重視の企業統治の実態であった。

　だから日本の企業統治の変革はまだ不十分、といった見解が向けられるのであるが、そうではなく、日本企業にとって企業統治の変革は、株主利益のためというよりも、経営を変革し、経営を立て直すことによって競争力の向上を意図したものであることをみた。それは株主価値重視というよりも、企業全体の業績向上を意図したという意味で企業価値重視のガバナンスというものであり、株主とともに従業員を含めたステークホルダー重視の経営と両立するものであった。

　ではこのような企業統治の変革を、従業員はどのように考えているのか。前章でみたように、長期雇用の方針に関して、企業と従業員のあいだには大きな認識ギャップが存在した。これと同様、企業統治に関しても、企業と従業員のあいだに大きな認識ギャップがあるかもしれない。それを従業員重視の否定と受け止めるなら、企業統治の変革を進める現行の経営に対しても、

否定的な態度が生まれることが予想される。もしそうであるなら、労使の協調や一体化は弱まり、生産組織の変革に向けた従業員の協力や貢献も低下することが考えられる。それは企業統治の変革が課題とする競争力の回復や再構築の目的そのものが無効となることを意味している。そうではなく、労使の協調のもとでの日本の従業員は、経営者が進める企業統治の変革に対しても、協力の態度を示すのであろうか。あるいは企業統治に関する認識ギャップを埋めるとすると、そのためにはどのような条件が有効であるのか。このような観点から、従業員調査の結果を検討しよう。結果は予想外のものであり、株主価値重視に対する従業員の支持は非常に大きなものであり、この理由を探ることが本章での課題となる。

以下では、まず4.2では従業員調査の結果を示し、4.3で従業員の回答を導く要因を検証する。そして4.4で従業員の企業統治への参加の可能性を検討する。

4.2　株主価値重視に対する従業員の予想外の支持

データ

以下で使用するデータは、前章でみた2005年と2009年の従業員調査に基づいている。そこでまず、企業統治にかかわる2005年と2009年の結果を示そう。従業員は株主をどのように考えているのかという観点から、「株式会社である以上株主利益を高めることは認めるべき」、「株主は雇用の安定など従業員利益を脅かす存在である」、「株主は経営に介入すべきではない」、「株主は経営者をもっと強く監視すべきである」、「従業員は経営者をもっと強く監視すべきである」と、5つの質問を設けた。その回答の分布が表4.1に示されている。回答は5段階の形式で、「そう思う」と「どちらかといえばそう思う」をまとめて「肯定」、「どちらかというとそう思わない」と「そう思わない」をまとめて「否定」とし、上場企業と非上場企業の従業員に区別して表示した。

最初の質問、「株主利益を高めることは認めるべき」に対する回答をみると、

表 4.1 企業統治に対する従業員の態度

2005 年調査 （回答の分布 ％）

		肯定	どちらでもない	否定	わからない	無回答
株主価値を高めることは認めるべき	上場	85.1	6.4	3.3	3.1	2.1
	非上場	50.7	17.8	5.2	15.5	10.8
株主は従業員の利益を脅かす存在	上場	5.6	25.6	61.0	5.4	2.3
	非上場	9.8	25.6	38.2	15.9	10.6
株主は経営に介入すべきではない	上場	16.9	32.6	45.9	2.6	2.1
	非上場	16.1	30.9	27.5	14.9	10.6
株主は経営者をもっと強く監視すべき	上場	41.5	34.9	18.7	2.6	2.3
	非上場	29.6	30.0	14.3	15.2	10.9
従業員は経営をもっと強く監視すべき	上場	60.8	25.1	9.0	2.6	2.6
	非上場	43.5	24.8	6.9	13.7	11.1

上場企業＝396人（32社）、非上場企業＝2393人（205社）。

2009 年調査 （回答の分布 ％）

		肯定	どちらでもない	否定	わからない
株主価値を高めることは認めるべき	上場	62.5	26.6	8.2	2.8
	非上場	48.0	33.6	11.2	7.2
株主は従業員の利益を脅かす存在	上場	22.7	45.4	28.5	3.4
	非上場	23.8	44.2	24.8	7.2
株主は経営に介入すべきではない	上場	28.5	42.5	25.8	3.2
	非上場	25.9	44.7	22.4	7.1
株主は経営者をもっと強く監視すべき	上場	31.8	46.9	17.9	3.4
	非上場	28.6	49.4	14.9	7.2
従業員は経営をもっと強く監視すべき	上場	42.9	44.5	9.4	3.3
	非上場	39.6	44.7	8.6	7.0

上場企業＝3255人、非上場企業＝3446人。

驚くべきことに、2005年では上場企業の従業員の85％が肯定の回答を示している。2009年では63％に減少するとしても、高い比率であることに変わりはない。先の企業調査においては、株主価値重視を回答する企業は、2004年では上場企業のうち55％、2008年では65％であることをみた。2005年の従業員調査は2004年の企業調査と対応するのであるが、企業側の回答より

もはるかに高い比率で従業員側は株主価値重視に対して肯定的な態度を示している。これに対して 2009 年従業員調査は 2008 年の企業調査と直接の対応関係はないとしても、企業側回答とほぼ同じ比率で従業員側が株主価値重視を肯定することは、やはり驚きであるといえる。

ただし 2005 年従業員調査は、上場企業 32 社で回答者 396 人、非上場企業 205 社で回答者 2392 人というように、上場企業数は非常に少ない。また 1 社平均の回答者は 12.4 人（最大 26 人、最少 1 人、中位値 12.5 人）であるが、同一企業の回答には偏りがあるかもしれない。これに対して 2009 年の従業員調査は、ウェブ調査の点で信頼性に問題があるとしても、回答数は十分に備えている（上場企業 3255 人、非上場企業 3446 人）。また 2009 年調査は従業員 1000 以上企業からの回答が 54.9％を占めるのであるが（上場企業で 79.0％、非上場企業で 32.2％）、企業統治に関する回答としては好都合であるといえる。このように 2005 年調査は回答のバイアス、2009 年調査はウェブ調査の信頼性に問題があることを認めたうえで、以下では 2 つの結果を相互に参照しながらチェックを図ってゆく。

次の設問、「株主は従業員の利益を脅かす存在」に対する肯定の回答は、2005 年調査では上場企業の従業員でわずかに 6 ％、「株主は経営に介入すべきではない」に対しては同じく 17％にすぎない。この 2 つの設問が株主と従業員のあいだの敵対的関係を想定してのことだとすると、予想に反して株主に対する従業員の敵対や不信はまったくわずかである。これに対して 2009 年調査では、同じく上場企業の従業員に限定すると、株主を脅威と考える回答は 23％、株主は経営に介入すべきでないと考える回答は 29％に増大する。この理由は次に述べるとして、2005 年の段階では日本の従業員は株主に対する警戒的な態度はまったくわずかであったのに対して、2009 年ではにわかに警戒的となっている。ただし警戒の回答が 30％以下というのは予想よりもはるかに低いということもできる。

さらに 2005 年調査では、圧倒的多数が株主価値重視を肯定することを反映してか、「株主は経営者をもっと強く監視すべき」に対する肯定の回答は 42％を占め、株主によるガバナンスの役割も強く支持されている。それと同

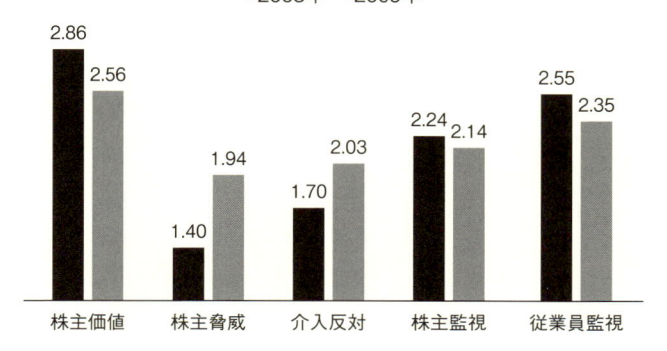

図 4.1　企業統治にかかわる従業員の回答のスコア（上場企業）
■2005年　■2009年

項目	2005年	2009年
株主価値	2.86	2.56
株主脅威	1.40	1.94
介入反対	1.70	2.03
株主監視	2.24	2.14
従業員監視	2.55	2.35

時に「従業員は経営者をもっと強く監視すべき」に対しては、肯定の回答は61％に達する。これに対して2009年調査では、株主価値重視に対する肯定の回答が減少し、株主に対して警戒的な回答が増大することを反映してか、株主による経営の監視を支持する回答は、2005年調査の42％から32％に減少し、従業員による経営の監視を支持する回答も、同じく61％から43％に低下する。この２つが経営に対する監視機能の強化を求めてのことだとすると、日本の従業員は株主に経営の監視の役割を求めると同時に、それ以上に従業員みずからによる経営の監視を求めているという、意外な結果をみることになる。

　以上の結果は非上場企業の従業員においても基本的に変わりはない。当然のことであるが、2005年調査では、非上場企業の従業員では「わからない」や無回答が多くなり、約４分の１を占めている。これに対して2009年調査では無回答は禁じる回答形式であるためか、わからないの回答も非常に少なくなる。

　以上の結果を、上場企業の従業員に限定して、その回答をスコア化（否定＝1、どちらでもない＝2、肯定＝3）して示すと、図4.1のようになる。2.0が「どちらでもない」のレベルであり、株主価値重視に対する肯定的な態度は2005年と2009年ともに高いこと、そのうえで2005年から2009年にかけて肯定の態度は低下し、それにともない株主を警戒する態度が高まることがわ

かる。さらに従業員は株主価値重視を肯定すると同時に、経営の監視を強めることを求め、その役割を株主に求めるだけでなく、それ以上に従業員みずからの監視を求めていることも示される。このように一方で株主価値重視を肯定し、他方で株主による経営の監視と、それ以上に従業員による経営の監視を求めることが、企業統治に対する従業員の態度のようである。ではこの結果はどのように説明できるのか。

解　　釈

　株主価値重視に対する従業員の肯定の回答が、予想に反して、あるいは予想をはるかに超えて高いことは間違いない。2005年調査は回答にバイアスがあるかもしれないとしても、2009年調査においても上場企業の従業員の半数以上は株主価値重視を肯定する回答を示している。はたしてこれはどのように解釈できるのか。

　1つの理由としては、先に成果主義に関して指摘したのと同様、アンケートに対する回答はその時々の社会の支配的見解に影響されることが考えられる。従業員調査の2005年当時、マスメディアにおいては既存の日本的経営を批判し、アメリカ企業にならって株主重視の企業統治を採用すべきである、といった論調が支配した。これに加えて、上記の質問は、「株式会社である以上株主利益を高めることは認めるべき」という表現であった。つまり、「株式会社である以上」と強調することにより、否定するのが困難な設問として受け止められたのかもしれない。事実、この設問以外に対しては、「どちらでもない」とする回答が、2005年では上場企業従業員の25％から35％、2009年では約45％前後を占めるのに対して、株主価値重視の設問に対しては、「どちらでもない」とする回答は大幅に減少する。とりわけこの種の設問が直接にかかわる上場企業の従業員に関しては、「どちらでもない」の回答は2005年では6.4％と極端に低い。ここにはサンプルのバイアスの問題があるかもしれないとしても、2009年でも「どちらでもない」とする回答の比率はその他と比べて一段と低い。この結果、肯定と否定の回答に明確に分かれ、かつ肯定の回答が大きく上回ることになる。さらに社会の支配的見解への同

調は、非上場企業の従業員においても約半数が株主価値重視に肯定の回答を示すことにみることができる。非上場企業従業員においても他の設問と比べて株主価値重視に関しては「どちらでもない」の回答は減少し、一般的な論調に沿った形の回答がなされたことが考えられる。

　これと関連して、2005年の従業員調査時点（2005年2月）では、ライブドア・ニッポン放送事件に端を発する敵対的企業買収がまだ問題になっていなかったという事情もあるかもしれない。その直前には外資ファンドによる乗っ取り的な行為があったとしても、それは2～3の小規模企業をターゲットとしたものであり、まだ世間の衆目を集めるものではなかった。これに対して、その後のライブドアや村上ファンドの事件をみて、あるいはより大規模化した外資ファンドによる株式買い占めの動きや経営に対する介入をみて、従業員の態度も大きく変化したと思われる。この結果、2009年の調査では、「株主は従業員の利益を脅かす存在」や「株主は経営に介入すべきではない」とする回答は顕著に増大することになる。そしてこのこともまた、上場企業と非上場企業の従業員のあいだに違いはほとんどない。つまりマスメディアの論調もこれまでのアメリカ型システムの礼賛から変化し、ハゲタカファンドといった表現も目につくことになる。すると2005年段階での株主価値重視に対する肯定の回答と同様、2009年段階での株主を脅威とみなす回答においても、このような社会の一般的な論調が反映されていると思われる。

　これに対して、従業員においても株主価値重視の企業統治が受け入れられていると考えることはもちろん可能である。これまでにみたように、上場企業に関しては、その半数は株主価値重視の経営を回答するのであるが、それは現実の配当支払いの増大に基づいてのことであったと思われる。すると従業員においてもまた、現実の配当の増大をみることにより、株主価値重視の方向に企業統治が変化したと意識することにもなる。この意味で企業側の方針は従業員に浸透しているということができる。それと同時に、企業にとって配当重視の方針は、それによって株主圧力をかわし、みずからの経営の革新を進めるためだと考えることができた。それは経営を立て直し、競争力を回復し、ステークホルダー全体の企業価値を高めることを目的とした企業統

治の変革とみなすことができた。すると従業員が配当重視や株主価値重視を肯定することは、このような企業統治の変革を肯定することを意味している。

　このように理解すると、企業側の株主価値重視の回答と同様、従業員においても株主価値重視は企業価値重視として受け止められていると理解することが妥当といえる。そして、従業員にとっての企業価値を、企業の価値生産に貢献しその分配を受け取るステークホルダー全体の経済的価値のことだとすると、この意味での企業価値重視を従業員が支持することに不思議はない。生産性の向上や職場の協力関係を通じて企業全体の経済的価値の増大に貢献することは、既存の日本企業の従業員にとっては当然の前提であった。事実、前章でみたように、従業員の仕事意欲は、個人業績の達成意欲や新しい課題への挑戦意欲よりも、会社全体の業績に対する貢献意欲においてより高くなる。

　すると2005年調査において株主に対する警戒がわずかであることも整合的となる。つまりその意味は、株主価値優先の企業統治を肯定してのことではなく、株主価値を企業価値として受け止めることにより、株主に対する警戒の態度は背後に退くのだと思われる。そしてこの意味での企業価値を高めるために、従業員は経営に対する監視を強めることを肯定し、それを株主による監視に求めると同時に、それよりも強く従業員みずからの監視を求めている。このように理解すれば、株主価値重視に対する肯定の回答が企業側よりも従業員側でより大きくなることも、実は企業側よりも従業員側において、企業全体の経済的価値を高める経営がより強く志向されているからだということもできる。すると経営の監視として、株主よりも従業員みずからによる監視をより強く求めることも整合的となる。またそれゆえに、株主の行動を企業価値を損なうものと受け止めるなら、株主に対する警戒の態度が高まることも当然となる。上記のように、ライブドア・ニッポン放送事件に端を発した敵対的企業買収や投資ファンドの行動をみることにより、株主に対する警戒の態度は一気に高まることになった。

　このように、株主価値重視に対する従業員の回答は、それを文字どおり株主優先の企業統治として捉えると、予想外の結果である。しかし、株主価値

を企業全体の経済価値の意味で企業価値として捉えると、予想どおりの結果ということもできる。従業員利益のために企業価値を高めることは、日本企業の従業員にとっては容易に肯定できる考えであり、そしてこの意味での企業価値重視の意識は、1990年代終盤からの日本企業の極度の業績悪化にともない、企業と従業員双方の共通の認識となったということができる。それが企業側の行動としては企業統治の変革となり、このことを従業員側もまた企業価値を高めるための変革として受け止めたと解釈できる。しかし、現実の企業統治の変革は、従業員の期待を裏切るものかもしれない。とりわけこの間の雇用リストラはその可能性を大きくする。これらのことを含めて従業員の回答がどのような要因に基づくものであるのかをより詳しく分析しよう。

4.3　企業統治に対する従業員の反応

経営者に対する信頼

　では実際に従業員の回答はどのように説明できるのか。そのために従業員の回答を被説明変数として、それに作用する要因を推定した。ただし説明変数として利用可能なデータは従業員の属性以外にはわずかである。1つの手掛かりとしては、企業統治の変革は現行の経営者によって進められているということがある。株主支配の観点からは、株主が任命した経営者によって企業統治の変革が進み、株主が要求する方向に企業経営が進むのに対して、この間の日本の企業統治の変革はあくまでも現行の経営者によるものであった。もちろん株式市場の流動化から株主圧力が強まるとしても、それに対しては配当の増大が向けられるだけであり、それ以上のものではなかった。次章でみるように、外資の投資ファンドによる極端な額の配当支払いやすべての内部資金の吐き出しの要求があるとしても、それに対しては強欲ファンドのレッテルが貼られ、企業防衛の必要性が述べられた。このように企業統治の変化に株主の存在が直接にかかわることはないとすると、現実の企業統治の変化を従業員がどのように考えるのかは、その経営を従業員はどのように考えるのかに帰着するということができる。つまり、従業員において現行の経営

表 4.2　過去 3 年間の経営に対する従業員の評価　　　（回答の分布　％）

	2005 年			2009 年		
	高まった	変化なし	低下した	高まった	変化なし	低下した
誠意を尽くす	12.2	57.3	30.6	9.2	63.5	27.3
従業員の意向を反映	8.9	57.8	33.3	6.5	63.1	30.4
経営者に対する信頼	16.1	58.7	25.2	9.1	63.4	27.5
従業員を大切にする	11.2	56.4	32.4	8.5	60.8	30.7
自由な発言	14.5	57.0	28.5	10.7	65.8	23.5

に対する信頼があるとすると、その経営が進める企業統治の変化に対しても支持が向けられると想定できる。では、従業員は現行の経営をどのように考えているのか。

　このような観点から、「過去 3 年間を振り返って会社に対する気持ちがどのように変化したか」を質問した。質問項目は、「会社は従業員のために誠意を尽くす」、「従業員の意向を反映した経営が行われている」、「経営者は信頼されている」、「従業員は大切にされている」、「従業員は自由に発言できる雰囲気がある」であるが、その回答が表 4.2 に示されている。質問の内容は従業員重視の経営を想定してのものであり、しかしいずれの項目に対しても「高まった」とする回答は 10％前後と極度に低い。大半は「変化なし」であるが、明示的に「低下した」とする回答はいずれも 30％前後を占めている。このように従業員において経営に対する信頼は決して高くない。いや予想外に低いということができる。ここでは信頼の水準ではなく、その変化の質問であるが、変化としても経営者に対する信頼は予想以上に低下している。この理由は次にみるとして、それぞれの回答は非常に強く相関するため、以下では「経営者に対する信頼」を説明変数とした。つまり、経営者に対する信頼が高まることに応じてその企業統治に対する肯定の回答が増大し、それが株主価値重視を支持する回答に表れると想定し、その結果を推定した。

　さらに従業員の回答を導く要因を求めると、成果主義の導入をあげることができる。これまでにみたように、企業統治の変革とともに成果主義の導入が進むのであるが、その意図は、企業業績の回復のために経営組織を変革し、生産組織を変革することにあった。そして従業員の意識としても、成果主義

に対する考えを質問すると、半数以上は「個人のやる気を引き出す制度」と回答し、仕事の意欲を高めて企業価値を高めるためと受け止めていた。すると、成果主義の導入を認識する従業員は、企業統治の変革を企業価値を高めるものであると意識し、このことが株主価値重視を肯定する回答に表れることになると想定できる。

　もう1つ、長期雇用に関する従業員の回答がある。企業側の方針は、株主重視や配当重視の企業統治を進めるとしても、圧倒的多数は長期雇用は維持するというものであった。すると従業員において長期雇用が維持されると考えることは経営に対する信頼を高め、現実の企業統治に対する支持を高めると想定できる。しかし、長期雇用が維持されると考える従業員は約40％であり、約20％の従業員は長期雇用はコア従業員や中核的業務に限定して維持されると考え、約25％の従業員は放棄されると考えていた。するとこれらの回答によって、企業統治に対する従業員の考えにも違いが生まれることが予想できる。そこで「全員に維持される」の回答をベースとして、「限定して維持される」と「放棄される」の回答を区別して、企業統治に対する回答に対する影響を検証課題とした。

　さらに、現実の企業業績が企業統治に対する従業員の考えに影響を及ぼすことが考えられる。業績が好調であれば経営に対する信頼は高まり、現行の企業統治に対する支持も高まるのに対して、不調であれば経営に対する信頼は低下し、経営の監視を強めることを支持する方向に変化すると想定できる。それと同時に、業績が不調であることから企業統治の変革を支持し、それが株主価値重視を支持する回答となることも考えられる。ただし2009年の従業員調査では企業業績のデータは与えられないため、過去5年間の企業業績の変化について質問した項目を利用した。つまり、過去5年間の業績の状態として、上昇傾向、高位安定、下降後上昇、上下の変動、上昇後下降、低位安定、下降傾向と区別したうえで、最初の2つの回答を「好調」、次の3つの回答を「変動」、最後の2つの回答を「不調」とした。ただしこれらの質問は2004年の企業調査と2009年の従業員調査でだけなされた。そこで2005年従業員調査では、マッチングしている2004年企業調査の239社からの回答

を利用した。結果は、好調とする回答が2005年で27.1%、2009年で30.9%、不調とする回答が2005年で33.5%、2009年で37.7%であった。そこで「変動」をベースとして、好調と不調の回答を企業統治に対する従業員の行動を説明する変数とした。

分　　析

　以上のことを予備的考察として、企業統治に対する従業員の回答に作用する要因を推定した。被説明変数は先の５つの質問項目に対する従業員の回答であるが、それぞれをスコア化して（否定＝1、どちらでもない＝2、肯定＝3）て、順序ロジット分析を適用した。説明変数は、（１）経営者に対する信頼（３段階のスコア：低下した＝1、変化なし＝2、高まった＝3）、（２）成果主義の導入の回答を１とするダミー変数、（３）長期雇用が全員に維持されるとする回答をベースとして、（中核的業務やコア従業員に）「限定される」とする回答を１とするダミー変数、「放棄される」（経営の課題ではない）とする回答を１とするダミー変数、（４）過去５年間の企業業績の状態に関して、「変動」の回答をベースとして、好調と考える回答を１とするダミー変数、不調と考える回答を１とするダミー変数とした。これに加えて、（７）組合の存在を１とするダミー変数、（８）労使協議制の存在を１とするダミー変数を説明変数とした。2009年調査では組合と労使協議制の存在を直接質問し、2005年調査は2004年調査の企業側回答を利用した。従業員の属性としては、部課長を１とする管理職ダミー、大卒を１とするダミー変数、そして勤続年数を説明変数とした。コントロール変数としてしては、これまでの分析と同様、従業員規模として1000人以上を１とするダミー変数、製造業を１とするダミー変数、そして上場企業を１とするダミー変数とした。

　推定の予想としては、上記のように、経営者に対する信頼に応じて企業統治に対する信頼が高まり、そのことが株主価値重視に対する肯定の回答を高め、反対に信頼の低下に応じて、その企業統治を肯定する回答は減少し、経営に対する監視を強めることを肯定する回答が増大することが想定できる。同じく成果主義ダミーに関しては、成果主義の導入を意識することは企業価

値を高めることの課題を意識し、企業統治の変革を支持し、企業統治の変化を表現する株主価値重視に対する肯定の回答を高めることが予想される。そしてこのことはまた、従業員にとって株主価値重視と表現される企業統治の変化を支持することは、それを企業価値を高めるためと捉えてのことだと解釈することの根拠となる。つまり経営者に対する信頼がその企業統治を肯定する回答につながるとすれば、それは企業価値を高めるための企業統治であると認識してのことであり、反対に経営者に対する信頼の低下は、企業価値を損なう経営に対して監視を強める必要性を意識することにつながるという推論が妥当となる。さらに、長期雇用がこれまでどおりに維持されるのでなく、中核的業務やコア従業員に限定されることや、放棄されると意識することは、株主重視や配当重視の企業統治に対して否定の回答を強め、従業員利益が脅かされているという意識を強め、経営の監視を強めるべきとする回答を強めることが予想される。そして企業業績に関する意識は、好調であることは企業統治に対する肯定の回答を強め、不調であることはその反対に作用し、経営に対する監視の必要性を意識することが想定できる。

さらに、管理職ダミーは、経営サイドにより近いという意味で、現行の経営者が進める企業統治の変革により大きな支持を示すことが予想される。大卒ダミーに関しては、管理職ダミーも含めて、経済新聞や経済雑誌が唱える論調により大きく影響されるという意味で、株主価値重視を肯定することが考えられる。勤続年数に関しては、勤続年数を高めることはステークホルダーの意識を強めることから、一方では株主価値重視に対して否定の回答を強めるように作用し、他方では株主価値を企業価値として捉えることから肯定の回答を強めると考えられる。組合ダミーは、株主に対する警戒の意識から株主価値重視に否定の回答を強め、経営の監視とりわけ従業員による経営の監視に肯定の回答を強めることが予想される。協議制ダミーは、労使のコミュニケーションの観点から、企業統治に対して肯定の回答を強めると同時に、経営の監視を支持する回答を強めることが予想される。以上の観点からの推定結果が表4.3に示されている。さらに、経営者に対する信頼の要因を推定した。これは次節の検討課題であるが、その結果が同じく表4.3の右列に示

されている。

　想定どおりの結果として、2005年と2009年の推定ともに、経営者に対する信頼が高まることに応じて株主価値重視を肯定する回答が増大し、経営者に対する信頼の低下によって、株主による経営の監視、従業員による経営の監視を強めることを肯定する回答が増大する。もう1つ、経営者に対する信頼が高まることに応じて、株主を脅威とする回答は低下する。つまり経営者に対する信頼が株主価値重視と明示した回答を支持する以上、株主は脅威でなくなる。要するに、企業統治に対する従業員の態度、株主に対する従業員の態度、そして経営の監視に対する従業員の態度は、経営者に対する信頼にかかっている。

　次に、同じく想定どおりの結果として、2005年と2009年の推定ともに、成果主義の導入を意識することが株主価値重視の回答を高めるように作用する。そしてこれは株主価値重視に対する回答だけに作用する。これまでに述べたように、これは株主価値重視を企業価値重視と理解してのことであることを根拠づける。企業統治の変革とともに成果主義の導入が進み、かつ従業員において成果主義の導入を意識することがそのような企業統治の変革を肯定することにつながるとすると、それは株主価値ではなく企業価値を高めるためと理解しているからだと考えることが納得的となる。

　これに対して長期雇用の方針に関しては、2009年の推定では長期雇用が限定されると意識することが株主価値重視に対して否定の意識を強める以外には有意に作用することはない。企業側の行動としても、長期雇用の方針は企業統治にかかわるのではなく、現実の経営の悪化と人員削減にともなってのことであったのと同様、従業員の意識としても、長期雇用の方針と企業統治は別ものと考えているということができる。ゆえに2009年の推定にみられるように、長期雇用の放棄を現実の経営の悪化として受け止めることから、株主による経営の監視と従業員による経営の監視を強めることの意識が高まることになる。これに加えて2009年の推定では、長期雇用の限定と放棄の意識はいずれも株主を従業員利益にとって脅威とみなす意識を高めることになる。この点においてもまた、長期雇用が維持されるかどうかは企業統治の

表 4.3　企業統治に対する従業員の態度の決定要因

順序ロジット分析（否定＝1、どちらでもない＝2、肯定＝3）

	2005 年					
	株主価値重視	株主は脅威	株主の介入反対	株主による監視	従業員による監視	経営者に対する信頼
経営者に対する信頼	0.228**	−0.207***	−0.0296	−0.653***	−0.646***	
	(2.43)	(−2.64)	(−0.40)	(−8.58)	(−7.98)	
成果主義導入	0.417***	−0.148	−0.125	−0.041	0.107	0.191**
	(3.45)	(−1.43)	(−1.27)	(−0.41)	(1.00)	(2.03)
長期雇用（限定して維持）	0.196	0.131	−0.179	0.184	0.159	−0.675***
	(1.30)	(1.06)	(−1.54)	(1.55)	(1.25)	(−6.04)
長期雇用（放棄）	0.00861	0.111	−0.019	0.108	0.0944	−1.008***
	(0.06)	(0.94)	(−0.17)	(0.94)	(0.77)	(−9.38)
業況（好調ダミー）	0.199	−0.0371	0.0996	−0.0192	−0.0149	0.412***
	(1.35)	(−0.31)	(0.88)	(−0.17)	(−0.12)	(3.71)
業況（不調ダミー）	−0.0597	−0.149	−0.0891	0.201*	0.0796	−0.196*
	(−0.42)	(−1.22)	(−0.78)	(1.71)	(0.63)	(−1.82)
組合ダミー	−0.0713	−0.108	0.154	−0.009	−0.0582	−0.383***
	(−0.46)	(−0.82)	(1.22)	(−0.07)	(−0.42)	(−3.17)
協議制ダミー	0.129	−0.0122	−0.241*	0.0283	0.0952	0.288**
	(0.81)	(−0.09)	(−1.86)	(0.22)	(0.67)	(2.32)
管理職ダミー	0.344**	−0.0723	0.0699	−0.274***	−0.359***	0.430***
	(2.57)	(−0.66)	(0.67)	(−2.58)	(−3.17)	(4.24)
大卒ダミー	0.226*	−0.349***	−0.254**	0.0202	0.283***	−0.262***
	(1.83)	(−3.25)	(−2.51)	(0.20)	(2.58)	(−2.72)
勤続年数	−0.294***	−0.0294	0.142**	0.0185	0.0812	−0.137**
	(−3.63)	(−0.46)	(2.31)	(0.30)	(1.25)	(−2.38)
従業員規模（1000人以上）	0.302**	0.12	−0.182	0.022	−0.106	−0.00366
	(2.07)	(1.02)	(−1.62)	(0.19)	(−0.87)	(−0.03)
製造業ダミー	−0.141	0.0718	−0.135	−0.0663	0.075	0.086
	(−1.14)	(0.69)	(−1.36)	(−0.66)	(0.69)	(0.90)
上場ダミー	1.132***	−0.550***	−0.227*	0.128	0.164	−0.0178
	(5.45)	(−3.91)	(−1.76)	(0.99)	(1.15)	(−0.14)
観測数	1668	1670	1692	1676	1698	2040
対数尤度	−1115.059	−1553.13	−1773.35	−1711.21	−1455.26	−1880.972
疑似 R2	0.0499	0.0154	0.0118	0.0327	0.035	0.0465

カッコ内はt値、*10％；**5％；***1％の有意水準。

問題ではなく、外部の株主の問題として受け止めているということができる。そして業況ダミーは、企業業績の不調の意識が、2005年と2009年の推定ともに、株主による経営の監視を強めるべきとする意識を高めることになる。

　その他の変数に関しては、予想どおり管理職ダミーが株主価値重視を肯定

第4章　日本の従業員は株主重視の企業統治を支持するのか

	2009年					
	株主価値重視	株主は脅威	株主の介入反対	株主による監視	従業員による監視	経営者に対する信頼
経営者に対する信頼	0.207***	−0.133***	−0.0408	−0.281***	−0.636***	
	(3.75)	(−2.59)	(−0.80)	(−5.37)	(−11.72)	
成果主義導入	0.281***	−0.0414	−0.0959	−0.0692	0.0152	−0.0299
	(3.78)	(−0.59)	(−1.37)	(−0.96)	(0.21)	(−0.40)
長期雇用（限定して維持）	−0.132*	0.305***	−0.0141	0.116	0.0155	−0.480***
	(−1.75)	(4.35)	(−0.20)	(1.62)	(0.21)	(−6.29)
長期雇用（放棄）	−0.0133	0.287***	−0.0484	0.207***	0.281***	−1.191***
	(−0.16)	(3.72)	(−0.63)	(2.64)	(3.46)	(−14.74)
業況（好調ダミー）	0.0765	−0.0475	−0.0194	0.0877	−0.0212	0.185**
	(0.97)	(−0.66)	(−0.27)	(1.19)	(−0.28)	(2.36)
業況（不調ダミー）	−0.0249	0.0471	−0.0817	0.120*	−0.115	−0.589***
	(−0.33)	(0.67)	(−1.17)	(1.68)	(−1.58)	(−7.86)
組合ダミー	−0.0901	0.053	0.0782	−0.11	−0.0242	−0.0855
	(−1.19)	(0.75)	(1.12)	(−1.54)	(−0.33)	(−1.13)
協議制ダミー	0.0494	−0.0114	−0.120**	−0.00357	−0.0531	0.260***
	(0.74)	(−0.19)	(−1.96)	(−0.06)	(−0.83)	(3.92)
管理職ダミー	0.180***	−0.201***	0.00675	−0.036	−0.159**	0.348***
	(2.67)	(−3.20)	(0.11)	(−0.56)	(−2.42)	(5.18)
大卒ダミー	0.0795	−0.116	−0.185***	−0.0284	0.0586	−0.126
	(1.04)	(−1.62)	(−2.59)	(−0.39)	(0.79)	(−1.64)
勤続年数	−0.0616	−0.0924**	0.0763*	−0.0696	0.0579	−0.0940**
	(−1.34)	(−2.18)	(1.81)	(−1.60)	(1.31)	(−2.07)
従業員規模（1000人以上）	0.000593	0.00901	−0.119*	−0.00541	0.000887	0.0108
	(0.01)	(0.13)	(−1.67)	(−0.07)	(0.01)	(0.14)
製造業ダミー	−0.00143	−0.0434	−0.0208	−0.00854	0.0351	−0.0959
	(−0.02)	(−0.72)	(−0.35)	(−0.14)	(0.56)	(−1.48)
上場ダミー	0.494***	−0.0858	0.0178	0.131*	0.0942	0.132*
	(6.79)	(−1.28)	(0.27)	(1.92)	(1.34)	(1.83)
観測数	4233	4217	4218	4195	4215	4398
対数尤度	−3758.143	−4477.83	−4532.007	−4290.44	−3923.01	−3720.447
疑似R2	0.0167	0.0092	0.0027	0.0079	0.0249	0.0579

カッコ内はt値，*10％；**5％；***1％の有意水準。

する方向に作用し，経営の監視に対してはマイナスに作用する。換言すれば，非管理職において経営の監視を強める必要性をより強く意識していることが示される。同じく大卒ダミーは2005年の推定では企業価値重視を肯定する方向に作用し，株主に対する警戒的態度を弱めるように作用する。そして組

合ダミーと協議制ダミーは、協議制ダミーが株主に対する警戒的態度を弱めるように作用する以外は、いずれの項目に対しても有意に作用することはない。そして当然のことであるが、株主価値重視に対して上場ダミーは非常に強く有意に作用する。

　以上のように、企業統治に対する従業員の意識を説明する要因として、経営者に対する信頼の作用が非常に明確に確認できる。すなわち経営者に対する信頼が高まるとともに、その経営が進める企業統治の変革を従業員は支持し、株主に対する警戒的な態度は低下する。反対に信頼が低下するとともに、企業統治の変革に対する肯定の態度は低下し、そのような経営に対して株主による監視を強め、さらに従業員自身による経営の監視を強めることを支持することになる。そして企業統治の変化と並行した成果主義の導入を意識することが、同じく株主価値重視の企業統治を支持するように作用する。このことを含めて従業員において株主価値重視を肯定することは、1つには配当重視の方針と重なる企業統治の変化を肯定してのことであり、もう1つはそのような企業統治の変化を企業価値を高めるためのものとして肯定してのことであると考えることができる。このように理解することによって、企業価値を高めるという意味で経営者に対する信頼とその企業統治に対する支持が生まれ、反対に企業価値の低下が経営者に対する信頼を低め、その経営に対する株主による監視を求め、さらに従業員による監視を求めることが整合的に説明できる。

　以上の結果は、長期雇用に関する変数と従業員の属性以外は、2005年と2009年の推定でまったく同じ結果となる。管理職ダミーや大卒ダミーや勤続年数など従業員の属性にかかわる変数は、2005年と2009年でその分布に大きな違いがあるために推定の結果は異なるとしても、モデルにかかわる変数に関しては、長期雇用の変数以外は推定結果は同じとなる。先に、成果主義の導入が従業員の仕事意欲に及ぼす効果に関して、2005年調査と2009年調査はまったく異なるサンプルであるにもかかわらず2つの推定結果は非常に類似していることから、推定の頑強さを指摘することができた。これと同様、企業統治に対する従業員の態度に関しても、ここでの推定の頑強さが指

摘できる。

4.4　企業統治への従業員参加

経営者に対する信頼の要因

　経営者に対する信頼が高まることに応じて、企業統治に対する従業員の支持が高まることの発見は重要である。さらに、ここでの経営者に対する信頼は、先に表4.3でみたように、従業員重視の経営の代理変数というものであった。つまり、経営者に対する信頼が高まることは、従業員重視の経営が行われているという意識を反映してのことであり、そしてこのことが株主重視や配当重視の方針を肯定する意識を高めることになる。反対に、従業員重視の経営に対する信頼が低下することに応じて、株主重視の経営に対する支持は低下し、そのような経営に対する株主の監視、そして従業員自身の監視を強めることを求めることになる。この意味で、従業員重視の経営と株主重視の企業統治は対立するよりも、両立するということができる。その両立が要するに、株主を含めたステークホルダー全体にかかわる企業価値重視の経営となる。

　しかし、従業員において経営者に対する信頼は低下している。この間の厳しい経営環境や雇用環境からすればむしろ当然のことかもしれないとしても、高まったとする意識は2005年の16%から2009年の9%に低下する。これに対して低下したとする意識は2005年の25%から2009年の27%と微増する。要するに従業員みずからが従業員重視の経営に不信の目を向けている。

　そこで、経営者に対する信頼がどのような要因に基づくのかを推定した。説明変数は企業統治に対する従業員の回答を導く変数とし、かつ経営者に対する信頼の変数を被説明変数として（低下した＝1、変化なし＝2、高まった＝3）、順位ロジット分析を適用した。推定結果が先の表4.3の右端の列に示されている。結果をみると、長期雇用に関しては中核的業務やコア従業員に限定されると意識すること、同じく放棄されると意識することが経営者に対する信頼を低めるように作用し、業況に関しては、好調と意識することが信頼を高

め、不調と意識することが信頼を低めるように作用し、そして組合ダミーが信頼を低め、協議制ダミーが信頼を高めるように作用する。これは2005年と2009年の推定ともに同じであり、さらに2005年の推定では、成果主義の導入を意識することが経営者に対する信頼を高めるように作用する。これに加えて2005年と2009年の推定では部課長の管理職ダミーがプラスに作用し、勤続年数はマイナスに作用し、2005年では大卒ダミーがマイナスに作用する。部課長の管理職ダミーは2005年と2009年の推定ともに従業員による経営の監視に対して否定的な回答を強めるものであり、反対にいえば非管理職において経営者に対する信頼はより大きく低下し、かつ従業員による経営の監視をより強く要求する姿勢をみることができる。

　以上、長期雇用と業況に関しては予想どおりの結果であり、要するにこの間の企業業績の低迷や雇用環境の悪化が経営者に対する信頼を低めることになる。この意味で、先にみたように経営者に対する信頼の顕著な低下は不思議ではない。ただし長期雇用に対して否定の意識を強めることや業況に関して不調の意識を強めることは、株主価値重視の回答に有意に作用することはなかった。つまりこの2つは従業員においても、企業統治のあり方とは別の問題として受け止められていると思われる。あるいは企業の側での配当重視の方針が、業況にかかわりなく定着したことの反映とみなすことができる。これに対して、組合ダミーと協議制ダミーが反対方向に作用することが示される。つまり、企業業績の低迷が経営者に対する信頼を低め、それに加えて組合の存在が信頼を低めるように作用するとしても、労使協議制の存在は信頼を高めるように作用する。おそらくこの点は、経営者に対する信頼の低下にもかかわらず、企業統治の変革に対する従業員の支持が驚くほど高いことに関連していると思われる。その理由を、経営者に対する信頼を直撃するようなこの間の日本企業の業績悪化に対して、経営の建て直しや経営の革新を意図した企業統治の変革の必要性を従業員もまた共有しているからだと考えると、そのような意識の共有の媒介として労使協議制があると解釈できる。ゆえにこのような観点から、従業員側が経営の監視を求めることも当然となる。それを従業員は、株主による監視と同時に、それ以上に従業員による監

視に求めている。このように日本の従業員は、とりわけ非管理職の従業員は、予想以上に強く経営の監視を求めている。

企業統治への従業員参加の可能性

ここで、ドイツ型の企業統治を参照することが有効かもしれない。周知のように、株主側代表と従業員側代表から構成された監査役会の制度であるが、この点に関してジャクソンらは、日本と比較してドイツの従業員は株主重視の企業統治にそれほど反対することはなく、その理由として、監査役会を通じて従業員の企業統治への参加が制度化されていることを指摘する（Jackson, Mopner and Kurdelbusch 2006）。つまり、監査役会を通じて経営を監視するという観点からは、株主と従業員は立場を同じにするということができ、この意味で従業員は、株主重視の企業統治に反対する理由はないということになる。そしてこのような従業員の企業統治への参加がドイツ企業における労使の協調や信頼の基盤であり、ドイツ企業の競争力の基盤でもあることを指摘する。

しかし、これまでにみてきたように、上記の論文の想定（それはわれわれの想定でもあるが）とは違って実際には、日本企業の従業員は配当重視の意味での株主重視の企業統治を承認したうえで、株主による経営の監視だけでなく、それ以上に従業員による経営の監視を支持している。そして経営に対して従業員の監視を強める必要性を意識することの背後には、経営者に対する信頼の低下や不信がある。したがってこの点にこそ、日本の企業統治の課題があるのかもしれない。なぜなら経営者に対する信頼の低下が株主による経営の監視を求め、それよりも強く従業員による監視を求めるとしても、前者に関しては社外取締役の導入の必要性だけでなく、その法制化も述べられるのに対して、後者に関してはそのメカニズムはもちろんのこと、その必要性が述べられることもほとんどない。しかし企業統治の課題は、経営者と株主の関係だけでなく、経営者と従業員の関係でもあり（Gospel and Pendleton eds. 2005）、前者に関して株主の発言を組織化することの必要性が述べられるのと同様、後者に関しても従業員の発言が組織化される必要性が認識され

るべきだといえる。

　もちろん日本企業において従業員の発言が制約されているわけではない。つとに小池の指摘にあるように、日本企業の特徴は、職場における従業員の発言にある（小池 2005, 2012）。職場における技能形成は、仕事に習熟することからの工夫や改善の発見につながるわけであり、それを提案するという発言のメカニズムが日本企業の職場の生産性を高めてきた。それと同時に、労使協議制を通じて生産計画や要員計画、さらには経営の基本方針に関して情報共有がなされてきた。協議の大半は、公式の意味では協議し同意するといった事項ではないとしても、説明報告や意見聴衆の形での経営情報の共有が、組合による団体交渉全般の事前協議の機能を果たし、協調的な労使関係を支えてきた（Morishima 1991）。先にみたように、労使協議制の存在が経営者に対する信頼を高めるように作用するのだとすると、それはこのような経営情報の共有に基づいていると考えられる。事実、先に示した表 4.3 の経営に対する信頼の項目から、自由な発言の機会と経営者に対する信頼を取り出すと、それぞれの回答の間の相関係数は 2005 年で 0.50、2009 年で 0.54 と非常に高い。するとこのような観点から、職場レベルの発言に加えて、企業統治のレベルにおいても従業員の発言を組み込む制度を考察することが有益と思われる。

　さらに従業員は、ある意味で予想外のことであるが、株主による経営の監視を強めることを肯定し、それは 2005 年の推定では非管理職においてより強くなる。そこで想定されているのが長期の企業価値の観点からの経営の監視である以上、それは長期の株主を想定してのことになる。この意味での長期の株主を日本企業はメインバンクや安定株主や相互持ち合いを通じて組織化した。しかしその基盤は急速に崩れつつある。それにかわって登場するのが巨額の運用資金を備えた短期の株主であり、株主価値の主張によって過去から蓄積されたキャッシュフローを奪い去ることを狙いとするのであれば、長期の企業価値の破壊となりかねない。これに対して、企業価値重視の意味での企業統治の変革を従業員が支持することは、企業価値を守るための経営の監視を必要とする。ここに長期の株主と並んで従業員の代表が登場するこ

第 4 章 日本の従業員は株主重視の企業統治を支持するのか

表 4.4 組合に期待する行動

（肯定の回答の比率 ％）

	従業員調査						企業調査		
	2005 年			2009 年			2008 年		
	積極的発言	従業員のケア	中立的	積極的発言	従業員のケア	中立的	積極的発言	従業員のケア	中立的
組合あり	58.8	30.1	12.2	55.6	39.8	16.8	57.0	46.0	17.9
組合なし	—	—	—	24.9	21.5	17.0	33.9	28.2	22.3

とは、根拠のある要求であると思われる。

経営に対する発言の意志

では従業員の発言はどのように組織化されるのか。この点に関して、従業員の代表としての組合について次のことを指摘しよう。2005 年と 2009 年の従業員調査では、人事制度や労働条件に大きな変更がある場合の組合の役割を質問した。質問項目は、「組合は制度改定に積極的に発言すべき」、「労働条件が変わる個々の従業員に対してもっとケアすべき」、「組合は中立的であるべき」であり、企業側に対しても 2008 年企業調査で同じ質問がなされた。2005 年の従業員調査では組合があるとした従業員だけに、2008 年の企業調査と 2009 年の従業員調査では組合が存在しない場合でも、組合があると仮定して回答を求めた。組合の存在は、2005 年と 2009 年従業員調査ではそれぞれ回答従業員の 58.3％と 63.3％、2008 年企業調査では 51.1％であった。以上の結果が表 4.4 に示されている。

　回答結果をみると、組合のあるケースでは、企業側も従業員側も半数以上は、労働条件や人事制度の変更にあたって組合は積極的に発言すべきであると回答している。さらに組合がないケースでも、従業員の約 4 分の 1、企業側の約 3 分の 1 は、組合の積極的発言が必要であると考えている。そしてより興味深いことに、個々の従業員に対する組合のケアの必要性に関しては、従業員側よりも企業側がより強く認識している。これまでにみてきたように、企業統治の変革とともに、成果主義の導入を先頭として生産組織や人事制度

の変革もまた急速に進むことになる。それは個別人事管理として従業員の個別化と格差を強めることになるのだとすると、このような状況にあって組合による発言の必要性や個々の従業員をケアする必要性は、従業員側が認識する以上に、企業側が認識している。これに対して組合は中立的であるべきとする回答は、従業員側だけでなく企業側でもわずかである。

　ただし、組合による発言の必要性を述べる企業側の回答は、ここでの回答が人事担当者からであることを考えると、苦しい言い訳のようにも思われる。前章の表3.7でみたように、従業員にとってこの間の職場環境は、進捗管理の厳しさと一部の人間への仕事の集中と精神的ストレスの増大であり、このような状況において組合に求められるのは、個人のケアという前に、職場環境の改善であり、そのための積極的な発言である。すると、人事担当者としても職場環境の改善の必要性を認識しているがゆえに、自分たちを代弁、あるいは補完するものとして、組合に積極的発言を期待しているのだということもできる。企業統治として配当重視の意味での株主価値重視の経営が収益重視の経営となり、それが成果主義の導入となり、目標達成のための進捗管理の強化となることは容易に想像できる。あるいは正社員に関しては職場の人員の抑制となり、この結果が一方では非正規雇用の増大となり、他方では正社員における仕事の集中と長時間労働となることも容易に想像できる。そのうえで前章の表3.7でみたように、企業側からしても、職場における仕事意欲が高まったとする回答は、わずかに2割から3割程度にすぎない。この意味で、このような経営とその背後の企業統治に対する組合からの発言が求められている。しかしこの点で、組合の無力がむしろ問われているということもできる。

　もちろん経営に対する積極的発言は、組合だけに限定する必要はない。2009年調査では組合がないケースでも従業員の約4分の1は組合の役割として積極的発言を期待するのであるが、それは組合による発言と明示し、かつ組合がない場合にはあると仮定してとしたうえでの回答であることからすると、従業員の経営に対する発言の意志や意欲は実際にはさらに上回ると思われる。そこで、組合のあるなしにかかわらず、経営に対して積極的に発言

表4.5　2つの発言のタイプの効果

	2005年			2009年		
	株主価値重視	株主監視	従業員監視	株主価値重視	株主監視	従業員監視
積極的に発言すべき	0.149 (1.12)	0.285*** (2.64)	0.391*** (3.38)	0.164** (2.46)	0.172*** (2.74)	0.511*** (7.92)
中立的であるべき	0.37 (1.59)	−0.0659 (−0.38)	−0.00158 (−0.01)	0.267*** (3.14)	0.11 (1.40)	0.0582 (0.73)

すべきとする回答と中立的であるべきとする回答をそれぞれ1とするダミー変数として、従業員の発言の意欲が企業統治に対する態度にどのような違いを生むのかを検証した。そのために先の表4.3の推定において、この2つのダミー変数を組合ダミーに代えて推定すると、表4.5の結果が得られる。推定は株主価値重視と株主による経営の監視と従業員による経営の監視に限定して行った。

先の推定では、組合ダミー、協議制ダミーはいずれも企業統治に対する従業員の態度に有意に作用することはなかったのであるが、従業員の発言に対する態度を示す2つの変数は、非常に明確な結果を示している。つまり、2005年と2009年の推定ともに、経営に対して積極的発言を求める従業員は、従業員による経営の監視とともに株主による経営の監視を支持するように行動する。これはある意味で予想どおりの結果であるが、さらに2009年の推定では、積極的発言を求める従業員は株主価値重視もまた支持することが示される。2005年の推定は組合があるケースに限定した回答からのものであるために、2009年との違いが生まれたのかもしれない。これに対して少なくとも2009年の推定では、組合のあるなしにかかわらず、経営に対して積極的発言を求める従業員は、株主価値重視が意味する企業統治の変革を支持するとともに、経営の監視を強めることを求め、それを株主に求めると同時に、それ以上に従業員による監視を求めている。

これに対して経営には中立的であるべきとする従業員は、2009年の推定では株主価値重視を支持する一方、2005年と2009年の推定ともに従業員による経営の監視を求めることはない。これは当然の結果であるとしても、株

主による経営の監視を求めることもない。このタイプの従業員はある意味で、現行の経営に無関心か、もしくは忠実あるいは従順なだけとみなすこともできる。これに対して、経営に積極的な発言を求める従業員こそが企業価値を高めるものとして企業統治の変革を支持し、企業価値への貢献を意識し、またそれゆえに経営の監視を求める従業員であるとすると、このような従業員の発言こそが重要であり、この意味で従業員の企業統治への参加は有益であるといえる。もちろんその主体は組合である必要はない。ドイツの監査役会制度も、組合が産業レベルで組織化されているためでもあるが、あくまでも個別企業の従業員組織から構成されている。この意味で、既存の部課長会を企業統治のレベルに組み込むことが現実的な方向であると思われる。ただし管理職とくに部長層は経営の監視に対して消極的であることを考えると、課長、係長クラスが中心となることが有効であると思われる。

ま と め

　以上、企業統治に対する従業員の態度や考えを検討したのであるが、その結果をまとめておこう。まず設問として、株主価値重視の企業統治に対する態度を問うと、予想外というか、従業員の支持が驚くほど高いことをみた。既存の企業統治が従業員重視と呼ばれてきたことからすると、半数以上の従業員が株主価値重視に対して肯定の回答を示すことは、一見すれば解釈に苦しむものであった。それと同時に経営に対する監視の必要を問うと、30〜40％の従業員は株主による経営の監視を強めることを支持し、それよりも多く40〜60％の従業員は従業員みずからによる経営の監視を強めることを支持していた。

　そこでこのような従業員の態度を説明する要因として、経営者に対する信頼を取り出すと、信頼が高まることに応じて株主価値重視の企業統治を肯定し、信頼が低下することに応じて経営に対する監視を強めることを肯定する回答が増大することが検証できた。つまり、経営者に対する信頼によってその経営が進める株主重視の企業統治が支持され、反対に信頼が低下することによってその経営に対する監視の必要が意識されると解釈できた。さらに重

要な点は、ここで取り出した経営者に対する信頼は、実は従業員重視の経営の代理変数というものであり、すると従業員重視の経営に対する信頼があることによって、株主重視の企業統治が支持されると解釈できた。そしてこのことは、株主重視と従業員重視が両立するという意味で、企業全体の経済的価値や株主を含めたステークホルダー全体の経済的価値重視の経営を従業員が支持することと整合的な理解を可能とした。

　しかし経営者に対する信頼はけっして高くない。おそらくこの間の厳しい経営環境や雇用環境を反映してのことであるが、経営者に対する信頼は急速に低下している。にもかかわらずなぜ従業員は株主重視の企業統治に驚くほど高い支持を向けるのかという問題が生まれる。その理由として、株主重視と表現される企業統治の改革を、従業員は企業価値を高めるための企業統治の改革として受け止めているからだと考えた。そしてこのことを、成果主義の導入を意識する従業員において株主価値重視を肯定する回答が有意に増大することから推測した。つまり企業統治の変革とともに生産組織の変革を意図して成果主義の導入が進むと同時に、従業員にとってもまた、成果主義はそれによって仕事の意欲を高め、企業価値の向上を図るためであることが認識されていた。このように考えることによって、一方では企業業績の低迷から経営者に対する信頼は低下する一方で、業績改善のための企業統治の変革を従業員が支持することが整合的に説明できた。そして企業統治の変革が同時に配当重視の方針と重なることから、配当重視の意味での株主価値重視に対して従業員は肯定の回答を向けることも整合的に説明できた。さらに経営者に対する信頼が低下することに応じて、従業員は株主による経営の監視、そして従業員自身による経営の監視を求めるのであるが、このこともまた業績悪化に対して企業価値を高めるための経営の監視を従業員が求めていると解釈すれば、整合的に説明できた。それはまた、長期雇用が放棄されたと意識する従業員において、株主および従業員による経営の監視を強めることが強く支持されることと整合的となる。

　最後に重要な発見として、経営に対して積極的発言を志向する従業員において、株主価値重視と表現される企業統治の変革が支持され、同時に株主に

よる経営の監視と従業員による経営の監視を強めることが支持されるということがあった。そしてこのことは企業統治に対する従業員の参加や発言の可能性という問題を提起することをみた。この間の企業統治の変革からわかることは、経営の立て直しや生産組織の立て直しのための企業統治の変革に関して、企業と従業員は認識を共有するということであり、それと同時に長期雇用の方針にみられるように、企業と従業員のあいだには大きな認識ギャップが存在する。現実の雇用削減の状況をみると、これによって従業員が長期雇用の否定を意識することは当然の反応であるとしても、7〜8割近くの企業はなおも長期雇用の維持を基本的な方針とするのに対して、長期雇用が維持されると考える従業員は4割程度にすぎない。このような認識ギャップが経営に対する信頼を低下させるなら、日本の労使関係の基盤自体が切り崩される結果となるかもしれない。

　企業統治の方式としてステークホルダー型かシェアホルダー型かという前に、日本企業の基盤が労使の協調や信頼にあるとすると、それは労使のあいだの緊密な意思疎通に支えられている。しかし現実には、労使の間に予想外に大きな認識ギャップが存在する。この意味で、企業統治の変革という課題以前に、労使の認識ギャップを埋めることが急務とされている。そのためには、労使協議制のレベルだけではなく、より明確に経営や企業統治のレベルでの意思疎通や従業員の発言を組み込むことが重要になると思われる。それをドイツ型の監査役会の制度に求めることが妥当かどうかは別途検討する必要があるとしても、企業価値を高めるガバナンスのためにも労使の認識ギャップを埋める必要があり、そのためには企業統治への従業員の参加や発言が有益であると結論付けることができる。これまで企業統治をめぐる議論の多くは株主価値の優先を掲げたファイナンスの観点からであった。しかし企業を構成するのはレーバー（労働）とファイナンスである。企業統治の真の改革のためにも、ファイナンスの観点だけでなく、レーバーの観点からの議論が必要とされている。

第 5 章
日本の企業統治の行方

5.1 「失われた 20 年」のその後

リーマンショック後の行方

　これまでの議論は、1990 年代終盤からの企業統治の変化と、それと並行した成果主義の導入と長期雇用の変化を捉えて、その背後の企業行動と従業員行動の理解を課題とした。それを JILPT による 2004 年と 2008 年の企業アンケート調査、2005 年と 2009 年の従業員アンケート調査をもとに、企業と従業員双方の行動を導く要因の定量的な分析を通じて考察した。アンケート調査はあくまでも当事者の意識や意図を捉えるものであるが、現実の変化を理解するためには、当事者の意識や意図を理解する必要がある。これによって変化のプロセスを当事者の観点から理解することが可能となった。以下では、日本の企業統治と雇用制度の行方にかかわる残された論点、あるいは焦眉の課題を検討することにしたい。

　2009 年の従業員調査はリーマンショックの直後であるが、2004 年と 2008 年の企業調査の間には、2003〜07 年の戦後最長と呼ばれた景気拡大期があった。しかしこの「実感なき」景気拡大はサブプライム危機とともに終息し、その後のリーマンショック後の世界不況は急激な円高とともに日本経済を直撃し、さらに東日本大震災から、原発事故、タイ洪水、ユーロ危機、そして中国反日暴動と、日本企業は次から次へと押し寄せる外的ショックにさらされてきた。いや外的ショックだけではなく、根本的には、韓国企業を先頭とする新興国企業の急激な追い上げに日本企業は遭遇し、後塵を拝する様をみ

ることも珍しくはなくなっている。1970年代80年代に日本企業がアメリカ企業やヨーロッパ企業に仕掛けた破壊的設備投資や「破壊的イノベーション」の衝撃を、そっくりそのまま新興国企業から仕向けられているのであるが、この結果が再度の「失われた10年」あるいはバブル崩壊からの「失われた20年」となって日本経済を覆っている。

　すると、1990年代終盤の最初の「失われた10年」の時点からはじまった日本の企業統治と雇用制度の変化は、再度の「失われた10年」とともに、さらなる変化に向かうことが予想される。本書執筆中の2013年初頭の状況は、円安と株高の進行によって日本経済の回復を予感させるものではある。ただし通貨も株価もリーマンショック以前の状態に戻っただけであり、実体経済の回復はいまだ不明という以外ない。たしかなことは、これまでに幾度となく繰り出された成長戦略が再度重大なテーマに掲げられ、これによって「改革なくして再生なし」のスローガンや、「市場原理に基づく経済システムへの転換」といった主張がこれまた再度、前面に現れるということであろう。かくして議論は本書の最初の論点に戻ることになるのであるが、以下ではこのような観点から、日本の企業統治と雇用制度にかかわる残された論点、前者に関しては社外取締役の法制化と買収防衛策について、後者に関しては解雇法制と非正規雇用問題について論じることにしよう[1]。いずれも市場原理の提唱者からは日本企業の現状に激しい非難の声が向けられるのであるが、バブル崩壊以降、幾度となく繰り出された市場原理の論調のなかで、日本企業とその従業員はみずからの方向を見出す必要に迫られている。これを誤らないためにも、まず企業統治に関連して、これまでの分析結果をいま一度まとめておこう。

株主仮説 vs 経営仮説

　本書ではまず、1990年代の終盤からの企業統治の変化を説明する観点として、株主要因と経営要因を提起した。前者は1990年代終盤からの株式市

---

1) 本書作成中にもさまざまな改革案が提出されているのであるが、主要な論点は本書のなかに組み込んだ。ただし改革案は新聞記事で知るだけであり、本書の刊行時の情勢はわからない。

場の流動化と敵対的企業買収の脅威を背景として、株主圧力が企業統治の変化の要因であることを想定し、後者は同じく90年代終盤の企業収益の極度の悪化を背景として、経営の立て直しや変革が企業統治の変化の要因であることを想定するものであった。

このように問題を設定する理由は、いずれの観点から企業統治の変化を理解するかによって、現実の企業統治に対する見方は異なり、変化の行方にかかわる論点も違ってくるからである。つまり、調査対象企業のうち上場企業の約半数で株主価値重視の経営が述べられ、それは2000年代に入ってからの配当支払いの顕著な増大と符合する。するとここからは、企業統治の変化の要因として株主圧力が妥当するように思われる。もしそうだとすると、企業統治の変化をさらに進めるためには株主圧力をさらに強める必要があり、その障害となる要因は除去する必要がある、といった結論が導かれる。いうまでもなく、変化の方向は株主利益を高めるための企業統治であり、これが以下で述べる社外取締役の選任の義務化や法制化の論拠となり、あるいは敵対的企業買収に対する防衛策を否定する論拠となる。

これに対して企業統治の変化が経営要因に基づくものだとすると、企業統治の変化は経営の選択の結果であり、それがどのような変化であるのかは株主圧力とは別の問題だということになる。ゆえにこのような観点からは、配当支払いの急増も、それによって株主圧力をかわし、みずからの経営の変革を進めるためだと解釈できる。変革の意図は、経営を立て直し、競争力を取り戻し、企業価値を高めるためであり、そのための取締役会改革が結果として委員会型ではないとしても、あるいは社外取締役を少人数とするとしても、それは経営の選択の結果にすぎない。ゆえに、現実の企業統治の変化に対して、株主仮説の観点からさまざまな批判を向けてもおそらく議論はかみあわない。これが社外取締役や企業買収防衛策をめぐる議論の混乱の原因であると思われる。

では実際の企業統治の変化はどのように理解できるのか。そこで企業統治の変革の中心となる取締役会改革に対して、株主要因と経営要因がどのように作用するのかを検証した。結果は株主要因と経営要因が同等に作用すると

いうものであり、そしてもう1つ、CSR（企業の社会的責任）の意識が企業統治の変革に作用することが確認できた。そこで配当重視や株主価値重視を株主重視のガバナンスの代理変数、CSR の意識をステークホルダー型ガバナンスの代理変数として、企業統治の変化が賃金と雇用にどのように作用するのかを検証した。その結果は、①企業統治としての株主価値重視が長期雇用の方針に影響を与えることはなく、②これに対して取締役会改革が長期雇用を中核的業務やコア従業員に限定するという方針を強め、さらにそれよりも明確に成果主義の導入を進めることが観察できた。③それと同時に企業統治としての CSR 重視が長期雇用の維持に強く作用することが確認できた。

　株主価値重視を明示する企業統治が雇用の方針に影響を与えないことの発見は重要である。つまり株主重視が企業統治の方針として述べられるとしても、それは配当の増額となるだけであり、それ以上でも以下でもない。実際の企業行動を左右するのは取締役会改革であり、それは株主圧力のもとで経営組織の変革を意図し、さらに生産組織の変革に向かうことにより、一方では長期雇用を中核的業務やコア従業員に限定する方針を強め、他方では成果主義の導入を進めることになる。そしてもう1つの重要な発見は、そのような長期雇用の限定や否定に対して、CSR 重視の経営が少なくとも正社員に対して長期雇用の方針を維持するように作用するということであり、この意味で株主重視とステークホルダー重視の企業統治が重なりあい、あるいはせめぎあっていると理解することができた。

　次に、企業統治の変化とともに、日本企業が4つの方向に分化することが発見された。長期雇用を維持して成果主義を導入する新日本型、長期雇用を否定して成果主義を導入するアメリカ型、長期雇用を維持して成果主義を未導入とする既存日本型、そして長期雇用も成果主義も否定する衰退型であるが、このような類型を企業統治の要因を明示することによって、類型ではなく分化や進化として説明することが可能となった。すなわち、取締役会改革によって成果主義の導入が進むことの結果、既存日本型に対して新日本型とアメリカ型が分化し、さらに取締役会改革によって長期雇用を限定する方向が生まれるのに対して、CSR 重視の経営が長期雇用を維持する結果、アメリ

カ型と新日本型が分化する。

　このように企業統治の変革として取締役会改革を捉え、その背後に配当重視の意味での株主重視のガバナンスとCSR重視の意味でのステークホルダー重視のガバナンスの作用を想定すると、2つの作用の結果、一方では長期雇用を維持して成果主義を導入する新日本型と、他方では長期雇用を限定やあるいは否定して成果主義を導入するアメリカ型の方向に分化することが整合的に理解できることになる。そして現在のところ、2004年調査では新日本型が約40%、アメリカ型が約20%、2008年調査では前者が約43%、後者が約12%であり、新日本型が圧倒的多数を占めている。しかし、配当重視の方針が取締役会改革をさらに強めることになると、成果主義の作用はさらに強まり、長期雇用を中核的業務やコア従業員に限定する方針もさらに強まることが考えられる。つまりアメリカ型の方向であり、これに対して新日本型が維持されるとすると、それはCSRの意識によって支えられるということになる。しかし、CSRの意識が企業をステークホルダー全体の利益共同体とする観点に基づくとしても、そのような意識がどこまで持続するかは不明という以外にない。実は、敵対的企業買収とその防衛策をめぐる論点は、企業をステークホルダーの利益共同体とみるか、株主の利益共同体とみるかの違いでもある。あるいは社外取締役をめぐる論点も、経営者を株主の代理人とみるのか、ステークホルダー全体の代理人とみるのかの違いでもある。そこでこの2つの考察を以下での課題としよう。

5.2　社外取締役をめぐる問題

社外取締役の義務化か

　日本の企業統治をめぐる論点として、社外取締役の選任の義務化や法制化の問題と、敵対的企業買収に対する企業防衛の問題を取り上げよう。後者に関しては、世界的な金融不安の結果、投資ファンドの存在は希薄となり、敵対的企業買収の攻勢も一時的に下火となっている。ただし、「もの言う」アクティビストの株主が遠のいたわけではない。敵対的企業買収の圧力が下火

になることに応じて、自分たちの利害の代弁者として社外取締役を要求する圧力はいっそう強まることになる。アメリカにおいても株主支配型への企業統治の転換は、1980年代を通じた敵対的企業買収の圧力からはじまり、それが買収防衛策によって阻止されることを通じて、90年代以降機関投資家が社外取締役の選任を直接に要求することの結果であった。この最終的な形態が、社外取締役を過半数とした委員会型の企業統治となった（Gordon 2007）。

同じく90年代からはじまる日本の経済構造改革は、とりわけ金融の分野で既存の制度を一新させ、このときモデルとなるのは、いうまでもなく金融の強国アメリカの制度であった。会社法に関しても、アメリカの委員会型の企業統治をモデルとして制度変更が強力に進められた。90年代を通じた日本企業の低迷とアメリカ企業の活況はアメリカ型のガバナンスの優位を述べる論調を一気に高め、それがグローバル・スタンダードであるといった主張も自明のごとく述べられた。たしかに90年代半ば以降のアメリカの株式市場の高騰は、アメリカ型のガバナンス、アメリカ型経営の称賛に直結するものであった。ただしこれは80年代後半の日本企業の状況でもあり、要するに株価が高騰するかぎり、どのような経営でありガバナンスであったとしても、それがバブルとして破綻するまで称賛されることになる。

しかし、制度としての条件は整えられたにもかかわらず、委員会型の取締役会を採用する日本企業は限られている。というよりも、例外的でしかない。第1章でみたように、社外取締役を導入する企業自体が上場企業の約半数であり、かつその人数も1人か2人にすぎない。これではダメだ。社外取締役こそが株主利益を代弁する存在である以上、ただちに委員会型の採用まではいかなくとも、社外取締役の導入は企業統治の変革の最低限の条件である。これがなされないのであれば、社外取締役の義務化や法制化を図るべきである、といった主張が執拗に繰り出されることになる。

しかしこれまでに述べてきたように、日本において企業統治の変革が不十分であるわけではない。配当重視の姿勢を強め、執行役員制を導入し、取締役の人数は大きく削減した。たしかに社外取締役の選任はわずかである。ましてや委員会型の取締役会の採用は例外的でしかない。しかしこれは当然の

ことであり、なぜなら企業統治の変革は、株主のためではなく、企業みずからのためであり、経営を立て直し経営を変革するためであるから、というのがこれまでの議論の骨子であった。ゆえに、企業みずからが必要とするかぎり、社外取締役も積極的に導入するわけであり、それ以上でも以下でもない。

　これはけしからん、というのが株主利益優先の立場であるとしても、そのような声には配当で応えるだけでよい、というのが日本企業の立場といっても過言ではない。もちろんこれは公然と口にはできないとしても、これまでの分析、アンケート調査に基づく当事者の意識や意図に即した分析からはこのような結論が導き出せる。

　念のためにいえば、当事者の意識として株主利益が無視されているわけではなく、この間の日本の企業統治の最大の変化の１つは、配当支払いの顕著な増大であり、この意味において株主重視の経営に転換した。ただし、それは株主支配型のガバナンスを選択してのことではないというだけのことであり、ゆえに企業統治の最大の変化として取締役会改革が進むとしても、それは株主支配型や委員会型にはならないというだけのことにすぎない。それは経営者の自己保身のためだというのがつねに出される論点であるが、当事者の意識にあるのは、配当重視の意味での株主重視であると同時に、もう１つはCSR重視である。株主重視とCSR重視がある意味で矛盾なく両立するというのが日本の企業統治の変革であり、先にみたように、企業統治とCSRは互いに補完しあってステークホルダー型ガバナンスを形成する。これはおそらく企業の存在を「社会の公器」とし、「世のため人のため」と捉える当事者にとっては、自明のことだということもできる。ゆえに株主支配のガバナンスモデルが示されたとしても、敬して遠ざけることは、当然の選択となる。この意味で日本の企業統治は変化と同時に持続の姿勢を貫いている。

社外取締役は有効か

　社外取締役の問題は、制度としては委員会型の企業統治の選択が可能であるにもかかわらず、日本企業の選択は異なるということに尽きるのであるが、このことを企業の選択とする観点からの最新の分析が宮島英昭と小川亮によ

って与えられている。その結果は、機関投資家の保有比率が高いほど、事業の複雑性が大きいほど、買収防衛策を導入しているほど、そしてＲ＆Ｄ投資の比率が高いほど、社外取締役の導入が促進され、これに対して経営者の在任期間が長いほど、企業業績が好調であるほど、導入が阻止されるというものである（宮島・小川 2013）。たしかにこれは日本企業の行動をうまく説明している。つまり、株式市場の圧力に応える形で社外取締役の導入があり、さらに買収防衛策を正当化するためにも、経営に対する監視（モニタリング）が利害関係を離れて中立的に行われていることの証として、社外取締役の導入が図られる[2]。そのうえで社外取締役に求められるのは、経営に対する監視（モニター）であるより助言（アドバイザー）の機能であることが強調される。ゆえに事業の複雑性が大きくなるほど、Ｒ＆Ｄ投資を高めるハイテク型企業であるほど、その必要性は大きくなる。そして助言機能であるかぎり、社外取締役を過半数とし、経営者の解任権をもった委員会型の取締役会である必要はない。また助言機能であるかぎり、業績好調の企業では社外取締役の必要性は薄れ、かつ業績好調の結果、経営者の在任期間が長くなるのであれば、同じく社外取締役の必要性は薄れることになる[3]。

　さらに、宮島と小川の分析は、資本市場の圧力と経営が必要とする社外取締役のあいだのミスマッチという興味深い論点を提起する（宮島・小川 2013）。つまり、事業の複雑性やＲ＆Ｄ投資比率が高い企業では経営の内部情報を獲得することが困難であるために、社外取締役の助言機能の有効性は低下する。にもかかわらず、国際的な優良企業として内外の機関投資家の保有比率を高める結果、社外取締役の比率を高めることになる。これに対して事業の複雑性やＲ＆Ｄ投資比率が低いその他多数の国内企業は、内部情報の取得は容易であることから社外取締役の助言機能が有効であるにもかかわらず、機関投資家からの圧力が弱いために社外取締役の導入は進まない。つまり前者の企

---

[2] 社外取締役の独立性や中立性が実は経営を正当化することになり、そのために経営者は社外取締役を積極的に導入することは、武井（1998）によって論じられている。

[3] 経営者の在任期間に関しては、2期4年といった方式に従うことの弊害が三品（2004）によって指摘されている。この点では業績好調の経営者の長期在任にお墨付きを与える（反対の場合は解任を迫る）ためには指名委員会が有効であるかもしれない。

業では社外取締役が「過剰」であるのに対して、後者の企業では社外取締役を回避する経営者の私的利益のために「過少」となる。よって後者の企業に対しては、企業効率の観点からして社外取締役の選任を強める何らかの措置が必要であることを結論とする。

ただし、事業の複雑性やR＆D投資比率が高い企業では、経営の内部情報を獲得することが困難であるために、社外取締役の助言機能が有効でないとする推論には以下の疑問を向けることができる。反対に、事業領域がR＆D投資でみて単純で普通の企業では、社外取締役の助言機能が有効であるにもかかわらず、社外取締役の選任が進まないのは、経営者の私的利益のためとする推論にも疑問が向けられる。

前者に関しては、社外取締役の助言機能は、その企業の当該事業の内部情報に精通した専門的知識からの助言というより、当該企業やその産業分野にかかわる全体的あるいは一般的な観点からの助言であると思われる。もし専門知識の観点からの助言を求めるのだとすると、社外取締役には内部情報が積極的に開示されるはずであり、むしろ問題は、これに応じて有効な助言機能を担う社外取締役が存在するかということであろう。もし当該事業に精通した社外取締役を求めるとすると、同業他社の現役あるいは退職経営者となる。しかしこのようなことはありえない。というよりも専門的な助言機能を求めるのであれば、外部のコンサルタントに依頼すればよい。これに対して多くの場合、他業種の現役あるいは退職経営者や弁護士・公認会計士・学識経験者が社外取締役となるのであるが、それぞれは専門知識をもつとしても、それは当該企業の事業に精通した知識ではない。いや、めいめいの専門知識でもなく、社内の視点とは異なる見解、業種を横断した知見に基づく見解を求めてのことであり、あるいはその人物のネットワークを通じた知見を求めてのことだと思われる。ここに一般株主や顧客や社会的な視点を反映した社外取締役が加わるとしても、広田（2012）が指摘するように、それらは多様な観点から構成されたステークホルダーを代表してのことであり、それはまたこれまでに述べてきたように、CSR重視を実効性あるものとするためだということができる。そうでなければドーアが皮肉を込めていうように、

「アメリカの投資家に「進んだ企業」だと印象づけるため」(Dore 2000)ということになる。

　他方、社外取締役に専門知識が求められる場合としては、ベンチャーキャピタルによるハンズオン機能がある。Ｒ＆Ｄ投資比率からしてベンチャー企業は外部からの情報獲得は困難であり、だからこそ専門知識をもった助言機能が必要となる。それはスタートアップ企業における個人起業者に対する監視機能であると同時に、その経営資源の不足を補うものとしての助言機能であり、この点での専門知識の不足が日本のベンチャーキャピタルの弱点であることが指摘される。さらにいえば、一般株主にとって情報獲得が困難な企業にこそ社外取締役が必要になるというのがエージェンシー理論の主張であり、すると情報獲得の困難な企業で社外取締役の選任が進んでいることは、内部情報の取得の点で有効性は劣るとしても、エージェンシー理論に合致しているということになる。

委員会型の実態

　ただし、エージェンシー理論からは、有効性ではなく、監視機能が実効性をもつためには、あるいは助言機能であってもその助言が実効性をもつためには、経営者の上位に立つ権限を必要とする。つまり、経営者の解任権や指名権を備えた委員会型の取締役会であり、たしかにこれを回避するのが日本の取締役会である。もしこのことを経営者の保身や私的利益のためだとすると、社外取締役が１人か２人のケースであっても基本的に変わりはない。要するに委員会型を基準とすれば、社外取締役がゼロのケースも１人か２人のケースも本質的な違いはない。そうではなく、委員会型でなければ経営者の私的利益の追求が阻止できないとする株主主権のドグマを排するかぎり、社外取締役がゼロとなるのか１人か２人となるのかは、その必要を勘案しての結果にすぎないわけであり、むしろ問題は、助言機能や監視機能が実際にどれほど有効かにある。もし誤った助言や誤った監視が、かつ委員会型によってそのまま実効性をもつならば、結果は株主利益から程遠いものとなる。業績悪化企業の経営者の交代を迅速にすることが企業統治の機能であり、その

ためには経営者の解任と選任の権限をもつ指名委員会が有効であるとしても、それが実際に望ましい結果を生むのかどうかはケース・バイ・ケースという以外にない。

その成功例の代表として90年代初頭のIBMがあげられるとしても、2000年以降6人が次から次へと会長やCEOに就任し、解任させられたヒューレットパッカードの例もある[4]。あるいは日本における委員会型の企業統治の代表としてソニーがあるとしても、2003年のソニーショック以降、経営者の交代に指名委員会が有効に機能したとは言い難い。委員会型の企業統治のもとでソニーの前経営者は7年間にわたってその地位を維持したのであるが、ここからの結論は、アメリカ型モデルを標榜することの底の浅さであると同時に、結局は自分たちのやり方に修正するという、ある意味では当然の社会学的事実である。他方、ヒューレッドパッカードのケースが教えることは、たとえ委員会型によって経営者を簡単に解任できるとしても、適切な経営者を選任できる保証はないというこれまた当然の事実にすぎない。いや、より本質的には、解任の圧力をつねに高めて適切な経営者を求めることの無理であり、経営の立て直しという困難な仕事を託したうえで結果が不満であれば即座に解任するという方式に応じるのは、一発屋の野心家でしかないかもしれない。そして彼・彼女たちに用意されるのが、報酬委員会が提供する巨額の経営者報酬あるいは退職慰労金だということになる。

もちろん業績悪化企業を立て直すためには経営者の交代が必要であることに間違いはない。久保（2010）によれば、その場合も外部からの登用が有効であることが示されている。同じく新原（2003）の事例研究によれば、「日本の優秀企業」の経営者は、既存の事業や組織の本流から外れた傍流や傍系の出身者であることによって、事業の変革に成功したことが示される。その理由が、組織の本流から外れたキャリアであることによって、既存の事業に対して「外部の目」を備えた判断が可能となり、「しがらみ」を克服した行動が可能となる点にあるのだとすると、2000年代以降の企業統治の変革とともに、

4）『日経ビジネス』2012年12月10日号「米HP、苦境を乗り越えられるか」。またヒューレッドパッカードのケースは西岡幸一氏から示唆を受けた。

日本を代表する企業においてもこのような事例をみる機会は多い。それは指名委員会を備えた企業統治とは関係のないことであり、このような形の経営者の交代を行うのかどうかは、経営者の意志にかかっている。そこに社外取締役の助言機能があるとしても、それは社外取締役が備える「外部の目」や「しがらみのなさ」から生まれる助言機能であり、内部情報に精通することからの助言ではない。

　このような経営者の行動を導くのは、持続する事業体としての企業の存続を第一義とする意識であると思われる。そして持続する事業体としての企業統治は、それに向けてそれぞれのステークホルダーが関与する企業統治のことにほかならない。このような企業統治を広田（2012）は「自律的ガバナンス」と呼ぶのであるが、自律が規律を備えるためには、経営者とさまざまなステークホルダーのあいだの緊張関係が不可欠となる。その１つとして株主との緊張関係があるとしても、おそらくそれよりも強く作用するのは、従業員との緊張関係であろう。前章でみたように、まさしく従業員は、企業価値重視のための企業統治の変革を支持すると同時に、経営に対する株主の監視を求め、それよりも強く従業員による経営の監視を求めている。

　ただし従業員の発言をただちに企業統治のなかに組み込むことが容易でないことも明白である。よって広田が指摘するように、これらの多様なステークホルダーとの緊張関係を束ねるのが社外取締役の役割だと思われる。経営者にとってみずからの経営の説明責任を果たす相手は、外部の投資家ではなく、まずは取締役会のメンバーとしての社外取締役である。そのために社外取締役に求められるのが、多様なステークホルダーを代表した「外部の目」と「しがらみのなさ」だということになる。

経営者の犯罪
　社外取締役の機能を経営の助言機能に求めるかぎり、その必要性やその規模が企業の選択に基づくことが当然だとしても、監視機能に関しては、その弱さが粉飾決算やコンプライアンスの問題を引き起こすのであり、よって最低限、社外取締役の選任の義務化を図る必要がある、といった主張が繰り返

される。社外取締役によって粉飾決算や不正会計に対する監視機能が果たせるわけでないことは、2000年代初頭のエンロン、ワールドコムの事件によって証明ずみのことであり、ここからの結論は、少なくとも財務や会計に関する監視機能を社外取締役に求めても無理だということであった。ゆえに監査法人こそがその責任を負うべきとされ、そのために内部統制（SOX法）によって会計手続きを厳格に縛りつけることがエンロン以降のアメリカのガバナンスの方向となり、日本もこれに追随した。もちろんこれらの詳細な手続きによっても不正会計が阻止できる保証はない。どのような手続きにも抜け穴があり、それを利用した不正会計を監査法人が見抜くことは困難であり、ましてや社外取締役が見抜けるはずはない。むしろ詳細な手続きの目的は、それに従うことによって監査法人を免責し、さらに監督官庁を免責することにあるということもできる。

　にもかかわらず、オリンパス事件によって、思い出したかのように社外取締役の監視機能の強化が述べられ、その選任の義務化や法制化が主張されることになる。むしろこの事件からわかることは、経営トップとナンバー2と常勤監査役が組んで不正会計を行うならば、オリンパスのようにたとえ社外取締役が3人存在したとしても、監視は不可能だということにすぎない。ゆえにエンロン、ワールドコムの事件からの方針としては、監査法人こそが責任を問われるべきであった。しかし監督官庁も含めてそれほど目立った行動がとられた気配はない。

　むしろこの事件は、日本の経営者が犯す不正や犯罪のいつものケースを示す点で興味深い。同時期の大王製紙の事件は経営者の犯罪、エンロンやワールドコムと同じ強欲の犯罪にすぎないのに対して、90年代終盤の金融機関の会計処理の問題と同様、オリンパスの不正会計には経営者の強欲はないといえる。前経営者が行ったことは、バブルの時代の金融証券取引の失敗とその損失隠しを引き継ぎ、それを10年間にわたって不正処理して帳消しにしたことであるが、損失隠しを引き継いだ時点で公開すべきであったということはできる。しかし前任者を裏切ることはできないという日本の組織人のいつもの心情と行動をみるのであり、そしてその後の経緯は損失処理の失敗の

結果、財務危機の状態に陥るものであった。そこで損失隠しにますますのめり込んだわけであるが、このような不正会計によって株主が損失を被ったかというと、話はそれほど単純ではない。むしろ利益を得たのは、財務危機から倒産に至ることを免れた株主と、損失処理のための財務アドバイザーと称する証券会社出身の市場関係者であり、その報酬は別にして、前経営者たちがその幾分かを自分のポケットにしまい込んだ形跡はない。

　もちろん不正会計が経営者の犯罪であることは間違いない。また不正会計が必要悪であったといいたいわけではない。ただし、時たまのことであるとしても、アメリカ企業がみせつけるのが株主を食い物にした経営者の犯罪であるのに対して、オリンパスの場合には経営者の犯罪によって結局は株主も利益を得たことを指摘したいだけのことである。ロイが指摘するように、株主支配を謳うアメリカ企業の本質は「経営者の強権と株主の無力」(strong managers and weak owners) であり (Roe 1994)、ゆえに経営者の強権や強欲をみることから株主主権の教義はいつまでも残ることになる。これに対して90年代末に不正会計処理で糾弾され、逮捕に至った銀行経営者には、同情はしても非難の声はほとんどなかったのと同様、オリンパスの前経営者に対しても、解任させられた英国人経営者を除いて、非難の声は予想に反して聞こえてこない[5]。もちろん事件が最終的に発覚した時点で株価は急落し、倒産の危機に瀕したのであるが、株価は事件発覚時の水準にただちに戻している。

　さらにいえば、オリンパスの新経営陣に取引銀行出身者が就いたことをもって、メインバンクの復活かと騒がれた。それは変革したはずの日本の企業統治の後退であるかのように語られた。たしかに再建にあたってメインバン

---

5) むしろ失望の対象となったのは、事件が発覚してもなおも前経営者を擁護し、有効な対応ができない後任の経営者であったと思われる。これもまた日本の組織のいつもの事例であるが、要するに事件が発覚したのちの対応のまずさ、まずは隠蔽し、隠蔽が発覚して辞任するというパターンをみるわけである。これは企業統治としてコンプライアンスの体制を整え、不正の発生を阻止するといった問題ではなく、経営者の資質の問題であり、それは経営者個人の資質ではなく、むしろ真の意味での組織人としての資質の問題であるといえる。なぜなら企業不祥事がただちに企業の存続自体を脅かすというのが今日の問題であり、前経営者との個人的関係ではなく、企業の存続のために真に組織人としての行動ができるかどうかという意味での経営者の資質が問われている。

クが出動したのであるが、それは再建の見込みがあると判断してのことにすぎない。あるいは次にみるファンドの暗躍を封じるため、ということもできる。もしこの支援がかつてのようにメインバンク関係によって救済するだけのものであり、同じくその結果かつてのように不良債権を抱え込むことが予想されるものだとすると、当の銀行の株価は急落したはずである。そうではなく、オリンパスの現在の株価が物語るように、再建の見込みを確信することによって、銀行からの経営者の派遣と一時の財務危機を乗り切るための金融支援が向けられたわけであり、この意味でオリンパスのケースはメインバンクによるガバナンス機能が依然有効であることを示している。そしてメインバンクによるガバナンス機能から利益を得るのは、倒産を免れた従業員だけではなく、メインバンク関係が想定してきた長期保有の株主である。これに対して短期の海外機関投資家は売却によって損失を被った。これがオリンパスの責任であるのかは裁判しだいであるが、投資判断としての日本企業についての理解の誤り、ということもできる。先の社外取締役の選任をめぐる問題と同様、オリンパスの事件は、日本の企業統治が変化と同時に持続の姿勢を貫いていることを物語っている。

監査・監督委員会会社

　オリンパスの事件はたしかに日本の企業統治における監視機能の弱点をあらわにした。そしてこの点に関しては、社外取締役よりもむしろ監査役の強化を図るべきかもしれない。東京証券取引所『コーポレート・ガバナンス白書2011』によれば、日本企業の大半、東京証券取引所１部・２部上場企業の98％は監査役設置会社形態であり、取締役の人数は１社当たり平均8.35人、社外取締役の人数は0.83人（独立社外取締役は0.61人）であるのに対して、監査役の人数は１社当たり平均3.82人、社外監査役の人数は2.53人（独立社外監査役は2.16人）である。監査役の役割としては、既存の財務監査に加えて業務監査が明示され、財務監査に関しては、月１回の監査役会での社内の財務報告に加えて、四半期ごとに監査法人からの報告を受け、さらに業務監査に関しては、同じく月１回の監査役会での各事業部門からの報告に加え

て、その都度海外および国内の事業所の実査がなされている。そのうえで監査役会だけではなく、取締役会への出席が制度化されている。かつて監査役は「閑査役」と呼ばれていたのであるが、財務監査の役割だけであれば、会社の経理部と監査部、および監査法人の存在を前にして、たしかに「閑査役」でしかなかったといえる。これに対して監査役会制度によって業務監査が明示され、かつ社外監査役が義務化された結果、その実態は大きく変わったといえる。月1回の取締役会で大所高所からの助言を行う社外取締役と比べてその活動ははるかに多忙となっている。

　これらの点からして、少なくとも経営の監視機能や業務監査に関しては、委員会会社や社外取締役の法制化よりも監査役会方式のほうが有効であると思われる。ただし会社法上、監査役には取締役会での決議権は与えられていない。ゆえに発言力は制約され、「閑査役」と呼ばれてきたということがある。そこで監査役を取締役会の正規のメンバーとする監査・監督委員会設置会社制度が提案されるのであるが（武井2010）、たしかにこれによれば、現行の社外取締役と社外監査役をあわせると、1社平均で3.36人（独立役員は2.77人）となる。これに対して委員会設置会社における社外取締役は1社平均で4.43人（独立社外取締役は3.41人）であり、2つのあいだにそれほどの違いはなくなる。

　最後に日本企業の特徴としての上場子会社のガバナンスについて指摘しよう。上場子会社に関しては、支配株主としての親会社による子会社の搾取や少数株主との利益相反問題が提起されるのであるが、宮島・新田・宍戸（2011）の分析ではそのような事実が観察されることはなく、むしろ同業種で同規模の独立会社と比較すると上場子会社の業績の方が上回っていることが指摘される。その背後にあるのが親会社とのシナジー効果や市場と親会社による二重のガバナンス機能（吉村2007）だとすると、親会社からの社外取締役や監査役は子会社の内部情報に精通することによって、監視や監督機能の実効性を高めているということができる。ただしこの場合も、子会社の経営者（社長）が親会社からの派遣である場合には搾取や利益相反の問題が生まれるかもしれない。これに対して子会社においても多くは内部出身経営者

であり、みずからの経営の自律を志向する。ゆえに支配株主としての親会社に対しては、外部の株主に対してよりもはるかに強い緊張関係が生まれることが考えられる。つまり子会社の経営の規律付けは、「自律的ガバナンス」として親会社との緊張関係によって強化され、それは子会社における経営の自律を志向する意志にかかっている。

　議決権をもった社外のボードメンバーに助言機能だけを求めるのであれば、社外取締役である必然性はないかもしれない。それは公式あるいは非公式のアドバイザリー委員会とすればよい。これに対して社外のボードメンバーに最終的に要請されるのは、監視や監督機能である。そして社外のボードメンバーが行う監視も監督も、そして助言も、社内のボードメンバーすなわち社内取締役との対話に基づいている。監視や監督の機能に要請される経営の規律の向上は、経営者にとってはみずからの経営を説明することであり、上記のようにこの相手が、まずはボードのなかの社外のメンバーとなる。この意味で、現行の監査役をボードの正規のメンバーとする監査・監督委員会の方式は有益と思われる。

　しかしどのような制度であっても結局は制度を担う人間の行動に帰着する。日本の企業統治の弱点として、しばしば過大投資に対する監視機能の弱さがあげられ、それはとりわけバブルの時代の過大投資に対するメインバンクの監視機能の弱点として指摘されてきた。しかし、バブルの時代の金融投資に関しても、オリンパスとは異なり、この種の財テクにはいっさい手を出さないとした経営者は多数存在した。それは経営理念や経営哲学に基づいてのことであり、このような経営者が社外取締役や社外監査役であれば、バブルの時代の過大投資に対しても監視や助言の機能が果たせたかもしれない[6]。た

6）近年の過大投資のケースとしてはプラズマや液晶事業があげられるかもしれない。パナソニックもシャープも韓国企業との巨額の投資競争を行い、それは経営として失敗した。そしてパナソニックの社外取締役は取引金融機関からの指定席というものであり、シャープには社外取締役は存在しなかった。しかしここから投資自体を失敗とすることは後知恵というものである。これと対極にあるのは炭素繊維の開発・製品化であり、それに要した日時は20年とも30年ともいわれている。仮に前者が企業統治としての投資規律の緩さの問題だとすると、後者はそれをテコにして成功した。前者の事例があるとしても、それを上回って後者の事例をみることができる。

だし、それはバブルを見抜き、その帰結を認識するだけの専門的知識に基づいてのことではない。あくまでも経営の理念や経済や社会に関するより深い知見に基づいてのことであり、それがCSRの意識となる。そしてこのような経営者が対話の相手として求めるのは、内部のつまりは下位のボードメンバーではなく、社外のボードメンバーだと思われる。これまでに述べてきたように、株主圧力から経営の自律を守るための配当重視の経営が、収益重視の経営となることが不可避であるとすると、これに抗して経営の理念や哲学が生み出す規律を守るためにも、社外のボードメンバーが必要とされる。ただしこのようにしたとしても、企業統治における監視や監督、そして助言機能の有効性に一義的な回答はないのであり、ましてや企業統治の形式いかんによって決まるわけではないのである。

5.3 企業防衛をめぐる問題

買収防衛策

　日本の企業統治の行方にかかわる問題として、もう1つ、敵対的企業買収に対する防衛策を取り上げよう。2005年のライブドアによるニッポン放送に対する敵対的企業買収を皮切りに、「金で買えないものはない」と豪語する者や、「お金儲けは悪いことですか」と開き直る者たちだけでなく、明治6年創業の財閥系企業による同業の中規模企業に対する敵対的買収までもみることになった。そしてこれらの騒動の間隙をぬって外資の投資ファンドも登場した。いやこれらに先行する外資ファンドの行動に刺激されて、ライブドアや村上ファンドが登場したということもできる。それらはまさにターゲットを定めて金銭を奪い取るものであった。おそらくこれらの騒動から、外資のファンドはもとより、内外の機関投資家やアナリストやその他もろもろの市場関係者につけ込まれてはならない。そのためには配当を高めて株主重視の姿勢をみせる必要がある、といった認識が急速に広まったと思われる。

　世間の耳目を集めたこれらの敵対的買収はいずれも成功することはなかったのであるが、これらの騒動を通じてわかったことは、日本企業における買

収防衛策の不在であった。新株予約権（ポイズンピル）に代表される買収防衛策は、1980年代、敵対的企業買収の騒動に明け暮れたアメリカにおいて導入されたのであるが、当時の日本企業においては海の彼方の話であった。かつてドラッカーが憂えたように、経営するために買収するのではなく、再度の売却によって利益を上げるために買収する、そのために見込みのありそうな事業だけを残してあとはリストラする、というのはアメリカ企業の衰退を象徴する話として受け止められていた（Drucker 1986）。そして、たとえこのような乗っ取り屋（レイダー）が現れても日本企業は大丈夫、なぜなら株式の相互持ち合いや安定株主によって敵対的企業買収は阻止できるから、といった話が蔓延していた。しかし気がつけば、日本企業もまた敵対的企業買収の脅威にさらされている。これが株式の相互持ち合いや安定株主をなくした日本企業の現実となった。ここから大慌てで買収防衛策の導入が図られることになったというわけである。

　もちろん株主主権の観点からは買収防衛策は容認できない。新株予約権の発動は買収者に差別的な損失を与えるものであり、一般株主も結果として株式の希薄化の損失を被る。そして何よりも、買収者にとっては公開買い付けという自由な市場取引に対する妨害であり、一般株主にとっては高値で売却できる機会に対する妨害にほかならない。ゆえに新株予約権が実際に発動されると買収側はその停止を求めて裁判に訴える。そして判決は、停止の請求を承認するものと棄却するものとに分かれている。ライブドア・ニッポン放送事件では買収側が勝訴し、スティールパートナーズ・ブルドックソース事件では買収側が敗訴した。つまり買収側も防衛側も結果は裁判次第ということになる。

　ここから裁判で争うことの不安定さや判決の恣意性が問題視され、企業買収や公開買い付けという経済行為の是非を司法が判断することが問題視されることになる。これは次章でみる解雇権をめぐる問題と同じであるが、司法の論理自体はまったく簡潔なものである。すなわち市場の原理としては自由な取引によって企業買収を行う権利があるとしても、その権利が「濫用」（abuse）される場合には、濫用を阻止するための防衛策が正当化される。す

ると問題となるのは、現実の買収事案がどのような根拠で濫用的買収と判断されるのかであり、この点をめぐって問題は振り出しに戻ることになる。

そこで、これらの混乱を整序し、買収防衛策が安定した制度となるための指針が、2005年の経済産業省「企業価値研究会」によって示された（経済産業省2005）。アメリカの買収防衛策は80年代の数々の判例を通じて制度化されてゆくのであるが、日本の場合には判例自体がわずかであるために、買収防衛策の導入を意図する企業に対して、会社法が定める株主平等の原則や株主意思の原則などに抵触しないための条件を示す必要があった。

それと同時に、これらの司法上の問題を離れて、買収防衛策そのものの根拠が示された。つまり、買収防衛策の目的は「企業価値、ひいては、株主共同の価値」を守るためであるとされ、そして企業価値とは、「会社の財産、収益力、安定性、効率性、成長力等、株主の利益に資する会社の属性またはその程度のこと」としたうえで、この意味での企業価値が「株主に帰属する株主価値とステークホルダーなどに帰属する価値に分配される」、というように議論が組み立てられた。つまり、企業価値は株主を含めたステークホルダー全体の経済的価値のことであり、この意味で企業価値を守ることが、「ひいては」株主共同の価値を守ることになる。換言すれば、ステークホルダー全体の企業価値を損なう買収に対しては、濫用的買収であるとして、防衛策が正当化されることになる。

企業価値か株主価値か

このように2005年の報告書では非常に明確な形でステークホルダー重視の企業統治の視点が提示されたのであるが、しかし2008年の報告書（経済産業省2008）では、ステークホルダー重視の視点はトーンダウンし、企業価値に関しても、将来収益の割引現在価値のことだとされ、これをステークホルダー全体の企業価値の方向に「恣意的に拡大」しないようにと、注意書きが加えられた。つまり、企業価値をステークホルダー全体の価値とし、株主価値を守るためにも企業価値を守る必要があるというのが2005年の報告書の考えであるが、しかしこれが株主主権や株主利益優先の考えと抵触すること

は明白であり、会社法そのものは、会社は株主の利益共同体という意味で株主利益最大化を基準として成り立っている。要するに、企業価値をステークホルダー全体の価値とする観点からは、企業買収をめぐる問題は、敵対的買収者と一般株主はもとより従業員を含めたステークホルダーとの関係になるのに対して、会社法ではあくまでも、争点は敵対的買収者と一般株主との関係になり、買収によって一般株主の利益が守られるのかどうかの問題となる。おそらくこのような事情から、企業価値への言及は極力なくし、買収防衛策が正当化されるかどうかは、株主価値を基準にするという方向が打ち出されたのだと思われる。このような視点の転換は、2005年の委員会では21人のメンバーのうち製造業から7人の委員が加わっていたのに対して、2008年の委員会では29人のうち製造業からはわずかに3人、ということもあったと思われる。2008年の委員会の大半はファイナンス関係者やそのパートナーであり、その報告書が株主価値基準を採用することは不思議ではない。

　しかし、企業価値を将来収益の割引現在価値として定義するとしても、それをステークホルダー全体の価値として理解することは「恣意的に拡大」することではない。すでに第1章で指摘したように、そして2005年の報告書も正当に記述するように、もし市場が完全であり、株主以外の利害関係者に帰属する価値が契約によって確定しているのであれば、配当の割引現在価値の総和としての株主価値と企業価値は一致し、企業価値のすべては株主に帰属する。しかし取引コストの意味で市場は不完全であり、とりわけ企業価値に重要な貢献をするコアのステークホルダー、すなわちコアの従業員やコアのサプライヤーに帰属する価値は前もって契約によっては確定しない。それらが行う関係特殊的投資に対する支払いは事後的な決定となり、この意味でコアの従業員やサプライヤーは企業価値に対する請求権者（ステークホルダー）となる。

　ただしこのような関係特殊的投資に基づく不完備契約の議論が独り歩きすることには注意を要する。第3章でみたように、従業員の意識としても技能の企業特殊性の度合いは最大でも3割程度であり、このかぎりにおいて関係特殊的投資や不完備契約を根拠とした議論も説得力を失うことになる。そう

ではなく、ステークホルダーとしての企業価値への貢献は企業特殊的技能形成だけに基づくわけではなく、あるいは企業特殊的技能と一般技能が区別されて生産に貢献するわけではない。事実、管理職において企業特殊性の意識が低下するのであるが、それは現場での企業特殊的技能形成に基づき、そのうえで適応能力や応用能力を高めることの結果、一般性の度合いが高まることを意識してのことであり、この意味で2つは一体となって生産現場での技能となる。このような「知的熟練」（小池 2005）の形成によって企業価値への貢献が生まれるのであって、これは中核的業務やコアの従業員だけに限定されるわけではない。さらにいえば日本の生産組織の効率性は、仕事の領域を広げ、作業の変更や職場の変更に応じる従業員の貢献意欲にかかっている。これが正社員の制度であり、このような雇用に対して仕事や賃金を事前に契約することは不可能という意味で、雇用関係は不完備契約となる[7]。そのうえで不完備契約が成立するためには、将来の決定がどのような基準や手続きに基づくのかがルール化される必要がある。つまり、従業員の場合であれば、将来の昇進や昇給がどのような基準で決まるのかが暗黙にルール化される。これによって将来を期待し、みずからの価値の基盤である企業価値に向けての貢献が生まれる。反対にルールが破棄されるなら、これまでの期待は裏切られ、企業価値への貢献は減退し、ひいては、株主に帰属する価値も減少する。

　これが取引コストの観点からの企業理論であり（宮本 2004）、そして企業買収は、既存のルールの一方的破棄をもたらす可能性を大きくする。もちろん既存のルールや慣行もまた変化する。これまでの分析は、企業統治の変化のもとで日本企業の既存のルールや制度がどのように変化するのかを考察するものであり、それを長期雇用と成果主義に即して考察した。そこからわかることは、ルールの変更が経営を立て直し、企業価値を高めるものであるためには、新たなルールを従業員がどのように受け止め、どのように行動する

---

[7] ただし職務を事前に確定した契約であれば話は異なる。次章で検討するように、日本企業はこの種の職務限定の雇用制度を採用することはなかったのであるが、解雇自由を求めてにわかに職務限定の雇用制度が構想されている。

のかが決定的に重要になるということであり、ゆえに長期雇用の状況や成果主義の現実にみられるように、たとえ株主重視の企業統治への変化であったとしても、ルールや制度の変更は漸進的となり抑制的となる。これに対して企業買収、とりわけ敵対的企業買収は、既存のルールの一方的破棄となる可能性が大であるために、その意図が問われることになる。そこにかかわるのは、会社法が想定する敵対的買収者と一般株主の関係だけでなく、根本的には敵対的企業買収者とステークホルダーとの関係となる。この意味で敵対的買収者に対する買収防衛は、ステークホルダーによる企業防衛というのがふさわしい。企業価値研究会の2005年報告書はこのように理解できるものであった。

濫用的買収の判例法理

ただし2008年の報告書でも、「企業価値、ひいては、株主価値」を毀損すると定義される濫用的買収に関しては、ライブドア・ニッポン放送事件の東京高裁判決がそのまま受け継がれている。判決自体は買収阻止を不当とするものであったが、それと同時に買収防衛策を正当化する条件が示された。すなわち買収が、①株式を買い占め高値で買い取りを要求するいわゆるグリーンメーラーの場合、②被買収企業の知的財産やノウハウや顧客等を奪い取るいわゆる焦土化経営の場合、③被買収企業の資産を買収者の債務の担保や弁済原資として流用する場合、④被買収企業の未活用の不動産や有価証券などを売却処分させ、一時的な高配当をさせるか、一時的高配当による株価の急上昇の機会を狙って株式の高値売り抜けを目的とする場合であり、これらの場合には、買収者は濫用的買収者と認定され、これを阻止するための防衛策は合法とされた。そしてライブドア・ニッポン放送事件（2005年）の場合は、ライブドアはこれらの類型からして濫用的買収者と認定されることはなかったのであるが、スティールパートナーズ・ブルドックソース事件（2007年）の場合には、スティールパートナーズは高裁判決では濫用的買収者とされ、新株予約権の発動が承認された。同じく最高裁では、新株予約権の出動は承認されたのであるが、しかしその理由は、株主の大半が買収阻止に賛成して

いること、そして買収者に金銭的代償が支払われている点に求められた。

要するに、判例としての濫用的買収の定義は、「企業価値研究会」の2005年報告書が示したステークホルダー全体の企業価値を損なうものとする点で同じ内容となり、そして2008年報告書もまた、企業価値の視点を弱め株主価値の視点を強調するものであるとしても、ライブドア・ニッポン放送事件で示された濫用的買収の基準は判例法理として確定したものとみなしている。ただし現実の買収事案が、濫用的買収の法理に照らして濫用的と認定されるかどうかは、ニッポン放送の場合とブルドックソースの場合のように、裁判の結果次第で異なることになる。

当然のことであるが、これらの判例にはさまざまな批判が向けられる。そのもっとも強力なものとして、田中亘は、ブルドックソース事件においてスティールパートナーズを濫用的買収者とした東京高裁判決を、「あからさまなステークホルダー論を採用した」ものとして激しく批判する（田中2007）。おそらくスティールパートナーズは先の類型の④の観点から濫用的買収者と認定されたのであるが、たしかにこの観点を前面に出すと、投資ファンドがターゲットとする敵対的買収、すなわち株価は低迷しているにもかかわらず内部資金や遊休資産を溜め込んでいる企業に敵対的買収を仕掛け、配当として吐き出させる行動は、厳しく制約されることになる。ファイナンス理論の観点からは、このような投資ファンドの行動は、遊休資金を株主に還元することにより、資金の有効利用を促進させるものであり、東京高裁判決はファイナンス理論にまったく無知な判決だということになる。

濫用的買収者

ここには判例法理としての濫用的買収の4類型、とりわけ第3と第4の類型がファイナンスの理論からみて妥当かという問題と、現実の敵対的買収、この場合はスティールパートナーズを濫用的買収者と判定することは妥当かという問題がある。前者に関して、株主が配当増額を要求し、株価の上昇を期待することが不当というわけではもちろんない。そのために株主提案を行い、あるいは会社側の配当提案に反対の投票をすることはまったく正当であ

る。問題は、そのために敵対的買収を行う、すなわち会社を支配することによって会社資産を自由に処分し、配当増額を行うことが正当かという点にある。

　この場合も、会社を支配することが不当というわけではない。しかし会社を支配し、経営を支配することは経営の責任を負うことでもある。しかし敵対的買収者には、株主としての有限責任が保証されている。つまり会社を支配してどのような経営を行うとしても、そしてそれが失敗しても、敵対的買収者は株価の下落という意味での有限責任を負うだけであり、従業員や取引先や債権者などのステークホルダーに対して経営の責任が生まれるわけではない。それよりも当初の狙いのとおり、会社資産を売却して配当を一挙に増額すれば株価は急騰する。これに乗じて株式を売り払ったとしても、敵対的買収者は株主として行動しただけのことである。要するに敵対的買収者は、株式の所有によって会社を支配すると同時に、株主としての特権、有限責任と自由な売買の特権を享受する。

　しかし権利は義務と見合ってのことである。一般株主の場合には配当を受け取る権利があるだけで、ゆえに株主として特別の義務が要求されるわけではない。これに対して敵対的買収は会社を支配することであり、会社の支配はそれに見合う義務として、少なくとも経営の方針を明示する必要がある。より一般化していえば、会社を所有し支配することは経営の責任を負うとしたのが、古典的な無限責任の原理であった。これに対して株主の有限責任の原理は、会社制度のイノベーションとして、経営の責任を免除し、株主に対してリスク資金を供給するという貢献だけを求めた。これに対して敵対的企業買収で問われているのは、一方での会社を所有し支配する権限と、他方での有限責任と売却の自由のあいだの落差である。たとえ会社法としては問題ではないとしても、現実に支配をめぐって紛争が発生すれば、支配と責任の観点からの司法の判断が加わることはむしろ当然といえる。

　このような観点からすると、ニッポン放送の場合には、ライブドアはまだしもメディアとネットの融合という経営方針を掲げていた。これに対してブルドックソースの場合には、スティールパートナーズは経営方針を示すこと

はいっさいなかった。すると会社を支配することによって行う配当の増額は、会社資産の切り売りで行うはずだということになる。あるいは株価の一時の急騰を狙って売却を図るはずだということになる。もちろん、ファンドとして短期の投資収益を追求する以上、これは当然の行動だと主張する立場は当然にある。しかし、ステークホルダーの共同の利益という意味での企業価値の観点からは、濫用的買収である。これが東京高裁の判決であった。
　たしかにこの論点を推し進めていけば、投資ファンドは敵対的買収から締め出されるということになるかもしれない。おそらくライブドア・ニッポン放送事件で示された濫用的買収の類型は、その前に繰り広げられたスティールパートナーズによる同類の行動をみてのことであったと思われる。あるいは濫用的買収の第3の類型は、1980年代にアメリカで猛威を振るった企業買収の手段、すなわち投機的と格付けされるジャンクボンドで買収資金を調達し、高利回りの負債を返済するために買収先の資産を売却し、売却益を獲得するといった乗っ取り屋（レイダー）を想定してのことだと思われる。そこで判決自体は、たとえ投資ファンドであるとしても、企業を支配する以上、支配にともなう責任を経営方針として明示すべきだとするのであった。
　もちろん投資ファンド自体が否定されるわけではない。経営不振の企業に投資し、経営者を送り込み、事業を立て直す投資ファンドは立派に存在する。そして事業再生からの成功報酬も、再上場での株価が決める以上、どれほど高額であってもかまわない。むしろこの点において、経営チームを率いた外資ファンドの優位に対して、日本のファンドの劣位が指摘される。このような点からしてもスティールパートナーズはあまりに質の悪いファンドであった。
　これに対してファイナンス理論の観点からは、どのようなファンドであったとしても、それによって企業内部の遊休資金が吐き出されることで十分であり、なぜならそれは誰かによって活用され、資金の効率的配分が達成されるからだということになる。あるいはプレミアム付きの公開買い付けによって、株主利益は確実に達成されるわけであり、プレミアムを高めるように仕向けることで十分だということになる。ただしフリーキャッシュフローと呼

ばれる企業の内部資金はフリー（無報酬）のままに眠っているわけでない。それは将来の投資のためのフリーな（制約を受けない）資金として活用され、そして何よりも企業の存続の最後の安全資産としての役割を担っている。たしかに一時期は、ファンドという資本市場の担い手によってグローバルな次元での資金の有効活用と効率的配分がなされるという見解が支配した。しかし、ヘッジファンドという責任の所在がまったく不明確な金融行動が引き起こす攪乱、レバレッジを利かせて行う投機的行動の破綻こそが警戒の対象となるのであり、そのためにはファンドの行動に何らかの規制をかけるべき、というのがリーマンショック後の認識である。

　司法の判断基準とファイナンス理論の判断基準のあいだには大きな違いがあるかもしれない。しかし、司法がファイナンス理論に従わないことが誤りである、などということはまったくない。次の解雇法制の問題を含めて、司法の判断が経済学の市場理論と合致しないことがあるとしても、むしろそれは当然のことだというべきであろう。なぜなら司法は社会の秩序や安定を判断の基準とするわけであり、社会のさまざまなステークホルダーの共同の利益体という次元で社会的に実在する企業が、ファンドという金融の論理に浸食される恐れがある場合には、後者を市場の権利の濫用者として退ける、これが司法の役割であるといえる。

　もちろん、司法的判断に委ねることがそのまま肯定されるわけではない。経済活動の局面ごとに司法の介入があることはむしろ危険ということもできる。ゆえに、敵対的企業買収をめぐる争いから司法を排除することも考えられる。つまり、イギリスの100％ルールであり、買収者に対してはすべての株式を現金で買い取ることが義務付けられ、被買収企業には買収防衛策の発動が禁じられる。ここにあるのも買収側の責任であり、すべての株式を現金で買収するという条件によって、経営の責任を負い、ターゲット企業の資産を狙った濫用的買収ではないことが証明される。

　あるいはこれとはまったく反対に、優先株や黄金株によって敵対的企業買収を排除する立場もある。シリコンバレーの急成長企業が豪語するように、経営の責任を負うのは自分たちであり、ウォールストリートの金融関係者を

排除するのは当然だとして、文字どおりの企業防衛が主張される。あるいはフォードのように、会社は創業者のもの、といった論理がまかりとおっているケースもある。そこにあるのは買収自由の市場原理と同様、優先株や黄金株を含めた取引自由の市場原理であるといえる。しかし前者に対して濫用的買収の論理が適用されるのであれば、後者に対しては濫用的企業防衛の論理が適用されるであろう。もちろんこれもまた最終的には司法の判断となるのであるが、いずれにせよ市場のルールは自由な取引の権利を与えると同時に、権利は濫用されてはならないという法理や規範をルールとする。そのうえでルールの適用の結果として、多様な企業防衛をみることになる。

第6章
日本の雇用制度の行方

6.1 正社員制度の行方

従業員調査再論

　本書の発見の1つは、株主重視の方向への企業統治の変化とともに、日本企業の分化が進行していることにあった。その中心は長期雇用を維持して成果主義を導入する新日本型の方向であるが、長期雇用を否定して成果主義を導入するアメリカ型の方向もみることができた。図式的には、執行役員制の導入を中心とした企業統治の変革が成果主義の導入を進める結果、既存日本型に対して新日本型とアメリカ型が分化し、さらにCSR重視の企業統治が長期雇用の維持に作用する結果、新日本型とアメリカ型が分化するというように理解できた。そして、その比率を最大とし、かつ日本の代表的企業から構成されているという意味で、長期雇用を維持したうえで成果主義を導入する新日本型あるいはハイブリッド型企業をもっとも有力な方向とみなすことができた。

　それと同時にもう1つの重要な発見として、長期雇用を維持する方針の企業は7～8割を占めるのに対して、長期雇用が維持されると考える従業員は4割程度にすぎないということがあった。約2割の従業員は長期雇用は中核的業務やコア従業員に限定されると考え、さらに約4分の1の従業員は長期雇用は明示的に放棄されると考えていた。2つをあわせると約半数の従業員は長期雇用に対して否定的な意識を高めるという予想外の結果をみることになった。これを企業と従業員のあいだの認識ギャップとすると、この帰結は

203

とりわけ新日本型の企業にとって重大となる。つまりその意図が、成果主義としての業績連動賃金だけでなく、雇用の安定によって従業員の仕事意欲を高めることだとすると、しかしその意図が従業員に伝わることはなく、結果としてハイブリッド組織の機能は低下することになるかもしれない。するとこの結果、より明示的に長期雇用を否定したアメリカ型の方向が選択されることになるかもしれない。

　他方、企業統治に対する従業員の態度に関しては、経営者に対する従業員の信頼が高まることに応じて、株主重視の企業統治に対する肯定の態度もまた強まることが発見された。そして経営者に対する信頼の低下に応じて、従業員は株主による経営の監視を強めることを求め、さらにそれよりも強く従業員自身による経営の監視や発言を求めることも明らかとなった。そしてこの場合にも、経営者に対する信頼を低める要因は、長期雇用の否定の意識であった。しかし企業統治のレベルで経営に対する従業員の監視や発言を可能とするメカニズムは不在のままである。するとこのような状況で企業と従業員のあいだの認識ギャップが広がることは、日本企業の制度的基盤とされた労使の協調関係を侵食することになるかもしれない。それは結果として、arm's length の関係、互いに距離のある関係、よそよそしい関係、さらにいえば敵対的な関係を強め、「調整された市場経済」ではなく「自由な市場経済」の方向に変化を進めることになるかもしれない。

雇用環境の悪化

　このように日本の企業システムは、市場原理の提唱とはかかわりなく、市場型の方向に向かっているということもできる。しかしそれが意識的な選択の結果というより、従業員において長期雇用の否定の意識が高まることの結果だとすると、それは日本企業の衰退を意味している。事実、従業員における長期雇用の否定の意識は、この間の正社員の削減と企業業績の悪化、そして非正規雇用比率の上昇をみてのことであった。要するにバブル崩壊からの10年そして20年は、雇用の悪化の10年であり20年であった。90年代の最初の失われた10年においても、2000年代の次の失われた10年においても、

最後に来るのは大規模な雇用調整であり、正社員の人員削減であり、それにかわる非正規雇用の増大であった。

すでに第1章で述べたように、このような状況を捉えて小池（2004）は、「企業が雇用に対する態度を変えた」ことを示唆するのであるが、たしかに2003〜07年の景気拡大と企業収益の急速なV字回復にあっても正規雇用が増えることはなく、非正規雇用は約240万人増大し、失業率は4〜5％の水準に高止まりしたままであった。

そこでこれまでの分析から、この背後の企業行動を企業統治の観点から捉えると、既存の経営の変革を意図した取締役会改革が長期雇用を中核的業務やコア従業員に限定する方針を強めることが浮かび上がる。これによって正社員としての雇用の安定も限定され、これに応じて非正規雇用は増大する。ただしその意味は、正社員の雇用を維持するために非正規雇用を利用することではなく、あるいは正社員の解雇が困難であるために非正規雇用が拡大することでもなく、正社員の雇用自体が厳しく限定される結果としての非正規雇用の拡大であり、この意味で雇用は流動化し、失業率はかさ上げされる。ゆえに景気の拡大においても正規雇用は増大することはなく、正社員の「ジョブレスリカバリー」の状況をみることになる。この意味で日本の労働市場は急速に変化した。

ただし、10年間あるいは20年間の「失われた経済」の結果が5％前後の失業率であることもまた間違いない。この背景には非正規の形態での雇用の増大があるとしても、少なくとも類似の状況では10％前後に跳ね上がる欧米諸国と比べると、日本において雇用維持や雇用優先の観念がいかに根強いかを物語っている。しかし、日本の雇用に向けられるのは、それは個々の企業が過剰雇用を抱え込むことの結果であり、そのため日本企業は非効率に陥っているといった議論や、これを助長するのが雇用調整助成金の制度や解雇規制の制度であるといった議論や、この結果、労働移動が制約され、産業構造の転換の障害となり、日本経済の再生が妨げられる、といった議論である。

しかし現実にみるのは、かつてない規模の正社員の削減であり、解雇規制とはうらはらの大量の人員削減である。つまり、解雇規制によって日本企業

は人員削減が妨げられるわけではなく、でなければ日本企業は競争市場から転落する以外にない。あるいは日本企業の雇用優先は、雇用調整を時間調整に頼るというものであり、その結果はむしろ、若年者の長時間労働にみられるように、過剰雇用ではなく過少雇用を意味している。この点にこそ真の問題があるとしても、一方での人員削減と他方での過少雇用あるいは長時間労働のあいだで日本の従業員は宙づりの状態となっている。さらに日本企業の低収益や低生産性が問題であるとしても、それもまた90年代後半以降の設備投資や研究開発投資の低迷の結果であって（金・深尾・牧野2010）、過剰雇用の結果であるわけではない。あるいは90年代後半以降のデフレ経済にあっては、付加価値で測った生産性の低迷はある意味で当然の結果といえる。そして日本の雇用制度が企業定着度を強めるものだとしても、これによって新たに生まれる産業が人手不足に直面し、産業構造の転換の障害になるというわけではない。産業構造の転換の遅れは新産業の創出の弱さに尽きるわけであり、新産業の成長があればそれこそ市場メカニズムを通じて新卒者が集まり、既存企業からも人は移動する。事実、日本経済はこのようにして産業構造を転換してきた。いや日本の産業構造の転換は、既存企業の業態転換によって隠れた形で進んでいる。これを可能とするのが組織内の労働資源の蓄積であり、組織能力の構築であり、これが日本企業と日本経済の「強靭性」であるといえる。なるほど新規開業率の低迷にみられるように、新産業の創出の弱さは新規企業の立ち上げの意欲の低下にあると指摘することはできる。その原因を既存企業での雇用の継続の期待にあるということもできる。しかしここから、新規企業の創出を期待して雇用の継続や安定を否定するといった労働市場改革は本末転倒という以外にない。

　しかし、改革や成長戦略を口にするや、雇用の流動性を高めるべき、そのためには解雇を困難とする解雇規制を撤廃すべき、といったたぐいの議論に終始する。成長戦略として企業が求める項目のアンケート調査結果を伝える新聞記事によれば（『日経新聞』2013年6月13日付）、法人減税（95.4％）と設備投資減税（77.8％）に集中し、解雇規制緩和をあげる企業は19.4％にすぎないのであるが、解雇規制緩和の議論はやみそうにない。その理由が日本は

解雇が困難という思い込みだとすると、これを正す必要がある。以下では解雇自由の市場原理を含めてこれらの点を順次検討していきたい。

雇用優先か

　まず雇用調整に関して、これまでにもさまざまな実証研究があるように、たしかに日本の雇用制度は雇用調整の速度を遅くする。四半期単位で雇用調整を完了させるのが「自由な市場経済」のアメリカ企業だとすると、「調整された市場経済」の日本企業では、雇用調整は労使のルールのもとでのことであり、それは直接の人員削減を可能なかぎり避けるという意味で雇用維持をルールとする。その手段が残業規制や配置転換や出向や非正規雇用の雇い止めであり、さらに新規採用の停止や抑制による自然減であり、そのうえで人員削減の手段として、早期退職優遇制度の導入や希望退職の募集が続く。これによっても計画削減数に達しない場合に解雇、すなわち強制解雇に向かうことになる。次節で述べるように、解雇法制や解雇規制が対象とするのは最後の強制解雇のことであるが、強制解雇が困難であるために日本企業は人員削減が制約されているわけではない。以下でみるように、人員削減としての早期退職や希望退職は雇用を失う点で解雇と同じであり、これを避けるというのが日本企業の雇用優先の行動であり、そのための手段が残業規制から配置転換、そして新規採用の抑制を通じた自然減となる。このような調整のルールに従うかぎり、人員削減のスピードは必然的に遅くなる。当然のことであるが、自然減によって人員削減を行えば、2年あるいは3年をかけてのこととなる。

　もちろんこれは各社の経営状況や体力に依存し、経営状況の悪化から時間削減や自然減に頼ることは困難となり、希望退職に頼らざるをえないケースが増大することはもちろんある。事実、原ひろみ・本田規恵・神林龍・川口大司によれば（労働政策研究・研修機構編 2005)、2000年前後の雇用調整においては希望退職がより頻繁に用いられた。雇用調整実施事業所のうち希望退職や解雇を行うケースは円高不況やバブル崩壊後の平成不況においても10％以下であったものが、90年代終盤には20％前後にまで跳ね上がった[1]。

表 6.1　正社員、非正規社員の増減幅（2008 年企業調査）

(％)

希望退職の募集	正社員の増減幅						
	20％以上減	10～20％減	5～10％減	5％増減	5～10％増	10～20％増	20％以上増
実施した	25.4	15.8	21.9	21.1	6.1	4.4	5.3
しなかった	6.9	9.5	19.2	34.3	13.0	8.5	8.5
	非正規社員の増減幅						
実施した	12.7	1.8	11.8	24.6	25.5	7.3	16.4
しなかった	5.3	3.8	6.4	39.9	19.4	12.9	12.3

　この点に関してもまた、小池（2004）が指摘するように、「企業が雇用に対する態度を変えた」ことをみることができる。

　そこで、2008 年の企業調査では希望退職の募集の有無の回答があり、それと過去 5 年間の正社員の増減幅と非正規社員の増減幅の回答から、2 つの間の関係をみると、表 6.1 のようになる。希望退職の実施は平成不況以来として質問したのであるが、希望退職の募集を行った企業は 709 社のうち 117 社、16％であった。

　表からわかるように、希望退職を実施した企業において過去 5 年間の正社員の減少は予想以上に大きい。20％以上の減少企業が 25％、10～20％の減少企業が 16％、5～10％の減少企業が 22％というように、合計すると 63％に達する[2]。これに対して希望退職を実施しなかった企業では 5％以上の減少企業は合計で 36％となる。もちろん正社員の減少には自然減や自発的離職も含まれるのであるが、希望退職を実施した企業とそうでない企業の違いは大きい。これに対して非正規社員に関しては、過去 5 年間で 5％以上増大さ

1）　厚生労働省の「労働経済動向調査」では雇用調整の実施方法として「希望退職・解雇」が 1 つのものとされている。従業員にとって 2 つは雇用を失う点では同じことだという意味ではこのような扱いは本質を突いたものであるが、労使関係の観点からは希望退職と解雇の違いは大きい。上記の原らが JILPT の 2000 年調査から引用するように、1999 年に人員削減をした 75 社のうち、その主要な手段は、早期退職制が 47％、希望退職が 33％、転籍出向が 18％、解雇が 5％であり、解雇を手段とすることは例外的であるといえる。
2）　同様の発見として、久保（2011）は 1996～2009 年の日経平均株価指数の対象企業 143 社を取り上げ、124 社で雇用削減があったこと、そのうち 10％の企業は 1 年間で 10％以上の削減を行ったことを指摘している。

表 6.2　希望退職の実施の決定要因（2008 年企業調査）

希望退職の実施（ロジット分析）

	(1)	(2)
株主価値重視	0.158	0.14
	(0.54)	(0.47)
取締役会改革	0.654***	0.667***
	(2.73)	(2.77)
CSR 重視	0.0959	0.0483
	(0.38)	(0.19)
組合ダミー		0.721***
		(2.75)
営業利益率	1.975	2.747
	(1.01)	(1.29)
従業員規模	0.0115	−0.071
	(0.09)	(−0.51)
製造業ダミー	0.795***	0.509**
	(3.34)	(2.03)
上場ダミー	0.263	0.235
	(0.71)	(0.63)
定数	−2.491***	−2.228***
	(−2.95)	(−2.60)
観測数	574	574
対数尤度	−243.17691	−243.17691
疑似 R2	0.0498	0.0498

カッコ内は t 値，*10％；** 5 ％；*** 1 ％の有意水準。

せた企業は，希望退職実施企業で 49％，非実施企業で 45％というようにそれほどの違いはない。

　これをみると，解雇規制によって日本企業が過剰雇用を抱え込み非効率に陥っているとはとうてい思えないのであるが，さらに希望退職の実施に対する企業統治の要因を検証すると，表 6.2 の結果が得られる。希望退職の実施の有無を被説明変数とし（実施＝1，未実施＝0），これまでと同様，企業統治の要因として株主価値重視と取締役会改革と CSR 重視のダミー変数を説明変数として，ロジット分析を適用した。ここでもまた取締役会改革の要因が非常に強く検出されるのであるが，これまでに述べてきたように，希望退職の実施に追い込まれるほどの業績悪化に直面することから，経営の立て直しを意図して取締役会改革が実行されたという面と，希望退職の募集というこ

図6.1 雇用調整実施手段の推移（雇用調整実施事業所をベースとした比率）

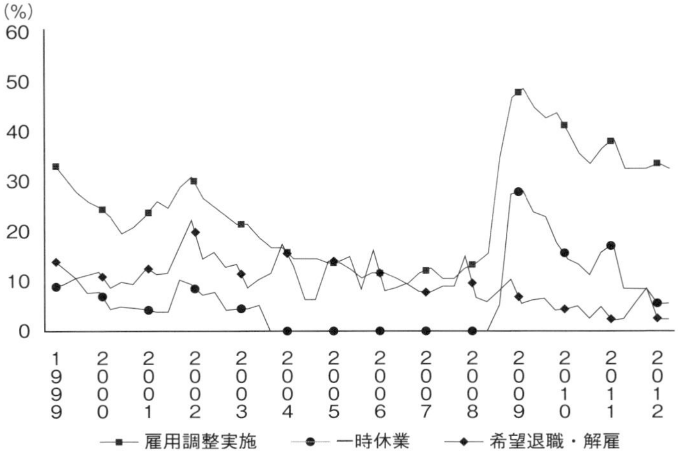

出所：厚生労働省「労働経済動向調査」。

れまでのレベルを超えた雇用調整が取締役会改革によって実行されたという面の2つをみることができる。つまり企業統治の変革として、取締役会改革とともに「企業が雇用に対する態度を変えた」様子が観察できる。そして希望退職の実施が製造業においてより頻繁であったことも確認できる。さらにもう1点、組合ダミーを説明変数に加えると、組合が存在する企業では存在しない企業と比べて希望退職の実施の可能性が顕著に高まることが観察できる。つまり、希望退職の実施は組合との協議に基づくことが反映されているのであるが、このような制度的枠組みにおいて組合の存在は希望退職の実施を妨げるわけではないことが示される。もちろんその前に時間短縮や配置転換や自然減などの雇用調整に関して組合との協議があってのことであり、このプロセスを無視して希望退職のための協議が持ち出されたとしても、組合が応じるわけではない。組合の存在理由をかけた解雇阻止の運動をおそらくみることになる。

ただし、上記の発見に続けてリーマンショック後の雇用調整に関してその手段を求めると、図6.1のようになる。2000年代半ばの景気拡大期に雇用調整の実施割合が低下することは当然としても、この期間においても希望退職

と解雇の割合は 15% 前後で推移する。これに対してリーマンショック後の雇用環境の急激な悪化においては、希望退職と解雇の実施比率はむしろ低下する。これにかわって一気に増大するのが一時休業であり、雇用調整助成金の利用であった。この背後には、リーマンショック後の雇用対策として、一時休業に対する助成基準の緩和や助成比率の引き上げ、さらに助成日数の延長等々があった。これによって助成対象は、2009 年のピーク時には月間 250 万人にまで達したのであるが、直近の 2013 年では月間 50 万人程度に急速に減少していることが伝えられている (『日経新聞』2013 年 3 月 13 日付)。

ピーク時の 250 万人を社内失業者や過剰雇用の証拠とし、これを同時期の顕在失業者 350 万人に加えて、日本も失業率は実際には 10% 近くに達しているといった議論もまたみるのであるが、むしろここからわかるのは、一時的なショックに対する雇用維持政策の有効性であろう。もちろんこの数年間の助成条件の緩和はもとに戻すことは当然であるとしても、250 万人を一時休業ではなく希望退職や解雇で削減し、そのために退職金とその割増金を払い、かつ失業者に雇用保険からの支給を行い、そのうえで業況の回復とともに再度 210 万人を雇い入れるといったことを想定すると、雇用調整助成金の制度の利点は明白である。批判者はかつての構造不況業種の延命策を想定してのことだと思われるが、近時においてそのような業種を見出すことは困難であり (業種指定は廃止された)、構造不況業種であって延命を図るような企業自体がもはや存在しない。

要するに雇用調整助成金による一時休業と希望退職が代替関係にあることが示される。ゆえに神林 (2012) が指摘するように、一時休業に対する賃金補填があるとしても、一時休業の状態のまま雇用が維持されるわけではなく、業況の回復がなければ結局は希望退職か解雇に追い込まれるわけであり、ある意味で当然の結果となる。ただし制度の意図は、そのように時間を与える点にある。もちろん単に時間の引き伸ばしでしかないケースもあれば、今回の多くの企業が示すように、一時のショックに対して必要人員を保存することにより、その後の回復がスムーズにいったケースもある。2 つの得失を比較すれば、前者の損失よりもおそらく後者の利得が上回るであろう。そして

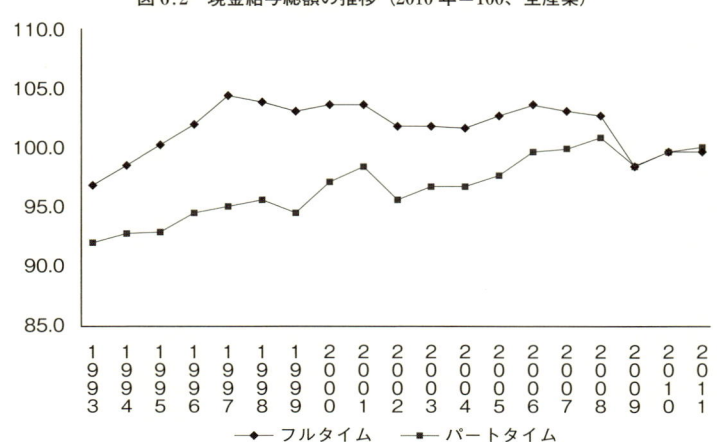

図 6.2 現金給与総額の推移 (2010年＝100、全産業)

出所：毎月勤労統計調査。

時間をかけた調整であることにより、最終的に希望退職に至るとしても、従業員もまた業況の悪化を認識し、希望退職の募集を応募が上回るといった状況もまたみることになる。これが「調整された経済」であり、時間をかけた調整であることにより、調整自体がスムーズにいく。深刻な労使紛争となるはずの人員削減が、紛争を回避してなされることをみるわけである。

賃金の悪化

　もう1つ、雇用よりもまず賃金を調整するのが「調整された市場経済」でもある。つまり、雇用維持のための賃金の抑制であるが、平成23年版『経済財政白書』が分析するように、賃金上昇率の決定要因として、アメリカの場合は労働生産性が大きく作用するのに対して、日本の場合は失業率つまりは景気の動向がより大きく作用する。さらに単位労働コストの調整、つまり引き下げには、労働生産性の上昇に加えて、日本の場合には時間当たり賃金率の引き下げや抑制が大きく寄与する。要するに雇用の確保の意味でも、そして競争力の確保の意味でも、犠牲とされるのは賃金となる。

　この結果が図6.2に示される。すなわち1997年をピークとして、フルタ

イム労働者の名目賃金（現金給与総額）は厳しく抑制されてきた。パートタイム労働者の賃金は、もちろん水準自体はまったく低いとしても、非正規雇用の拡大を反映して趨勢的に上昇するのに対して、フルタイムの正規雇用労働者に関しては、2003〜07年の景気拡大においても停滞したままであり、さらに2008年のリーマンショック後の景気後退を受けて一気に下落する。ピークの1997年以降2011年までのフルタイム労働者の年平均名目賃金上昇率はマイナス0.31％（パートタイムはプラス0.4％）、同期間の年平均物価上昇率はマイナス0.23％であり、雇用と引き換えに賃金に関しては何も得ることがなかったというのが、2000年以降の平均的な正社員労働者の姿であった。

　他方、これまでに述べてきたように、企業統治の変化とともに配当額は急増する。このような状況をみると、株主重視に向かう企業統治に抗して賃金の配分を高めるべき、といった主張が出るのは当然というべきかもしれない。しかし、春闘の方式にはもはや賃金交渉の力はなく、個別企業ごとの賃金決定が支配的となる以上、雇用重視の意味でも、競争力重視の意味でも、賃金の抑制が不可避の圧力とならざるをえない。これを打破する方向は見出せないままである。

　かつての石油危機後のインフレの時代には、日本の労使関係は賃金抑制のための合意をいち早く取り付けた。それは「調整された市場経済」の見本として取り上げられるのであるが、現在は雇用維持のための、かつデフレのもとでの賃金抑制の合意となっている。いうまでもなく、勤労者所得の減少は、国内需要の減少となってデフレ圧力を強め、日本経済を長期不況に閉じ込める。2000年代半ばの景気拡大は、賃金を犠牲とした結果、まさしく「実感なき」ものであり、内需拡大につながることなく、リーマンショック後の世界不況によって外需を失えば、あっけなく転落する以外になかった。この結果、現実にみるのは、かつてない規模の雇用削減であり、雇用環境の悪化である。この意味で日本の雇用システムはこれまでにない隘路に陥っている。

　これに対して直近では、アベノミクスとして、政府による賃金引き上げの要請がなされ、賞与の満額回答という形で賃金上昇の機運も高まっている。さらに、解雇規制の観点からは、賃金引き上げのかわりに解雇規制の緩和を

図るといった政労使の協定が、政労使のオランダモデルにならって提唱されている(『日経新聞』2013年3月24日付)。ただし、周知のように、かつてのオランダモデルは、失業率10％に直面して、賃金よりも雇用優先のための、つまりは賃金抑制の協定であり、これに対して日本では雇用よりも賃金優先の協定が、政労使の合意として提唱されるという奇妙な状況をみることになる。

　雇用よりも賃金優先の議論が出てくることは、結局は失業率5％の経済の余裕ということもできる。ただし、リーマンショック後、10％を超える失業率のヨーロッパ各国のなかで5％前後の失業率を維持するドイツでは、雇用維持のために産業レベルの賃金決定ではなく、個別企業レベルの賃金決定の方式への転換が進み、賃金の抑制が浸透した。セレーンはこれを調整された市場経済の「日本化」とみなす(Thelen 2009)のであるが、フランスにおいてもこのドイツ方式を見習え(つまりは日本方式を見習えであるが)といった議論が高まっている。また神林(2012)によれば、ドイツにおいても雇用調整助成金に類似した操業短縮手当制度が存在する。すると今日の状況で雇用優先ではなく賃金優先を唱えるのは日本だけのようである。なるほど中央銀行の政策も、物価の安定からインフレ促進の「非伝統的政策」あるいは「異次元政策」に転換するのと同様、雇用よりも賃金優先の「非伝統的政策」や「異次元政策」が主張されることも、隘路のなかでの不可避の成り行きかもしれない。しかし「非伝統的」や「異次元」、つまりは「未踏」の政策の帰結は誰にもわかっていない。

漂流する長期雇用制度

　日本の雇用制度の骨格とされた長期雇用の方針がさまざまな困難に取り込まれていることは間違いない。企業調査の結果としては、少なくとも現在のところ、7～8割の企業は長期雇用を維持する方針であるとしても、正社員は減少の一途をたどり、少なくとも増大の可能性はみえてこない。この結果、従業員調査では、長期雇用が維持されると考える従業員は約4割となる。

　つまり、長期雇用の方針自体は維持されるとしても、その範囲は縮小し、かつ当事者において否定の意識が強まる結果、制度としての確かさや存在理

由は失われるという意味で、長期雇用の制度は漂流している。もしそうだとすると、日本企業の新たな方向としての長期雇用と成果主義のハイブリッド組織もまた漂流する。この意味で、制度としての長期雇用が維持できるかどうかは日本企業の新たな方向にとって死活的に重要な問題となる。

　しかしどういうわけか、これとはまったく別次元の問題として、新日本型であれ既存日本型であれ、その長期雇用の方針に非難の目が向けられる。第２章でみたように、長期雇用に関する経団連調査では、経団連傘下の日本企業の約３割はこれまでどおりに長期雇用を維持する方針を述べ、約半数は「派遣やパートを利用して正社員の長期雇用を維持する」という方針であった。そしてリーマンショック後の企業業績の急激な落ち込みに直面して、日本企業の大半はこの予定どおりの行動をとった。しかしそれは激しい非難の声を巻き起こした。それが意図する正社員の長期雇用は、「派遣切り」にあう非正規労働者の犠牲によって、あるいは「就職氷河期」に突き落とされる新規学卒者の犠牲によって守られるものであり、これは不当と、糾弾されるのであった。

　長期雇用の制度や正社員の制度が維持できるのかといった問題と同時に、その裏面の非正規雇用や格差社会の問題が、日本の雇用システムの行方にとって死活的に重大な問題であることは間違いない。しかし、提起される論点はあまりに混乱している。それが市場原理の反対派や「ウォール街の占拠」派によって提起されるのであればまだしも、市場原理の称賛派や構造改革推進派によって提起される様をみると、論理の混乱をみる以外にない。

　まず、市場原理の観点に立つかぎり、取引自由や契約自由の意味において、派遣契約の解消自体に問題があるわけではない。あるいは新規学卒者の採用停止も、若者にとっては人生の不幸であるとしても、企業の行動として問題があるわけではない。もちろん格差社会として論議を巻き起こしているように、社会にとっては重大な問題である。しかしそれは社会として解決すべき問題であり、企業にとっての責任ではない。少なくとも市場原理の観点からはこのようにいうことができるはずである。

　もし企業が何らかの形で関与する課題があるとすると、それは企業の「社

会的責任（CSR）」としての課題といえる。しかし市場原理の観点からは、企業には利潤をあげて人を雇い税金を納める責任しかないとした、フリードマンの主張（Friedman 1962）しか出てこないはずである。せいぜいは、企業としては市場原理に則って行動する、その余りを社会的貢献として提供する、という行動が導かれるだけである。前章で指摘した、市場原理や株主支配の企業統治と代替関係にあるものとしてのCSRの考えであるが、この場合にも、派遣契約の解消や新規学卒者の採用停止に対して、それを抑制する行動がCSRの課題として出てくるとは思えない。ただしそのような行動が企業の社会的な評判を高め、ひいては企業価値を高めて株主価値を高める、というのであれば話は別であるが。

　これに対してもう1つの企業の関与があるとすれば、それは企業統治とCSRが互いに補完しあうステークホルダー関係に基づいてのことであり、この場合には非正規労働者をステークホルダーの一員とすることが課題となる。そのためにはおそらく既存の正社員の賃金の引き下げが必要となるのであるが、これが既存のステークホルダーによって受け入れられるかは不明という以外にない。ちなみに65歳定年延長の課題に対して、その原資のために40〜50歳代の平均賃金カーブの上昇を抑えることで労使の合意が成立したケースが報道されている（『日経新聞』2012年12月15日付）。これと同様、非正規労働者をステークホルダーのメンバーに組み込むためには、正社員の賃金カーブの抑制が必要となる。このような合意が成立するかは、経営の意志と同時にステークホルダーとしての正社員の意志にかかっている。ただしこの種の議論をお題目のごとく唱えても無力であることもまた間違いない。できることは問題の所在を議論し、認識しあうことであり、そのうえでステークホルダー原理に基づく雇用行動が生まれるなら、それがモデルとなることも期待できると思われる。

正社員制度の否定か

　しかし、市場原理の立場からは、非正規雇用や格差社会の問題に対してもまた、その原因は正社員の制度にあるとして、正社員が享受する雇用の保障

や安定を破棄することが提唱される（八代 2009; 大竹 2010）。その論拠として持ち出されるのが、いわゆる解雇権濫用の法理であり、詳しくは次にみるように、判例は解雇の回避努力義務を定めることから、正社員の雇用を守るかわりにその犠牲は、パートや派遣の雇い止めを通じて非正規労働者にしわ寄せされ、新規採用の停止を通じて新規学卒者にしわ寄せされるというわけである。

現実の正規労働者の大量の人員削減をみれば、解雇法制によって正社員の解雇が制約され、雇用が守られているとする論拠自体が怪しいという以外にないのであるが、しかし繰り出されるのは、正社員には司法によって解雇規制という特権が与えられているとする一点張りの議論である。ゆえに、非正規労働者や新規学卒者の犠牲を解消するためには正社員の特権を剥奪する必要がある。すなわち解雇規制を撤廃する必要がある。これが格差問題や非正規雇用問題に対する市場原理からの結論となる。

この間の格差問題や非正規雇用問題以前には、市場原理、すなわち資源配分の効率性を損なうものとして、解雇規制に非難の声が向けられた。先にみたように、これによって衰退産業での雇用の維持が図られる結果、成長産業への労働移動が妨げられ、そのために日本経済の再生が遅れるというのであった。同じ観点から、雇用調整を遅らせる要因として雇用調整助成金の制度にも批判が集中した。しかし、衰退産業から成長産業への経路自体が不明であり、そこには深刻なミスマッチの問題もある。というよりも成長産業自体が不明あるいは不在であり、現実にはどこまでも続く日本経済の低迷を前にして、この種の議論は説得力を失った。そこで現実の雇用情勢の悪化を前にして、派遣であれば仕事はある、というのが市場原理からの提言となった。そのとおりに派遣の規制緩和がなされたのであるが、しかし派遣であれば仕事はあるとしても、仕事がなくなれば真っ先に切られるのが派遣である、という市場原理の現実をみせつけられた。してみると、市場原理の立場から派遣や非正規雇用の格差や差別を問題とするのは、このような事情があってのことかもしれない。

しかし、たとえそうだとしても、一方では正規雇用に対する解雇自由の原

理に対する規制を不当とし、他方では非正規雇用に対する解雇自由の原理を不当とする、奇妙な論理が展開される。前者に関しては、正社員にのみ解雇規制が適用されることを不当とし、後者に関しては、非正規労働者には解雇規制が適用されないことを不当とするのであれば、すべての従業員に解雇規制を適用すべき、という提言もありうる。もちろん市場原理の立場からはそうではなく、すべての従業員に解雇自由の市場原理が適用されるなら、正規と非正の区別はなくなり、雇用をめぐる格差もなくなるというわけである。要するに市場原理はすべての者を平準化する。ただしそれは、Hire and Fire すなわち自由に雇って自由に馘にするという意味での平準化であるが。

　このように、格差社会の現実を前にして、正社員の制度にこそ責任があるかのような議論をみることになる。それはしかし制度やシステムの理解としてあまりに一面的といわざるをえない。日本企業における正社員の制度とは要するに内部労働市場の制度のことであり、それは企業内訓練に基づく技能形成の制度として形成された。そして日本企業は新規学卒者の定期採用を入り口として、そのうえに能力評価に基づく内部昇進を制度化した。もちろん内部労働市場の入り口を新規学卒者に限定しない制度もある。アメリカの場合はレイオフの自由によって、新卒採用と中途採用の区別はなくなる。同じくフランスの場合は、内部労働市場の入り口に職業資格や職業経験の条件が適用され、これによって必然的に中途採用優先となる。この結果、新卒者の雇用は確実に悪化する。日本の場合には高度成長の過程を通じて新卒定期採用が定着し、それが正社員の制度となった。ゆえに新規の採用が抑制されるとき、結果として抑制の対象は新規学卒者に集中する。

　ここから内部昇進の中高年正社員によって新卒者の雇用が奪われるといった議論や、新卒定期採用であることによって新卒者の雇用機会が制約されるといった議論をみるのであるが、しかし正社員の制度を否定し、新卒採用ではなく資格を備えた採用や職業経験をふまえた中途採用が支配的となるのであれば、フランスにみられるように、一部のエリート大学を除いて新規学卒者の雇用は経験者に奪われ、確実に悪化する。現に若年層の失業率が相対的に低い国が日本とドイツであり、それは日本では新卒定期採用の正社員の制

度、ドイツでは新卒者を対象とした社会的な職業訓練の制度の結果といえる。これらの制度が新卒者を一時的に吸収できなくなっているとしても、そのことは制度そのものを否定することにはならない。現に新卒者の救済のために提案されているのは、学卒後3年までを新卒にするといった苦肉の策であり、この点からも新卒者優先こそが日本の雇用システムであることがわかる。あるいは職業上の知識や経験のない新卒者を優先的に採用し、技能訓練を行うという内部労働市場の制度を維持することが、日本企業の最大のCSRであるということもできる。

むしろ企業の側は、新卒優先の負担や制約に対して、その枠を減らして中途採用の拡大で対処しようとする。以下で述べるように、非正規雇用問題の対処のためには、そのなかに経験を積んだ非正規労働者が含まれる方向に変化が進むことが望ましい。あるいは新卒者の雇用機会を増やすためには、試用雇用の制度もまた有力となる。ただしその結果は、「新卒者の雇用を守れ」とする論者の期待を裏切り、新卒者と非正規雇用の若者のあいだで、あるいは新卒者間での雇用の獲得競争となる。もちろん現実には新卒者優先が支配するとしても、中途採用や試用採用を通じて非正規から正規のルートを拡大することが必要であり、これは正社員の制度を否定することではまったくない。しかし、解雇規制の撤廃を主張する議論は衰えそうにない。これは先にみた敵対的買収に対する規制と同様、「市場原理」をどのように理解するのかの格好の論点でもある。節を改めもう少し詳しく述べよう。

6.2　解雇規制をめぐる問題

解雇権の濫用

まず指摘すべきは、市場は取引自由や契約自由の原理だけから成り立っているわけではないということだ。自由な取引や自由な契約の権利を制度化するのが「市場原理」であるとしても、市場は同時に、そのような「権利の濫用」を阻止することから成り立っている。このことをかつてデュルケムは「契約の非契約的要素」と呼んだ（Durkheim 1950）。「非契約的要素」とは、

契約にまつわる正義や公正の観念のことであり、それは契約からは出てこない。しかし市場経済がそれ自体として1つの社会として成り立つ以上、契約には「社会の原理」として、権利の濫用を阻止する正義や公正の観念が付着する。これを制度化するのが法の機能ということになる。

これが「調整された市場経済」の原理であり、これに対して契約自由だけを原理とするのがアメリカの「自由な市場経済」だとすると、それはむしろ特異な市場経済だということができる。いや、企業買収市場に関しては、買収阻止の手段を認めるのがアメリカの企業買収市場でもある。ただしその根拠は、「買収権の濫用」を阻止することよりも、「自由な市場経済」の論理に従って、買収防衛策の発動やその可能性を通じて買収金額を釣り上げることを目的とするようである。これに対して、買収防衛策を認めないという意味で市場原理にもっとも忠実な制度がイギリスの企業買収市場となるのであるが、この場合にも、濫用的買収を阻止するために、現金で100％の買収という規制（シティー・ルール）が課せられる。

問題は、労働市場における権利の濫用、何よりも解雇権の濫用であるが、どのような市場経済であっても、解雇の濫用は規制される。たとえ解雇自由のアメリカであったとしても、公民権法に代表されるように、人種や性別などの個人的属性や思想信条を理由とした解雇は不当とされる。多民族国家のゆえに、あるいは訴訟社会のゆえに、この意味での解雇規制は他国よりもはるかに厳しいといえる。ゆえに解雇の正当性を裁判で論弁するためには、解雇の明白な基準と手続きを設ける必要がある。これがブルーカラー労働者に対しては客観的かつ機械的な先任権の規定となり、ホワイトカラー労働者に対しては厳格な職務要件の規定となった。

このように解雇がまったく自由な市場経済は存在しないのであるが、ではここで問題となる整理解雇と呼ばれる経済的理由による解雇、そして普通解雇と呼ばれる個人的理由による解雇に関してはどうか。解雇を不当とする側からの訴えによって解雇の正当性が裁判で争われ、それらの判例の積み重ねから「解雇権濫用の法理」と呼ばれる基準が示された。そして整理解雇に関しては、解雇を正当とする基準として、（1）人員削減の必要性、（2）解雇

第 6 章　日本の雇用制度の行方

回避の努力義務、（3）人選の妥当性、（4）手続きの妥当性（説明義務と協議義務）の 4 要件が示された。これらの要件を無視した解雇は解雇権の濫用とされ、無効とされる。しかし、濫用的買収の判例法理に対して強い批判が向けられるように、濫用的解雇の判例法理に対しては、それにも増して激しい批判が向けられ、解雇規制撤廃の主張はやみそうにない。

司法の役割

　ただし、解雇規制という表現から、解雇が困難とイメージされがちであるが、解雇法制そのものは、「解雇には正当な理由が必要」とするだけであり、法が定めることができるのは、あくまでも一般ルールとしての規定である。実は、2000 年代の前半、解雇に関しては商法の契約自由の規定があるだけであり、しかし現実には解雇が裁判で争われ、その結果はまちまちであることから、法の不備を埋めるために新たに解雇法制を規定する必要があるといった主張がなされた。市場原理の信奉者は、これによって解雇自由の原理が法的に明示される、あるいは解雇の条件が法的に明示されると考えたのであるが、しかし出てきた法制は、解雇には「客観的に合理的な理由」と「社会通念上相当の理由」が必要、というだけのものであった。これは市場原理の信奉者を失望させることになったのであるが、法によって解雇を正当あるいは不当とする具体的な条件が明示できるわけでないことは当然のことであり、たとえ膨大かつ詳細な規定を作るとしても、それから外れたケースが生まれることは自明のことである。いや詳細な規定の裏をかく、その抜け穴を探そうとする行動が生まれることもまた、会計制度が教えている。

　要するに、法ができることは一般ルールを示すことであり、この一般ルールを個々のケースに適用するのが司法の役割となる。これが市場原理の教祖とされるハイエクの法の理論（Hayek 1973）であり、以上のことからすると、何が解雇の正当な理由であるかは不明であり、ましてやそれを司法が判断することは不当である、といった議論にはほとんど根拠はない。もし詳細な法律を作るとなると、そのことが最大の混乱の原因となるのであって、これを回避するのであれば、経済的理由による解雇は自由、つまりは Hire and

221

Fire の原理を一般ルールとすればよい。解雇規制反対派の主張はこれ以外にないはずであるが、これに対して解雇には正当な理由や正当な手続きが必要という一般ルールを認めるかぎり、それを個々のケースに適用するのが司法の役割となるのであり、それらの判例の積み重ねとして判例法理が形成され、市場のルールとなることは、それこそが市場経済の根本前提である。

現実には、解雇規制の反対派の論点は、「整理解雇の4要件」として示される基準自体が不当、何よりも解雇の必要性と回避努力の要件が不当という点に集中する。つまり、解雇の必要性の要件として企業業績の悪化をあげることは、倒産の可能性を容認することではないか、解雇の回避努力として新規採用の停止や非正規雇用の雇い止めをあげることは、新規学卒者や若年者や非正規労働者の雇用を奪うことを容認することではないか。すなわち企業買収をめぐる判例が、ファイナンス理論を無視して「安易なステークホルダー論」に依拠するものであるのと同様、解雇をめぐる判例は、市場メカニズムを無視して、解雇が及ぼす経済的打撃を回避しようとする「安易な弱者救済論」に依拠するものではないか。いやそうではなく、真の弱者を無視して、正社員を安易に、あるいは不当に守るものだというわけである。

雇用調整の慣行

しかし、判例法理としては話が逆であり、現実には70年代の2度の石油ショックは突然の雇用削減を余儀なくさせ、その試行錯誤のなかから雇用調整の慣行が次第に形成されていった。つまり、（1）人員削減に着手するとしても、それは赤字になって、具体的には2期連続赤字が確実視されることによってであり、（2）その場合も、残業規制や有給休暇の取得からはじまり、出向や配置転換、昇給停止、賞与抑制、新規採用の停止、非正規雇用の雇い止め、そして経営者報酬カットや配当カットを先行させ、そのうえで希望退職を募集する、（3）経済的打撃の観点からは人員削減は若年者に振り向けるべきであるが、業績悪化の立て直しの観点から、そしてコスト削減の観点からは若年者を温存し高年者の削減とする、（4）そして以上は組合や労使協議制を通じた交渉と合意のうえでのこととする。

これが労使のあいだの雇用調整のプロセスであり、これは解雇の判例法理に従って生まれたわけではない。順序は逆であり、先験的に4要件が存在したわけではなく、現実の雇用調整のプロセスが労使の慣行となることに応じて、そのようなプロセスを無視した解雇は裁判によって不当とされ、それが70年代末に「整理解雇の4要件」として示されたというのが、解雇規制の制度化のプロセスである[3]。

　このことは1950年代前半の大量解雇の時代において整理解雇の4要件などまったくなかったことからもわかる。そこで問題とされたのは組合活動家を狙い撃ちとする指名解雇であり、それらを不当とする判例を通じて解雇権濫用の法理が形成された。ただしここから現在の整理解雇の4要件が生まれたわけではなく、その後の高度成長の時代は経済的理由による解雇自体を無縁とした。そして70年代に入るや、2度にわたる石油ショックにともない突然の人員削減に迫られたとき、おそらく労使は50年代前半の大量解雇とそれにともなう激しい労使対立が頭をよぎったと思われる。経営者と組合幹部にとってそれはまだ記憶に残る出来事であり、労使にとっての教訓は協調的労使関係を維持することの重要性であった。当然のことであるが、残業規制や配置転換を行うことなくただちに人員削減を行えば、あるいは新規採用の抑制や非正規雇用の停止を行うことなくただちに正社員の削減を行えば、そして配当カットや経営者報酬のカットをともなうことなく希望退職を行えば、労使関係の悪化が生まれるだけであり、雇用調整自体が進まない。たとえば配当カットは整理解雇の4要件とは無縁であり、おそらく司法の観点からは会社法との整合性のためだと思われる。しかしこれまでに指摘したように、配当を削減して雇用を維持することはさすがにないとしても、雇用の削減と同時に、あるいは先行して配当を削減するわけであり、資本の側の犠牲を示してこそ労働の側の犠牲も受け入れられるわけである。あるいは早期退職制度は90年代の雇用調整のなかで導入されるのであるが、それは判例法

3）この点はすでに宮本（2002）で指摘し、さらに宮本（2004）で詳しく述べた。それは法学分野の議論をカバーするものでなかったのであるが、法学の分野においても山川（2002）、島田（2012）によって同様の指摘がなされている。

理としての解雇の回避努力の要件に従った結果というわけではない。人員削減が不可避である以上、よりソフトな方法が模索されたわけである。

　要するに、司法は現に存在する秩序や社会の支配的見解を基準とするのであって、それ以上でも以下でもない。司法が基準とするのは、敵対的とならざるをえない強制解雇や指名解雇を避けるための労使の協調であり、それを無視した解雇を不当とするのが司法の論理であるといえる。「契約の非契約的要素」というデュルケム的な観点からは、これが社会学事実としての法の存在であり、あるいは多様な資本主義の観点からは、これが「調整された市場経済」のあり方となる。ドイツ型の調整は基本的に産業を単位とするのであるが、解雇に関しては監査役会での資本側と労働側の共同決定とすることによって企業を単位とした調整となる。そして監査役会と共同決定の枠組みは法によって定められている。これによってとりわけ大規模なリストラ計画に対しては、監査役会での拒否や反対を予想して計画の修正が図られることも指摘されている（Vitols 2001）。これに対して日本型の調整は同じく個々の企業を単位とするのであるが、それはあくまでも労使の私的自治のなかでのことである。ゆえにこのプロセスを法的に補完するものとして判例法理が存在するということができる。

　このように考えると、判例としての整理解雇の4条件が厳しいとすれば、それは現実に企業が行う雇用調整のプロセスが厳しいことの反映であり、それは何も法によって命じられたからだというわけではない。たとえ日本企業が長期雇用と協調的労使関係をみずからの制度的骨格とするにしても、現実には人員削減が不可避となるわけであり、ゆえに現実の雇用調整が長期雇用の慣行を否定するものではないこと、そして協調的労使関係を否定するものではないことを示す必要がある。そのために雇用調整のプロセスをみずから厳しく設定することが必要となる。ただこれだけのことであり、長期雇用の慣行が変化すれば、判例もまた変化する。このような変化をいまの時点で予想することはできないとしても、解雇法制を目の敵とする以前に、制定法の硬直さに対して、判例法理の柔軟さを認識すべきである。

希望退職の慣行

　むしろ現実の問題としては、希望退職や早期退職が解雇の回避努力義務に含まれることかもしれない[4]。従業員にとって希望退職は雇用を失うという意味で解雇と変わることはなく、割増金付きであるとしても、希望退職の募集によって解雇が回避されているわけではない。これに対して希望退職や早期退職が解雇の回避努力義務に含まれることから、何千人規模での希望退職や早期退職をみるとしても、解雇が回避されているかのように受け止められるのかもしれない。この結果、解雇が困難という主張がいつまでも続くことになるのかもしれない。そうではなく、企業にとっても従業員にとっても、解雇の回避努力は、解雇法制が想定する強制解雇を回避することではなく、希望退職や早期退職の形で人員削減に至ることを回避することであり、その手段が配置転換や新規採用の停止や非正規雇用の停止などとなる。しかしこれによっても業績悪化が続くなら、人員削減が不可避となり、それが希望退職や早期退職の募集となる。もちろん希望退職の形で人員削減が予定どおりになされるとは限らない。予定数に満たない場合に最終的に強制解雇の手段がとられ、それが司法の場で係争となる場合はもちろんある。司法が想定するプロセスをふまえた解雇に対しては、判例法理の観点からして、司法は正当の判断を向けると思われるとしても、たしかに結果自体は確定しない。

　このような観点からすると、解雇規制の反対派は、解雇法制が対象とする解雇は強制解雇であるという単純な点の理解がおそらく欠けている。あるいは人員削減の点で、そして雇用を失う点で、希望退職は解雇と同じであることの認識が欠けている。

　さらに解雇規制の反対派からは、解雇の金銭的解決を図るべきといった主張がなされるのであるが、しかし実態としては、希望退職の形で金銭的解決がなされているわけである。そして希望退職の募集人数よりも応募人数が上回る、といった事態をみることも稀ではない。それは残業規制からはじまる雇用調整のプロセスの最後の手段として希望退職の募集があるからであり、

---

4 ）この点は小池和男氏からの示唆に基づいている。

経営の悪化が深刻であることを従業員も認識し、企業の将来を見限って希望退職に応じる、あるいは割増金も危うくなることを危惧して希望退職に応じることは、ある意味で当然の行動といえる。反対に、何もしないで最初から割増金付の希望退職を募集しても、おそらく激しい糾弾の声が上がるだけであろう。いやこのような企業には見切りをつけて希望退職に応じる従業員もいるであろう。

むしろ指摘すべきは、このように整理解雇の4要件をふまえた解雇は正当とされ、かつ希望退職の募集が解雇の回避努力義務に含まれるとすると、解雇法制によって逆説的に、希望退職という形での解雇の金銭的解決が促進されることが考えられる。この意味でもまた解雇法制に対する攻撃には根拠はない。

さらにいえば、希望退職にともなう再就職支援や退職割増金を十分に行えば、解雇回避努力義務としての新規採用の停止や非正規雇用の雇い止めなどの条件は緩和できる、ということになるかもしれない。もしこれが新たな判例法理となるのであれば、皮肉なことに、解雇規制の反対派の主張は、解雇法制によって実現されることになる。ただし、たとえそのような判例があったとしても、日本企業の多くは雇用調整にあたって、時間短縮からはじまるプロセスを踏襲し、配置転換や新規採用の抑制によって時間をかけた調整を行い、最終的に希望退職の形で人員削減を行うであろう[5]。

これに対して、企業にとっては希望退職の問題として、転職可能な有能な者から退職するという問題があげられる。さらにその規模が大きくなる場合には、希望退職の募集がたとえば50歳以上の全員、といった形でなされるケースもある。敵対的労使関係とみなされる国においても人員削減は希望退職や早期退職の方式が一般的となっているのであるが、その場合にも、希望

---

5) 筆者は1990年代の前半、ビジティングとしてLSEの労使関係学部（当時）に滞在したのであるが、修士課程の新入生のためのオリエンテーションとして、企業買収による解雇を想定した学生同士のロールプレーがなされた。それは学生を組合側と経営側に分けて交渉させるものであったが、組合側の学生に与えられた課題は、経営側の強制解雇の方針を撤回させて希望退職に持ち込むためにはどうすればよいかというものであった。敵対的労使関係というか、Hire and Fireの国であればこのような交渉は驚きではないとしても、彼我との違いを認識させられたことを思い出す。

退職や早期退職は個別の退職勧奨として行われる点で、たしかに日本企業との違いはある。もちろん日本企業でも「肩たたき」は別段珍しいことではない。ただ公然と行うことには制約があり、ゆえに隠微に行うことが「追い出し部屋」といった問題を引き起こすことになる。これを避けるとなると、ある年齢以上の一律の希望退職の募集となる。

　ゆえに従業員側からは、希望とは名ばかりで、現実には強制に近いといった非難が向けられ、企業側からは、希望とは名ばかりで、現実には無差別となることの不満があることは容易に想定できる。この結果、有能な人材が韓国企業や中国企業に流れることや、希望退職を迫って陰湿な圧力が加わることは容易に想像がつく。おそらく一律無差別の方式であることによって、大量の人員削減が従業員のあいだの対立や不満を顕在化させることなく可能になるのだとしても、企業にとっては選択の余地が奪われてしまうことは間違いない。これは日本の労使関係のジレンマであり、調整のコストという以外にないのであるが、このアキレス腱を個別の退職勧奨によって断ち切るという手はもちろんある。この結果はおそらく労使関係の悪化であり、しかし大量の人員削減ののちの再建は残った者たちの意欲にかかっている以上、おそらくコストをかけた調整が選択されるのだと思われる。

　人員削減が不可欠である以上、そのためにも労使関係の安定や協調を維持することが不可欠である。このようにいったとしても、そのような秩序から非正規労働者が排除されているのは不当、といった非難は成り立つ。どのような社会であれ、秩序はそのようなもの、としかいいようがないのであるが、だからこそ秩序に「包摂（inclusion）」することが課題となる。次にみるように、非正規雇用問題は、正社員としての秩序にどのように包摂できるかが課題となるのであって、たとえこれが困難であるとしても、正社員の制度を否定することとはまったく異なる。あるいは司法の判断が社会の秩序や支配的見解を基準とすることは、それらが変化すれば司法の判断も変化することを意味している。現に解雇のためには4要件のすべてが必要という基準は大きく緩和されている。解雇の必要性の判断に関しても、解雇を不当とした現実の事案をみれば、実際には組合との協議や説明を無視した会社側の一方的な

227

解雇の場合が多い（水町 2011）。むしろ現実には、企業合併や買収によって人員削減は大きく進むわけであり（久保・齋藤 2007）、それは司法の判断としても人員削減の必要性が承認されると同時に、雇用削減のプロセスが労使のルールに従ってのことであるからだと思われる。さらに、非正規雇用の雇い止めに関しても、格差社会の重大な問題として、世帯としての非正規雇用の存在がある以上、非正規雇用世帯雇い止めを解雇の回避努力要件からはずす、あるいはその雇用維持を解雇の回避努力要件に含める方向に、判例の修正が生まれることも考えられる（濱口 2009）。おそらくこの場合にも労使の協議と合意が先行するわけであり、先に述べたように、そこに CSR 重視のガバナンスの観点から、非正規労働者をステークホルダーのメンバーとする意識が作用することも考えられる。解雇規制の撤廃を叫ぶ前に、正社員が構成する労使関係の変化を促す方向を考えるべきである。

OECD の指標

以上、経済的理由による整理解雇に関しては、調整のコストをかけてのことであるが、日本企業は人員削減の制約に直面しているわけではないことが指摘できる。これに対して OECD による各国の雇用保護（employment protection）の指標をみると、日本は解雇困難な国と分類され、これを持ち出し、だから日本企業は国際競争に後れをとるのだといった主張もまた繰り返される。この点について述べておこう。

表 6.3 は OECD の 2004 年と 2008 年の指標からいくつかの国を抜き出したものであるが、左側のパネルの 3 列目に示されるように、解雇の困難性に関して、日本は 28 カ国中、上から 7 位に位置づけられる。指標は 5 段階であり、アメリカ、イギリスの顕著な低さ、そして手厚い雇用保険や訓練制度を備えたうえでアメリカ、イギリス型と同等の解雇の容易さの国に転換した「フレキシキュリティ」のデンマークの位置も確認できるが、日本の解雇の困難性はドイツ、フランスと比べてそれほどの違いがあるわけはない。

要するに「調整された市場経済」では解雇は相対的に困難だということであるが、しかしこれまでにみてきたように、希望退職を解雇とすれば、日本

第6章　日本の雇用制度の行方

表6.3　各国の雇用保護の指標

	手続き	予告期間・手当	困難性	全体指標		常用雇用	臨時雇用	集団解雇
デンマーク	1.0	1.9	1.5	1.5	デンマーク	1.6	1.4	3.1
フランス	2.5	1.9	3.0	2.5	フランス	2.5	3.6	2.1
ドイツ	3.5	1.3	3.3	2.7	ドイツ	3.0	1.3	3.8
日本	2.0	1.8	3.5	2.4	日本	1.9	1.0	1.5
オランダ	4.0	1.9	3.3	3.1	オランダ	2.7	1.2	3.0
スペイン	2.0	2.6	3.3	2.6	スペイン	2.5	3.5	3.1
イギリス	1.0	1.1	1.3	1.1	イギリス	1.1	0.4	2.9
アメリカ	0.0	0.0	0.5	0.2	アメリカ	0.2	0.3	2.9
28カ国平均	2.2	1.7	2.7	2.2	30カ国平均	2.1	1.8	3.0
日本の順位	14位	13位	7位	12位	日本の順位	19位	21位	29位

出所：OECD, Employment Outlook, 2004.　　出所：OECD, Employment Outlook, 2008.

　企業にとって解雇が困難であるわけではない。希望退職の募集を行うことが整理解雇すなわち強制解雇の条件になるという意味で解雇が困難であるとしても、日本企業にとって強制解雇の困難のために人員削減が妨げられているわけではない。むしろ残業規制や配置転換など、雇用調整の労使の合意に従うかぎり、早期退職や希望退職による人員削減は容易に行えるということもできる。これはまた、表6.3の右側のパネルに示された集団的解雇の困難度に関して、その顕著な低さにみることができる。常用雇用と臨時雇用に関しては個別解雇の困難度であるが、この2つに関しても日本は30カ国中20位前後で相対的に解雇が容易と位置づけられるのであるが、それにもまして集団的解雇に関しては、日本の困難度は30カ国中29位、最下位はニュージーランドであるが、これに次いで解雇が容易であることが示されている。

　上記の集団的解雇の困難度は、解雇の届け出義務や解雇補償の追加的コストなどで測られる。たとえばドイツに関しては、先に述べたように、監査役会の半数を従業員代表としたうえで（500～2000人規模では3分の1）、労使の共同決定を必要とし、さらに公的機関への届け出と解雇の選定基準の承認を必要とし、かつそのうえで退職金および解雇補償金等の承認を必要とする。解雇の金銭的解決を提唱する論拠としてしばしばドイツの事例が持ち出されるのであるが、解雇補償金だけを取り出して言及するのはあまりに恣意的

かつ一面的である。同じくフランスに関しては、50人以上の解雇は公的機関への届け出が必要とされ、それに対して中央政府や地方政府が待ったをかけ、計画が修正されるといった話を聞く機会は多い。あるいはアメリカに関しても、レイオフの自由と同時に先任権の規定ほど長期在職者の雇用を保護する制度はほかにはない。これに対して日本の場合には、解雇の無効判決以外には、人員削減そのものには規制という意味での制約はほとんどないといえる。唯一の制約は労使の合意であり、それを補完するものとしてかろうじて判例法理が存在する。

もちろん、残業規制からはじまる雇用調整のプロセスに従うだけの余裕がない中小企業では、一気に強制解雇に進まざるをえないということはある。あるいは希望退職の手当ても解雇補償の手当ても期待できないということにもなる。だから大企業の正社員は優遇されている、といった声が予想されるのであるが、むしろだからこそ、希望退職を含めて解雇の補償金を明示するための規制が必要とされる[6]。あるいは一時の変動に対処するための雇用調整助成金の制度が重要となる。

職務限定社員制度

しかし、雇用調整のプロセスを可能なかぎり省こうとする企業もまた存在する。これらの企業が飛びつくのが、職務限定社員制度のようである。つまり職務内容や勤務地を雇用契約に明記し、職務がなくなれば自動的に解雇とすることを認める制度の検討が報道されている（『日経新聞』2013年4月20日付）。

ただし、流通や金融の分野では、職務限定や地域限定の雇用制度はすでに存在する。あるいは派遣や契約社員など、現実に職務限定の社員は存在する。これに加えてなぜ職務限定社員制度が提唱されるのか。その理由としては、

6）解雇の金銭的解決方式を推進するために、補償金額を明示することが提唱されている（『日経新聞』2013年3月15日付）。ただし、それは整理解雇が最終的に裁判で争われる場合だけでなく、希望退職も含めて解雇の最低保障額を明示すべきであると思われる。しかしこのことと雇用調整をどのように進めるのかは別の問題なのである。

派遣や契約社員に対する契約期間の制約、派遣社員であれば最長3年、契約社員であれば最長5年の制約があることから、これを職務限定の正社員制度によって取り除くことが意図されているようである。つまり、正社員とすることにより契約期間を明示する必要はなくなり、かつ職務がなくなれば自動的に解雇ができる。企業にとってこれほど好都合な制度はない。派遣や有期契約の雇用に対して唯一残っている規制が巧妙に回避されることになる。

　おそらく制度の提唱者の意図は、派遣や契約社員が職務限定の正社員になることにより、処遇が大幅に改善されるという点にあると思われる。あるいは職務限定を明示することにより雇用維持の必要性はなくなることから、派遣や契約社員の正社員化が促進されるという点にあると思われる。たしかにこれは非正規雇用問題に対する有力な解決策であるということもできる。ただし現状においても、派遣や契約社員が正社員として採用されることはそれほど珍しいことではない。これをいかに促進するかが課題となるのであるが、雇用期間の制約に抵触しそうな場合に職務限定社員に切り替えるというのであれば、これによって正社員として採用が促進されるかといえば、それは怪しい。あるいは派遣や契約社員が職務限定社員になることによって一気に処遇が改善するのであれば、むしろ現実の格差が露呈されるであろう。

　それよりも、一部の従業員に限定してということであるが、派遣や契約社員だけでなく、既存の正社員もまた職務限定社員に切り替えることが意図されているようである。このような方針自体は別段驚きではない。これまでにみたように、長期雇用を中核的業務やコア従業員に限定するという方針が強まることを想定すれば、残りを雇用維持の制度を取り除いた職務限定正社員にするといった方針が生まれることは不思議ではない。要するに日本企業はコア従業員と職務限定社員に二分されることになる。

　たしかにこれによって雇用調整としての残業規制や配置転換は不要となり、雇用調整は一気に進むことになる。事実、四半期で雇用調整を行うアメリカ、イギリスでは、失業（unemployment）は job loss と表現される場合が多い。つまり、職務（job）を単位として採用と解雇が決まり、賃金が決まる雇用制度であるが、これが解雇自由（Hire and Fire）の制度となる。しかしその帰

結は、職務編成の硬直化であり、敵対的労使関係や arm's length の雇用関係であった。つまり、職務を単位として採用と解雇が決まる以上、労働者側はそれぞれの職務の厳格な区分を要求し、明示された職務の遂行以外はいっさい協力しないことを方針とする。しかし、生産性の向上や柔軟な職務編成の必要から、このような敵対的関係の改善もまた模索されている。ただしそれが結局失敗に終わるのは、経営側の Hire and Fire の行動に対して、労働者側の協力が撤回されるためでもあった（Marsden 1999）。

　職務限定社員が正式に制度化され、それがどの程度浸透するかはいまの時点では不明だとしても、もし既存の正社員の制度を職務限定の正社員の制度に切り替えるなら、日本の雇用制度は大きく変化することは間違いない。それは職務給の制度に帰着するのであるが、日本企業はこの欧米の制度を意図的に排除して職能資格の制度を導入した。にもかかわらず解雇の自由を目的にして、職務限定社員制度の導入を意図することは、けっして有益な選択ではない。いや、職務給の制度を導入する企業があってもよい。ただしそのために解雇自由の職務限定社員制度を導入するのであれば、それは本末転倒している。自由に雇い自由に解雇する Hire and Fire の制度を市場経済の原理として理想とするのでなければ、日本企業にとって有益な点は何もないわけである。もし組合がこれに反対するのであれば、組合員である現場の従業員全員に職務限定社員制度の導入を要求すればよい。ただちに根を上げるのは企業側であるといえる。というよりも、アメリカ企業やイギリス企業はこのような制約のもとで行動しているのであり、一部の従業員だけに適用すれば問題はないとするのは、いつもながらの制度のつまみ食いというか、安易な便宜主義というほかはない。むしろこの制度の1つの利点として、上記のように、これによって職務限定社員と派遣社員の格差が明確になるということがある。両者とも同じ職務限定の労働者であり、かつ同じ職務給の制度が適用される以上、2つのあいだの格差があらわとなり、企業は明確な是正を迫られることが考えられる。

　以上、既存の雇用調整のルールや慣行を前提とするかぎり、日本企業にとって解雇が困難という問題はないといえる。ただし、個人的理由による普通

解雇に関しては話は違ってくる。これを次にみよう。

普通解雇

　日本企業にとって解雇規制の問題があるとすると、それは個人の理由による普通解雇に関してであると思われる。これまでに述べてきたように、企業の経済的理由による整理解雇に関しては労使のあいだでそのプロセスが合意され、それが判例法理として示されるのに対して、個人の理由による普通解雇に関しては、就業規則や労働協約の形で合意があるとしても、それが対象とするのは不法行為にかかわる懲戒免職であり、個人の業務行為に関してではない。そしてこの点での判例は極度に抑制的である。

　先に述べたように、解雇権濫用の法理そのものは整理解雇が重大な問題となる1970年代以前に形成され、過去の判例をみると、とくに組合活動を理由とした指名解雇に対して不当とする判決が下される場合が多い。これは1960年代においても同じであり、この意味で解雇規制は個別の解雇に対して個人を保護する視点から形成されたということができる。ただしこの結果、ある事件の最高裁判例（高知放送事件）は、解雇によって個人が被る損失とその個人の行動によって企業の側が被る損失を比較考量したうえで、後者が前者を上回らないかぎり、解雇は不当とするものである。先にみた濫用的企業買収の法理に対する批判と同様、たしかにこのかぎりでは、「あからさまな弱者救済論を採用したもの」との批判は免れない。この基準を適用するかぎりよほどのことがなければ個人的理由に基づく解雇は困難となる。

　おそらくこの点は、成果主義の導入とともに重大な問題となることが予想される。外資企業では低業績者に対する個別の退職勧奨が暗黙に合意されている、あるいは自明の事実になっていることが指摘されるのであるが、日本企業では就業規則によってもそのような合意はなく、それを個別の解雇として裁判で争うと上記のように企業側が不利となるのであれば、成果主義によって個別の業績評価が強まるとともに、この点での問題が深刻化することが予想される。いや外資企業の場合にも、本国と同じ方式で解雇を行う結果、裁判となり、敗訴となるケースも多い。これらのことから低業績者に対して

退職を迫る陰湿な圧力が加えられることは容易に想像がつく。あるいはこのような紛争を回避するために、長期雇用の放棄の方針を前もって明示する方向が強まることも考えられる。

　このような点から、解雇が困難であるために新規の採用が抑制されるといった議論が当てはまるのは、普通解雇に関してであるといえる。いやこの場合も採用自体は必要に応じてなされるわけであり、ただ採用はより慎重となり、新卒採用よりも経験者の中途採用に傾くことが考えられる。もちろん中途採用であっても、その個人の働きは期待外れであり、しかし解雇は困難というケースはもちろんある。この結果、その個人にかえてより適切な個人の採用が妨げられるという意味で採用が制約される。このようなもってまわった理由づけではなく、合理的な職務編成のために個別の解雇の自由を求める主張は否定できない。そこで、既存の解雇規制との両立を可能とする方式として、採用後の一定期間は試用雇用とし、その働きぶりから解雇の選択も可能とすることが提唱されることになる（大内・川口 2012）。

　これは次の非正規雇用問題や新卒者の雇用問題に関連して再度検討することにして、このような部分的な解雇の自由や解雇の規制緩和だけでなく、解雇規制の反対派は、割増金付きの個別退職勧奨そのものを制度化し、それに応じることのない場合の普通解雇の自由を主張するのであろう。これは一面では割増金付きの希望退職によって整理解雇の紛争を回避することと類似している。しかし整理解雇の場合には、希望退職を含めて雇用調整のルールが合意されるのに対して、普通解雇の場合には、個別の退職勧奨に関して明示されたルールがあるわけではない。韓国企業や中国企業で導入されているという業績評価の下位5％は自動的に解雇とするというルールを適用するのであれば話は別であるが、現実には従業員の個別の評価をめぐって紛争が生じることが当然考えられる。ゆえに評価の妥当性や納得性を高めることがいま以上に必要となるのであるが、この点に関して第5章では、企業統治に関して従業員は発言の機会を強く求めていることをみた。この観点から1つ考えられることは、退職勧奨を受けた個人の業績評価や能力形成の機会などに関して再吟味の制度を労使で形成することがある。ただしこれが困難であるこ

ともまた明白であるが。

　そのうえで個別の退職勧奨に基づく解雇の正当性を主張するとなると、おそらくアメリカ方式しかありえない。つまり、個人ごとの職務要件を厳格に定め、毎期の業績評価を厳格にしたうえで、アウトの勧告を行う。そして裁判に備えて、能力形成の機会を提供していることを明示しておく。そして再就職支援を行うことも明示する。反対にいえば、従業員にとってもみずからの地位を守るためには、職務の厳格な定義と職務の厳格な割り当てを要求する。つまり、上記の職務限定社員の制度であるが、この結果が生産組織の硬直化であるとしても、職務をそれぞれ切り放して定義することが可能なモジュラー型の組織構造であれば、このような硬直性がむしろ好都合だということもできる。要するに、厳格な組織構造によって人を取り替え自由とし、これによって組織の効率性を高めることができる。反対にいえば、日本企業がみずからの競争優位の条件をインテグラル型の組織構造に求めるかぎり、アメリカ方式は適切ではないというだけのことである[7]。

　アメリカ方式を採用する企業があるとして、個人の理由による解雇が裁判で争われるとすると、はたして司法はどのような判断を下すであろうか。現実には裁判ではなく労働審判制度を活用し、調停と和解金の形で解決を図ることが推奨されるべきであるが、そのためにも和解金や補償金の額を引き上げる必要がある。ただし、「金で買えないものはない」と豪語して行う敵対的企業買収に対して、司法は買収の正当理由を判断し、経営の責任を負うのでない敵対的買収は濫用的買収としたのと同様、「金で解決できないものはない」といわんばかりの解雇自由の主張に対しては、おそらく司法は、金では解決できないものとして、濫用的解雇と判断することもまた考えられる。

---

7) Marsden (1999) は職務の定義の厳格さと職務の割り当ての厳格さを基準としてアメリカ、イギリス、ドイツ、日本の雇用制度を類型化する。もっとも厳格つまりは硬直的な雇用制度がアメリカとなるのであるが、それは企業側の裁量を警戒し、それを拒否する労働者側の行動の結果でもあることが示される。反対に、もっとも柔軟な雇用制度が日本となるのであるが、そのためには企業側の裁量が従業員を不利としないことの暗黙の合意が必要となる。このことが雇用調整のルールを含めて、日本企業の労使のあいだの雇用ルールとして形成されてきた。アメリカ方式の採用自体を目的とするのでないかぎり、わざわざ日本方式を破棄する必要はないのである。

これらのことを含めて現実の解雇の紛争に関しては、司法の判断に委ねる以外ない。司法の判断を批判することは当然であるとしても、それが「市場の原理」と異なるという理由で司法のルールが否定できるわけではない。司法が「社会の原理」に立つかぎり、その判断が「市場の原理」と合致しない場合があることは当然であり、社会の支えをなくして市場が成立するわけではない。これまでに述べたように、敵対的企業買収に関しても、現在の日本の司法の判断は、ステークホルダーの観点に立つものである。それは裁判官の主観的意識ではなく、企業の存在をステークホルダーの共同利益体とするという社会の原理に基づいてのことである。これと同様、解雇に関する司法の判断は、労使の秩序や協調を守る、さらにいえば社会の秩序を守るというものであり、そのためには雇用の安定が不可欠であるとする社会の原理に基づいてのことである。この点で日本の社会がアメリカ社会と異なるとしても、それこそが社会の多様性である。そして現在の社会の最大の課題は非正規労働者の状態をいかに改善できるかにある。これを最後に述べよう。

6.3　非正規雇用問題

正規と非正規の二重構造か

　あらためて指摘するまでもなく、日本の雇用システムにとって現在の最大の問題は非正規雇用と格差社会にある。第一に、非正規雇用の低賃金、低所得の問題がある。仮に非正規雇用の賃金を時給1000円とすると、年に2000時間働いたとしても、200万円の所得にしかならない。いわゆる相対的貧困ライン（全国民の年収の中央値の半分以下）よりは高いとしてもその近傍にあることは間違いない。では時給1000円を引き上げるべきか。しかし非正規雇用の賃金は、市場原理が命じる競争市場賃金でもある。ちなみにアメリカでは、時給8ドル以下の非正規雇用で本当に生活できるのかと問うたルポルタージュの書物が評判を呼んだ（Ehrenreich 2001）。当時の1ドル120円で換算すると、日米の非正規雇用の賃金は、概算としても見事に収斂する。要するに市場原理の圧力は単純労働をグローバルに平準化する。このルポルタ

ージュは時給8ドル以下の貧困家庭を生み出すのはアメリカの恥だと憤慨するのであるが、しかし時給引き上げが非正規雇用自体の縮小となり、雇用環境のいっそうの悪化となることもまた否定できない。貧困に対する救済があるとすれば、社会政策の観点であり、おそらくもっとも有力なのは、「負の所得税」であろう。そのためには納税者番号の導入という社会の合意がなければならない。ようやく共通番号制度が成立したのであるが、社会保障制度との一体的運用は依然手つかずの状態である。

　第二に、低賃金の仕事そのものをなくすことはできないとすると、それを誰が行うのかの問題がある。これまではその多くは家計補助としての主婦パートの仕事であった。現在もパートの圧倒的多数は主婦パートであることに変わりはない。そして家計補助であることによって、非正規雇用の低賃金が格差社会となることが回避されてきた。家計の安定を目的とした主婦パートの働きは、スーパーのレジ係をみればわかるように、そのサービスの質においておそらく他国を凌駕する。しかし、それが世帯主の仕事になれば、ただちに格差社会の問題が露呈する。2000年代に入ってからの正規雇用の急速な縮小と非正規雇用の急速な拡大は、世帯としての非正規雇用の増大を生み出したことは疑いない。もっとも世帯だけの問題であれば、低所得に違いはないとしても、夫と妻で合計400万円の年収は可能といえる。ただし、非正規雇用の雇い止めにあえば世帯としての収入は断たれる。この意味で、世帯としての非正規雇用は、正社員の雇用と同等に扱われる必要がある（濱口2009）。

　問題は非正規の単身世帯であり、派遣切り騒動で垣間みたように、家族から切り離された単身の非正規雇用が相当数に上ると思われる。非正規雇用の問題が低賃金や雇用の不安定だけでなく、所属や帰属の喪失にあるとすると、それはただちに社会問題と結びつく。これまでは日本の非正規雇用の若者は家族に帰属しているために社会問題化することが回避されるとみなされてきたのであるが、現実には働く現場の人間関係から切り離され、家族からも切り離されている姿をみるのであった。そして孤独と絶望は自殺に至るか、自死を求めて凶悪犯罪に至るケースもまた現実となっている。これもまた社会

の問題であるという以外にない。格差社会のアメリカであれば、救済のために教会やその他のボランティア組織が登場するのに対して、「派遣村」が日本社会の現実である。

　第三に、正規雇用と非正規雇用が固定化されるという問題がある。正規雇用と非正規雇用が区別されることは不可避であるとしても、非正規から正規への移動はきわめて困難であり、非正規雇用の状態に閉じ込められる。この意味での正規と非正規のあいだの「二重構造」こそが格差社会の本質的な問題だということになる。

　ただし二重構造という表現は誤解を生むかもしれない。かつて日本の大企業と中小企業の関係が二重構造と呼ばれたのであるが、そのように表現することによって、大企業と中小企業のあいだの生産性や賃金の格差だけでなく、そのような格差を生み出す要因が「構造」として固定化されることが問題視された。つまり、大企業と中小企業のあいだの下請けの「構造」であり、これによって中小企業は大企業の犠牲となり、大企業と中小企業間の格差は解消しないということが自明のごとく語られた。しかし、その後の日本経済の成長とともに、中小企業から中堅企業そして大企業へと成長する企業をみることになり、かつての二重構造論はいつの間にかすたれてしまった。これに対して新たな二重構造論、すなわち正規雇用と非正規雇用のあいだの二重構造論が支配的な論調となっている。かつての大企業と中小企業のあいだの二重構造論と同様、正社員の恵まれた雇用は非正規社員の犠牲のうえに成り立っている、ゆえに非正規社員はその状態から抜け出せない、といった主張をみることになる。かつての二重構造論にあっては、その論者の感情は、「大企業が悪い」であった。これと同様、雇用の二重構造論の論者の感情は、「正社員が悪い」、であるようだ。

試用雇用

　問題は、これらのことから非正規雇用問題にどのように対処するのかにある。正規と非正規の区別をなくせば格差の問題もなくなる、そのためには正規も非正規も市場原理に基づく流動的雇用とすればよい、といった議論は論

外とすると、可能な方向は、非正規雇用から正規雇用への移行を促進させることにある。

もちろんこの困難が非正規雇用問題であって、この意味で議論はつねに振り出しに戻るのであるが、その理由が日本の雇用システム、すなわち内部労働市場のジレンマに帰着することは間違いない。つまり日本の雇用システムは、内部訓練と内部昇進を軸とした内部労働市場として制度化されるのであるが、この結果、正社員へのルートは限られ、その評価も職務だけでは決まらない。これに対して、同一労働同一賃金の職務給の制度であれば、正規と非正規の区別は労働時間の違いだけとなり、職務の違いを除けば格差問題は生まれないといった指摘はそれとしては正しい。そして職務を単位として採用と解雇が決まるアメリカ・イギリス型の雇用制度、すなわち Hire and Fire の雇用関係が成立すれば、正規と非正規の区別をなくした流動型の労働市場が成立するという主張もそれとしては正しい。先にみたように、これと近似するのが職務限定社員の制度であり、一部の従業員に限定するのでなくすべての従業員に適用されるなら、日本の雇用制度はアメリカ・イギリス型や「自由な市場経済」型に転換する。事実、平田周一と勇上和史は、日本、ドイツ、イギリスを比較して、初職が非正規雇用であった者のうち1年後に正規雇用を獲得する可能性は、イギリスが約50％、ドイツが約20％、日本が約10％であることを発見している（平田・勇上 2011）。たしかにドイツ・日本型の「調整された市場経済」において非正規雇用問題はより深刻となる[8]。

しかし、非正規問題を解決するために内部労働市場の制度を否定し、あるいは職能給から職務給の制度に変更することは、短絡という以外にないであ

---

[8] ただし平田・勇上（2011）では言及されることはないのであるが、解雇自由のイギリスでは、非正規から正規へ移行したとしても、正規としての雇用の継続性が保証されているわけではない。おそらく非正規から正規への移行と同程度に、正規から非正規への移行があると思われる。またドイツに関しては、後述するデュアルシステムの修了者がただちに正規の職を見つけることができなかったために一時的に非正規の職に就き、その後正規の職に移行するのだと思われる。これはデュアルシステムの制度としての有効性を示すものであるが、もし日本と比較するのであれば、デュアルシステムから排除された者を取り上げるべきだと思われる。おそらく日本よりも正規への移行の壁ははるかに高いであろう。

ろう。もちろんモジュラー型の組織構造に作り変えるのであれば、個々の職務は他の職務と切り離して定義できるため、職務給の制度に転換しても問題はない。そして職務の獲得をめぐって労働者間での競争が起こる。そこには正規と非正規の区別はないとしても、短期雇用者や新卒の若者は未経験者として弾き飛ばされてしまうであろう。

　小池（2005）が詳述するように、内部労働市場を前提として、非正規雇用から正規雇用への移行を図る制度が、かつては中小企業の労働者を対象とした臨時工の制度であった。つまり、中小企業の労働者は大企業の臨時工として雇われ、2～3年の働きぶりから、本工への採用の可能性が与えられた。このような方式は1960年代の高度成長とともにすたれたのであるが、その理由は労働需要が高まり、新卒定期採用が中心となり、加えて中卒から高卒へ学歴が高まることの結果、臨時工としての労働供給がなくなったためであった。

　これに対して、今後の日本経済が本格的な低成長経済に移行することにともない、かつての臨時工の制度が復活するかもしれない。現実には契約社員や派遣社員としての雇用ののち、その働きぶりから正社員として登用するといった事例をみることは珍しくない。契約社員の比率を大きくする流通・小売業ではその意欲を高めるためにも、契約社員の正社員化が進んでいることが指摘されるのであるが、これをより一般化して、正社員としての採用においても一定期間は試用雇用とし、本採用としての採用に関しては企業側の自由裁量を認める方向が、試用雇用制度として提唱されている（大内・川口 2012）。つまり試用期間終了時の解雇の自由であるが、これによって本採用が拒否される者が生まれると同時に、新たに試用雇用のチャンスを得る者が生まれることになる。

　類似の表現として厚労省による「トライアル雇用」があるが、それは非正規雇用の若者に対して3カ月間の「トライアル雇用」を行う企業に助成金を支給する制度であるのに対して、「試用雇用」の制度は、新規採用の全体にかかわる制度という意味で、その衝撃ははるかに大きい。これに対して職務限定社員の制度は、雇用期間の制約に抵触しそうな派遣や契約社員に適用さ

れるかぎり、効果は限定的となる。ただしそれがコア従業員以外の正社員に適用されるのなら、その効果は破壊的となる。

　これに対して試用雇用の制度は、一般に海外企業にみられる大卒ホワイトカラーを対象とした見習い制度やトレーニー制度として理解できる点でも現実的であると思われる。かつての臨時工の制度は中卒の工場労働者を対象としたのに対して、試用雇用が想定するのは大卒のホワイトカラー労働者であり、かつ大卒労働者は増加の一途をたどっている。この意味で、新規学卒者であれ非正規労働者であれ、非正規雇用問題が正社員としての採用が閉ざされている点にあることを考えると、まずは試用雇用としての採用の機会を広げることの利点が指摘できる。試用期間として採用の可能性が広がるなら、その後は本人次第となるだけである。あるいは大卒者においても平均すれば入社後3年で3割が離職することが指摘され、その原因が仕事とのミスマッチであることを考えると、2～3年程度の試用期間はミスマッチの解消のためにも有効といえる。

　ただし、かつての臨時工の制度にあっては、その不安定な状態だけでなく、本工に採用されるためには雇い主に全面的に従わねばならないといった側面が問題視され、それらが「臨時工問題」として語られた。これと同様の問題が試用雇用においても生まれるかもしれない。現にフランスでは、試用雇用の制度を拒否したのは若者であった[9]。この意味で試用雇用の制度が定着するためにはその運営を監視する仕組みが必要とされる。でなければ「ブラック企業」がのさばることにもなりかねない。この点を含めて試用雇用の制度の整備と定着が必要とされている。

9）フランスの場合は2年間の試用期間ののち、理由を問わず解雇の自由を与えるものであった。先に述べたように、新卒優先ではないフランスの若者はこれまでも厳しい雇用環境に置かれてきたわけであり、試用雇用の制度は自分たちの雇用環境をさらに悪くするだけ、と受け止めた。この点は、野原博淳氏からの指摘による。それにしても自分たちの雇用環境を左右するかもしれない制度の提案に対して、日本の若者は無関心というか無気力である。これが新卒優先の帰結であるとすると、この点からしても新卒優先を修正する必要性があると思わざるをえない。

職業訓練を有効とするために

　非正規雇用問題に関してつねに主張されるのは、職業訓練の必要である。それは非正規雇用から正規雇用への移行のためだけではない。市場原理の立場からも、解雇規制の撤廃と同時に主張されるのは、雇用のセーフティネットとしての職業訓練の必要である。

　職業訓練が重要であることは間違いない。しかし職業訓練の低調が日本の雇用システムの現実でもある。しばしば指摘されるように、職業訓練に対する公的支出の対GDP比をみると、日本はアメリカと並んで非常に低い水準にある。OECDの2010年の数値では（OECD, Employment Outlook, 2012)、ドイツ0.31、フランス0.38、オランダ0.13に対して、アメリカ0.04、日本0.07というように、顕著な差がある。雇用政策に関しては、失業者に対する失業給付や早期退職給付などの「消極的雇用政策」よりも、職業訓練や雇用支援を通じて失業者を雇用につなげる「積極的雇用政策」の重要性が指摘されるのであるが、同じくその公的支出の対GDP比をみると、ドイツ0.94、フランス1.14、オランダ1.22に対して、アメリカ0.14、日本0.28というように、日本とアメリカの低さが目立っている。

　ゆえに、職業訓練制度の充実が不可欠であると力説されるのであるが、しかし上記の結果は、日本において職業訓練が有効に機能しないことの結果でもある。有効に機能しない制度であるために公的支出もわずかであるなら、問題は、職業訓練が有効に機能するためには何が必要かということになる。

　職業訓練の有効性は訓練が実際に雇用につながるのかどうかにかかっている。そのためには企業が必要とする技能の訓練であることが重要となる。そのうえで技能の習得を実際の雇用をつなげる制度やメカニズムが必要となる。そのためには実際に雇用する側の企業が職業訓練に関与することが必要となる。しかしこれは容易ではない。というよりも、雇用するのかどうかわからない段階の訓練に企業が関与することは、一見すると矛盾している。日本企業の方式は、雇用のあとで、個々の企業の内部での訓練であることによって、訓練は有効に機能する。しかしここから非正規雇用の労働者は排除される。あるとすると、それは企業の外部の訓練に任される。しかしそれは企

業と切り離されているため有効に機能しない。たしかに日本の雇用システムはこのようなアポリアに直面する。

 これに対して、雇用の前の職業訓練を制度化する雇用システムとして、周知のドイツのデュアルシステムがある。「デュアル」という意味は、企業内の実地の訓練と企業外の職業教育機関での座学の訓練の「二重」の訓練から構成されたということであるが、このような訓練が中・高校卒業後の若者に3年前後にわたって行われる。そしてここでの要点は、このような雇用の前の訓練を企業が担う点にある。つまり、個々の企業によって訓練生が募集され、週のうち3～4日は企業内の実地訓練であるという意味で、訓練の大半は個々の企業のOJTの方式でなされる。それと同時に、その内容を共通化することが図られる。これによって訓練修了者は職業ごとに統一化された技能資格が与えられ、それぞれの資格に応じて雇用を獲得する。企業の側も訓練修了者のなかからもっとも望ましい者を採用する。

 このようにドイツの職業訓練は、訓練の実施から最終的な雇用までのプロセスが個々の企業によって担われている。しかし当然のことであるが、この種の訓練を引き受けることを回避し、別の企業でなされた訓練修了者を獲得する、フリーライダーの企業が生まれる可能性は排除できない（Marsden 1999）。これを阻止するのが経営者団体や商工会議所であり、フリーライダーの行為は違反とされる。そのうえで、訓練内容の共通化を監視することが組合の役割となる。その理由として持ち出されるのは、賃金交渉は産業レベルの組合によるものである以上、組合の交渉力は傘下の労働者の企業間の移動可能性にかかっている、そのためには訓練内容の共通化によって技能の移転可能性が保証される必要があるというものである。他方、企業の側はこのように産業ごとの技能労働のプールを形成することにより、その熟練労働者を必要に応じて利用する。すなわち企業間の共同の制度として職業訓練が組織化される。これがドイツの「調整された市場経済」となる。

 たしかにこのようなドイツ型の職業訓練制度を前提とすれば、そこに失業者や非正規労働者を吸収すれば、それぞれの技能資格に応じて正社員としての雇用が可能になると想定できる。このような観点から、ヨーロッパにおい

てはドイツ型の職業訓練制度を模範とする考えが強い。雇用の柔軟性とセーフティネットを組み合わせた「フレキシキュリティ」のデンマークモデルも、訓練と雇用をつなげるメカニズムはドイツ型の職業訓練制度によって支えられている[10]。イギリスにおいてもブレアの時代のニート対策は、職業訓練に就くことと引き換えに福祉給付を支給し、かつ政府から助成を受けた企業で働くことを義務付けるものであった。先にみたように、非正規から正規への移行のイギリスの高さの背後にはこのようなメカニズムがあると考えられる。それは「自由な市場経済」どころか、強固な「調整された市場経済」に基づくものだといえる。

　ただし、ドイツにおいては、その強固な制度を維持することは、企業の負担からして困難となっている。またその強固さゆえに硬直化した制度とならざるをえない。極論すれば資格がなければ正規の職には就けない。そして資格に見合う雇用がなければ、失業状態が続くことになる。あるいは雇用の空きが現れるまでいつまでも待つことになる。周知のように、失業期間が1年以上の長期失業者の比率はドイツにおいて顕著に高い。そこで近年、このような制度的規制の対象外とする雇用形態が、「ミニジョブ」という形で生まれている。日本の非正規雇用の規制緩和と同様、たしかにミニジョブであれば雇用はある。雇用改革の事例としてしばしばドイツの規制緩和が持ち出されるのであるが、むしろ先行するのは日本であり、事実ドイツでは、既存の制度からの変化を称してドイツの「日本化」と呼ばれている（Thelen 2009）。

　このように各国は国ごとに固有の問題を抱えているのであるが、日本ではフリーターやニートの問題に直面することから、厚労省によって「日本版デュアルシステム」が鳴り物入りで導入された。ドイツのデュアルシステムをモデルとして、職業学校での座学の訓練と企業での実地訓練を組み合わせることが有効であるとの観点からなされたプログラムであるが、しかしその結果はまったく期待はずれに終わるものであった。厚労省の報告によれば、5

10）デンマークモデルは、濱口（2007）が巧みに表現するように、一国全体が「1つのグループ企業のようなもの」と考えると納得がゆく。配置転換のように職業間の移動を保証するわけである。

カ月間のコースとして2004年の実績で2万3000人が受講した。しかし、そのうち雇用を獲得したのは68％、その内訳は、正社員が49％、派遣が16％、パート・アルバイトが35％である。要するに2万3000人の訓練に対して正社員の雇用は全体として33％にすぎない。

　この結果は別段不思議ではない。ドイツのデュアルシステムはその訓練が企業によって担われるのに対して、「日本版デュアルシステム」は、その実施が民間の専門学校に委託された。そしてこのような委託方式は、市場原理の観点から、職業訓練の民営化や民間委託をすれば競争によって効果が高まるといった主張に従うものであった。あるいは公的な職業訓練機関としての「雇用・能力開発機構」は、企業内訓練が制約された中小企業従業員の訓練を支援するものであり、ニートやフリーターの職業訓練は民間に委託する以外になかったという事情もあった。しかしドイツモデルを見習うとすれば、専門学校への委託ではなく、実際に雇用する企業への委託であるはずだ。

　このような観点から、厚労省の新たなプログラムとして、先に指摘した「トライアル雇用」として、非正規雇用の若者を訓練生として引き受ける中小企業への補助事業がなされている。しかしその訓練を民間企業に委託するとしても、その実施の責任がさらに事業者団体や商工会議所によって担保されるのでなければ、補助の期間が終われば雇用を打ち切るとか、別の企業で訓練を受けたものを引き抜くといったことも考えられる。これに対して、企業が共同で担う職業訓練プログラムとして、川崎市でなされた非常に興味深い事例がある。これを最後に紹介したい。

川崎の事例

　このプログラムは厚労省の「地域提案型雇用創造促進事業」としてなされたのであるが、「地域」として川崎市と川崎商工会議所が受け皿となり、その1つのコースとして、神奈川県下のソフト開発関連企業296社からなる神奈川県情報サービス産業協会によって、ソフト技術者の訓練プログラムが2005年から3年間実施された。1回4カ月間の訓練コースの受け入れから、カリキュラムの作成、講師の派遣、訓練終了後の企業インターンシップの選

定、そして最終的な雇用の確定までを協会の責任とした。応募者の平均年齢は27歳、大卒が42％、大学中退が12％、高卒が18％、応募時の状態は無業が45％、パート・アルバイトが24％、派遣が7％というように、フリーターやニートを対象とした職業訓練のプログラムであった。受講者は3年間で507人、115人は途中で辞退したのであるが、残りの395人のうち350人が会員ソフト会社に正社員として就職した。途中辞退者のうち45人はプログラムの途中で職を見つけたためであるが、それ以外の途中辞退の主たる理由は訓練期間中の生計費のためであった。

　このように途中辞退者を除くと正社員就職率は89％、途中辞退者とその就職者を含めると、正社員就職率は78％となる。いずれにせよ厚労省の「日本版デュアルシステム」と比べると、はるかに高い成果をあげている。もう1つのプログラムは川崎商工会議所が担当し、会員企業に委託するものであったが、これもまた受講者301人に対して203人（67％）の正社員の雇用を生み出した。これは特定の業種に絞った訓練ではなかったが、この場合も訓練を雇用につなげるための決め手は、会員企業に対するインターンシップの組織化とその最終的な雇用の確定を商工会議所の責任とした点にあった。2つのプログラムをあわせると、3年間の事業予算5億円で553人の雇用を生み出したことになる。1人当たり90万円であるが、訓練中の生活支援はいっさいないことを考えると、非常に高い成果であることは間違いない。

　川崎市の事例からわかることは、職業訓練が有効であるためには実際に雇用する側の企業の関与が不可欠だということであり、そのためには業界団体や事業者団体による訓練プログラム全体の組織化が必要だという点にある。川崎の事例はまったく小規模のものであるとしても、企業が共同で行う職業訓練の日本で最初のケースということもできる。

　特筆すべきは、このような仕組みを当事者たちが独自に作ったということであり、そこにはもちろん必要に迫られてという事情がある。その協会企業の多くは、川崎・横浜に集積する電機大企業向けの組み込みソフト開発を請け負う中小企業であり、大企業間の製品開発競争にともない慢性的な人手不足の状態にある。このことが業界団体として若年層を対象とした職業訓練プ

ログラムに取り組むことの原動力になったと思われる。

　ここからわかることは、企業が共同で関与する職業訓練が可能であるとすると、それは地域を単位とした人手不足の中小企業の分野であろう。大企業であれば個々の企業の内部労働市場で必要とする人材は調達できる。これに対して中小のソフト企業が乱立するこの業界では、まずはソフト業界に若者を引きつける必要がある。単なる人手ではなく、4カ月間の基礎的訓練であるとしても、それによってソフト業界で働くことの意識と意欲をもった若者を見出す必要がある。またプログラム参加企業はそれぞれ熱心に企業内訓練に取り組んでいる。おそらく雇用ののちの企業内訓練に熱心であるために、雇用の前の基礎的訓練のカリキュラムを業界として組み立てることができるのだと思われる。

　このようにソフト開発という共同の職業意識が、業界団体としての職業訓練の実施を支えている。これは人材獲得に苦しむ中小企業の窮余の策であるとしても、日本企業の代名詞が閉鎖性であるなら、それを乗り越える試みであることもまた間違いない。現在、雇用増が見込める分野、つまりは人材不足の分野として、医療や介護や福祉の分野があげられるのであるが、これらに対してもここで紹介した試みが有効であると思われる。そのためには公的支援と同時に、個々の企業をまとめる団体とそのリーダーとなる企業の存在が重要となる。

　そのうえで大企業が関与する余地はもちろんある。ドイツ型の職業訓練制度は、企業は訓練の場を提供するというものであり、これと同様、日本の大企業は、非正規雇用の若者に訓練の場を提供という形でみずからのCSR重視の姿勢を示すことができる。そのうえでドイツ企業と同様、優秀な者を採用すればよい。そのためにも「試用雇用」制度が有効であると思われる。事実、ドイツのデュアルシステムは、雇用契約ではなく訓練契約に基づいている。このような制度を社会の全体に確立することは困難であるとしても、「試用雇用」の制度は単なる選別のためではなく、職業訓練の制度であることによって企業と社会の全体にとって価値ある制度となる。

　最後に、上記の川崎のケースにおいても、そのソフト業界が慢性的な人手

不足であることは離職の高さを反映してのことであり、事実、上記のプログラムによっても正社員としての雇用を獲得したのちの定着は必ずしも高くない。ただ地域を単位としてソフト開発にかかわる者たちのプールが形成されるのであれば、これこそが地域労働市場の形成となる。ただし、離職の高さはその労働の処遇において恵まれないこともまた意味している。平成23年版『経済財政白書』においても、IT分野の賃金と仕事満足を日米で比較すると、日本はアメリカよりも数段劣ることが指摘されている。ここで取り上げたソフト開発の中小企業においても事情は変わらない。製造業の中小企業であれば、たとえばナノレベルの研磨技術をもつという形で仕事の価値が確証できるかもしれない。これに対して情報サービスの分野では、そのサービスの価値を確証することは困難であり、ゆえに大企業からの受注単価は容易に切り下げられる傾向にあり、極論すれば投入時間で換算されることにもなる。おそらくサービス業における日本の生産性の低さの理由の1つはこの点にあると思われる。これに抗するために、ソフト開発の中小企業は、IT技能資格の実効性を強く求めている。ソフトやサービスの正当な評価を得るためには、それを客観化した技能資格が助けになる。しかし、政府認定のさまざまな資格があるとしても、それらは実効性のあるものにはなりえていない。ゆえにIT分野の中小企業の労働は恵まれないものとなり、ひいては慢性的に人手不足の状態となる。

　非正規労働者やフリーターの若者を、内部労働市場によって組織化された大企業の正社員に導くことは困難であるに違いない。正社員としては、人手不足の中小企業の分野、たとえば情報サービスや福祉や介護の分野が現実的であろう。そのためには基礎的訓練を通じてまずはこれらの分野に人を導く必要がある。それをなすためには実際に雇用する側の企業による共同の関与が重要となる。そのうえで、その待遇を引き上げることが重要となる。これらは市場原理によってなしえるわけではなく、事業者団体から社会的な技能資格まで、社会の制度を必要とする。市場原理を支えるセーフティネットはこのような社会の制度によって築かれることを認識する必要がある。

第7章
日本企業の制度的進化

7.1 漸進的変化の多様性

　本書の目的は、バブル崩壊以降、何よりも90年代終盤の金融危機と日本企業の危機的状況を引き金としてはじまった日本の企業統治と雇用制度の変化を捉えることにあった。それを株主重視の方向への企業統治の変化のもとで、長期雇用を維持したうえで成果主義を導入するハイブリッド組織として捉え、そのあり方を検討した。このような変化の方向を新日本型の企業としたのであるが、その理由は現在の日本の代表的企業から構成されているからというだけでなく、日本型からアメリカ型、組織原理から市場原理、従業員重視から株主重視、といった単線的な変化や一面的な変化ではなく、複合的な変化、漸進的な変化のあり様をもっともよく示すからであった。最後にこの点を制度的進化の観点から論じて本書の結びとしよう。

　これまでにも幾度となく言及してきたように、各国ごとの経済システムの多様性を捉える議論として、「自由な市場経済」と「調整された市場経済」という非常に明確な分析枠組みが提示され（Hall and Soskice 2001）、経済のグローバル化や金融経済化にともないアメリカ、イギリス型の自由な市場経済の方向に変化が進むという支配的見解に対抗して、国ごとの制度の持続性の観点から、「資本主義の多様性」が示された。しかし当然のことであるが、調整された市場経済のなかでの国ごとの多様性や違いは大きい。そしてそれと同時に、国の内部での多様性もまた顕著になっている。これまでにみてきたように、日本の調整された市場経済の内部において、企業統治の変化と雇用

制度の変化から、新日本型、アメリカ型、既存日本型、衰退型の分化が生まれている。あるいは正社員の制度にみられるように、制度は持続しているとしても、その範囲はますます縮小するということもある。反対に会社法にみられるように、制度の変化は明白であったとしても、委員会型の取締役会の方向への変化はわずかということもある。

　このような観点から、ストリークとセレーンは、既存の制度の内部に生まれる変化を捉えることの重要性を指摘し、その枠組みとして変化の多様なパターンを提示した（Streeck and Thelen 2005）。つまり、変化のプロセスに関して、漸進的（incremental）と突発的（abrupt）が区別され、変化の結果に関して、連続的（continuity）と不連続的（discontinuity）が区別され、2つの組み合わせから4つのパターンが示された。制度の持続性を根拠付ける歴史的経路依存性の観点からは、突発的で不連続的な変化こそが既存の経路を断ち切るような変化であり、反対にいえば、経路依存性のゆえに、多くの変化は既存の経路の周辺的な出来事として漸進的で連続的な変化となる。同じく制度的補完性の観点からは、制度間の相互の補完性のゆえに、多くの変化は既存の制度を修正する漸進的で連続的な変化となるのに対して、突発的で不連続型の変化があるとすれば、それは既存の制度的配置を一新するたぐいの変化となる。あるいは突発的で連続的な変化があるとすると、それは既存の制度の存続を求めた変化となる。政治上の出来事として表現すれば、突発的で不連続型の変化が革命（revolution）、突発的で連続的な変化が復古（restoration）と理解すればわかりやすい。

　このような変化の4つのパターンのうち、ストリークとセレーンは、漸進的で不連続型の変化の重要性を指摘する（ibid.）。つまり、変化それ自体は漸進的であるが、変化の積み重ねの結果として既存の制度の転換を生み出すような変化であり、これを制度的進化（institutional evolution）と表現する。このような観点から、さらにセレーンは、既存の制度の内部で生まれる漸進的な変化を捉える視点として、4つのパターンを提示した。つまり、既存の制度の変更にあたって、変化に対する抵抗が強いか弱いか、既存の制度の運営や解釈の裁量が大きいか小さいかの観点から、表7.1のように4つの類型が

第 7 章　日本企業の制度的進化

表 7.1　制度変化のモデル

		対象となる制度の解釈と運営の裁量	
		小さい	大きい
変化に対する抵抗	強い	階層化	漂流
	弱い	置換	転用

出所：Thelen (2009)

示された（Thelen 2009）。つまり、既存の制度の変更にあたって抵抗が強くかつ運営の自由度も小さいために、それと切り離して新たな制度を導入する方向が「階層化 (layering)」、同じく既存の制度の抵抗は強いとしても運営の自由度は大きいために、制度自体は維持するとしてもその範囲は縮小する方向が「漂流 (drift)」、既存の制度の抵抗は弱くかつ運営の自由度が大きいために、既存の制度を破棄するのではなく新たな目的のために利用する方向が「転用 (conversion)」、そして既存の制度の抵抗は弱いとしても運営の自由度が小さいために、新たな制度に置き換える方向が「置換 (displacement)」、というように概念化された。

セレーンはドイツの事例から、「階層化」のケースとして非正規雇用の導入をあげ、「漂流」のケースとして団体交渉や職業訓練制度からの中小企業の離脱をあげる。前者は日本と同様、正規と切り離して非正規雇用の規制緩和を進めるという意味での階層化であるが、これによってドイツの労働市場を特徴付けた平等主義や連帯主義の力は弱まり、後者は制度自体は存続するとしてもそこからの離脱を認める結果、同じくドイツの労働市場を特徴付けた産業レベルの集団主義的な力が弱まることを指摘する。そして「転用」のケースとして、個別企業レベルの賃金交渉の容認をあげる。前章で述べたように、雇用を維持するための個別企業レベルでの賃金の切り下げであるが、これまでドイツでは賃金交渉は産業レベルの組合が独占し、個別企業での賃金交渉は禁じられていた。その理由として、産業レベルの決定よりも不利となる決定は禁じるという「優先的処遇の原則 (favorability clause)」があった。これに対して、賃金を切り下げて雇用を維持することは、個別企業の従業員

を産業レベルの交渉よりも不利にするものではないという形で、「優先的処遇」の制度が「転用」された。この結果、産業レベルの組合は後退し、企業レベルの労使協議会の力が強まることになる。このように公式の明白な制度変更がない状態で、既存の制度の内部の変化が労働市場の変化につながることを明らかにする (*ibid.*)。

このようにセレーンが示す漸進的変化の4つのパターンは、それぞれが既存の制度を侵食し、あるいは変質させるというものであり、この結果として既存の制度は変化する。ただし、それがどのように新たな制度の形成につながるのかは明らかではない。むしろこの点において、現実に進行する変化に対して強い危機感が向けられる。なぜならドイツの調整された市場経済は産業レベルの調整によって支えられてきたのであるが、上記のように既存の制度の「階層化」や「転用」や「漂流」によって産業レベルの調整の制度は侵食され、企業レベルの調整の制度の方向に変化しつつある。この意味でセレーンは、ドイツの変化をアメリカやイギリス型の自由な市場経済の方向への転換ではなく、あくまでも調整された市場経済のなかでの日本型の方向への変化であることを指摘するのであるが、それは同時に労働市場の分断化や二極化を進めるものとして、非常な警戒が向けられる。では日本の調整された市場経済はどのような方向に向かうのか。ドイツ型が日本化の方向に変化するのであれば、日本型は自由な市場経済の方向に変化することも予想される。そうではなく、市場型と組織型のハイブリッド型の変化ははたして可能であるのか。これが最後の検討課題となる。

7.2　ハイブリッド型の変化

これまでの分析は、日本の企業システムの変化を、自由な市場経済としての市場型の方向と調整された市場経済としての組織型の方向が交差するハイブリッド型の変化として捉えるものであった。それを青木はゲーム理論を駆使して「コーポレーションの進化多様性」の1つのパターンとして提示するのであるが (Aoki 2010)、しかし制度補完性の観点からは、異質な制度から

第7章　日本企業の制度的進化

構成されたハイブリッドはそれ自体としては不安定である可能性は免れない。つまり異質な方向が交差するハイブリッドはある意味で鞍点解のようであり、バランスを崩すなら、市場型と組織型のいずれかの方向にさらに変化、あるいは転落するかもしれない。この意味で、ハイブリッド型の変化が安定的であるためには、異なる方向を接合させる制度的な条件を考察することが必要となる。

　ちなみに酒向真理は、先の漸進的変化の枠組みを援用して、「階層化」の変化のケースとして非正規雇用の浸透をあげ、「転用」のケースとして春闘のケースをあげる。春闘に関しては、賃金交渉の役割は低下させ、春闘という制度を使ってワークライフバランスや付帯的な労働条件を交渉するように、新たな目的のために「転用」されていることを指摘する（Sako 2007）。このような分析自体は妥当であるとしても、先にみたように、ドイツに関しては「階層化」や「転用」や「漂流」の形の制度変更が進むことにより、既存の制度は内側から侵食され変質することが指摘された。それをセレーンはドイツ型システムの日本化とみなすのであるが、では日本の場合にはどのような方向に進むのか。はたしてハイブリッド型の変化は維持されるのか。

　現実の問題としてはこれまでに指摘したように、正規と切り離した非正規雇用の「階層化」に対して、市場原理の観点からの強力な攻撃がある。つまり、そのような階層化の形の制度変更のために、労働市場の格差や二重構造が生まれるのだということから、正規と非正規の区別自体を撤廃する制度変更として、正規雇用に対する解雇規制の撤廃が主張されることになる。もしこのように制度変更が進むのであれば、それは既存の制度に対する「置換」型の変化となる。

　このような「置換」型のケースは稀というのが、制度の論理でもある（Thelen 2009）。なぜなら制度はそのもとでの人々の利害関係に基づくからであり、ゆえに利害関係が無視でき、変化に対する抵抗も無視できるなら、「置換」型の制度変更も可能となる。しかし、正社員の制度の変更に対する抵抗は強固であり、ゆえに正社員の制度と切り離して、非正規雇用の制度が導入されることになる。ここからストリークとセレーンは、制度の変化を理

解するためには市場の論理や経済の効率性の観点だけでなく、利害関係という政治経済的視点が必要であることを指摘する（Streeck and Thelen 2005; Streeck 2009）。このような観点からすると、むしろ指摘すべきは、日本における利害関係の組織化の弱さかもしれない。ストリークやセレーンはドイツの事例から、労使共同の監査役会制度のように、産業レベルや企業レベルでの労働者の発言の強さを想定するのであるが、これに対して日本では、このような労働者の発言や抵抗を制度的に保証する条件はない。少なくとも制度変更に対する労働者側の発言力の低下は明白である。

　さらにいえば、利害関係の視点を前面に出すことは、政治経済的視点（politico-economic views）と社会経済学的視点（socio-economic view）の違いもまた浮上させるであろう。つまり、制度や組織の背後に人々の利害関係があることの認識では一致したとしても、前者は既存の利害関係を政治的な力関係の産物とみなす傾向があるのに対して、後者は利害関係それ自体は社会が安定的に維持されるための条件として理解する。かつてアーレントが洞察したように、利害関係すなわちinter-estは、人と人をつなぐ関係でもあり（Arendt 1958）、そのためには競争市場のメカニズムが作用すればよいとする経済学的視点に対して、関係の持続性を取り出すのが社会経済学的視点となる。これまでの議論をふまえていえば、賃金や雇用をめぐる利害関係が雇用関係として制度化されることにより、そしてそれらを一方的に破棄することを抑制した企業統治が制度化されることにより、これに基づいて個々人は将来を期待し、別の利害関係を選択することも可能となる。この意味で社会経済学的視点からは、既存の利害関係が制度として持続することの重要性が述べられるのに対して、政治経済学的視点からは、現実の利害関係における格差や不平等の観点から、既存の制度の変革が述べられる。このようなものとしてストリークは社会民主主義的視点の再構築の可能性を考察するのであるが（Streek 2009）、しかし同じ政治経済学的視点からは、解雇規制の撤廃の議論にみられるように、右派からの市場原理の主張が勝るかもしれない。これに対して、社会経済学的視点からの制度の漸進的あるいは進化的変化は、変化と同時に持続の両面から成り立つものとして理解できる。そしてこれが

ハイブリッド型の変化となる。

　ただし現実には制度の力学をみるかもしれない。つまり、正社員の制度とそれを補完する解雇法制に関していえば、利害関係の視点からは、正社員が解雇規制の変更に抵抗するために、非正規雇用に犠牲が集中するといった議論となる。しかしこれまでに述べてきたように、解雇法制はむしろ割増金付きの希望退職を制度化するように「転用」されるかもしれない。もしこのような「転用」が常態化するのであれば、そしてこれに対する労働側の抵抗が弱まるならば、あるいは裁判で容認されるならば、日本の雇用制度は内側から変容する。これに対してむしろ指摘すべきは、このような「転用」を拒むのは、労働者側の抵抗よりも、企業側の選択でもあるということかもしれない。日本企業がみずからの競争優位を新日本型やハイブリッド型の組織構造に求めるかぎり、生産組織の柔軟性のためにも、あるいは組織全体に対する貢献意欲のためにも、労使の協調関係が不可欠となる。このかぎりにおいて正社員の制度が維持されている。正社員の制度はこれ以上でも以下でもない。

　しかしこのことは正社員制度の脆弱性を意味している。それは結果として「漂流」型の制度変更となるかもしれない。つまり、正社員の制度を守るという観点から非正規雇用の制度が「階層化」の形で導入されるとしても、これによって正規雇用の領域や正社員の制度が維持される保証はない。つまり階層化が２つの制度を分離し、隔離することによって互いを維持することだとしても、現実には正規雇用の領域はますます侵食されている。あるいは正社員の制度はコア従業員への限定によって、あるいは希望退職や早期退職の圧力によって、制度としての確かさを失いつつある。要するに制度自体は存続しても、制度の力は弱体化する。事実、企業調査では７～８割の企業は長期雇用を維持する方針であるとしても、従業員調査では長期雇用の維持を期待し確信する従業員は４割程度ということが、正社員制度の現実である。このように正社員の制度は維持されるとしても、制度自体は漂流するのだとすると、それは新日本型企業の漂流を意味している。漂流の結果、アメリカ型へのさらなる制度変更が生まれ、あるいは既存日本型への回帰が生まれるかもしれない。あるいは衰退型となって漂流を続けるかもしれない。

7.3 変化と持続の二面性

　一般に日本の制度の特徴が制度の運営や解釈の柔軟性にあるとすると、先の表7.1の枠組みからは、「漂流」型と「転用」型の制度変更が支配的となることが予想される。ドイツの監査役会や労使協議制の制度が法によって裏づけられているのに対して、日本の制度は労使の合意や慣行に基づいてのことであり、これによってたしかに制度変更の柔軟性を大きくするという利点が生まれる。しかし、それがなし崩しの形での「漂流」型や「転用」型としての柔軟性であれば、ここから新たな制度の形成につながることは保証されない。それは既存の制度の衰退に終わるだけとなるかもしれない。

　では、漂流や転用ではない漸進型の制度変更は可能か。先のセレーンの制度変化のパターンは、漸進的で不連続型の変化のパターンを示すものであるが、それは漸進的な変化の結果、既存の制度が内側から侵食され、変質されるというものであった。これを既存の制度に対する不連続型の変化とみなすとしても、ここからどのように新たな制度の形成につながるのかは明らかでない。これに対して、これまでに考察した日本企業のハイブリッド型の変化は、既存の制度の変化と同時にその持続から成り立っている。つまり既存の制度の上に新たな制度が加わるとしても、それによって既存の制度の侵食や変質を意図的に避けるというものであった。この結果として新旧の2つの制度が接合され、ハイブリッド型の変化となる。

　この点をいま一度まとめると、企業統治は配当重視の意味で市場型の方向に変化するとしても、それは株主利益優先を意味するわけではなく、ステークホルダー全体の経済的価値の重視という意味で、既存の企業統治との連続を維持するものであった。ゆえに執行役員制の導入によって経営組織の変革を図るとしても、委員会型の企業統治は排除され、経営の自律を維持する方針に変化はなかった。あるいは株主重視の言明とCSR重視の言明は、対立するものではなくステークホルダー重視の意味で両立するものであった。ゆえに経営の革新を意図した取締役会改革が長期雇用を限定する方針を強める

としても、同時に CSR の意識が長期雇用を維持するように作用した。そしてこのような企業統治のもとで成果主義の導入が進むとしても、同時に長期雇用との両立が図られた。成果主義は革新的な人事制度とつながり、長期雇用は伝統的な人事制度とつながるという意味で2つが対立的であるとしても、2つの両立を図るためには成果主義の抑制が選択された。あるいは成果主義そのものが既存の職能資格制度を本来の能力主義として再構築するものであった。そして従業員においてもまた、企業統治の変革に関して企業側と認識を共有し、経営を立て直し、生産組織を変革するテコとしての企業統治の変革を支持すると同時に、そのような経営に対する株主による監視、そしてそれ以上に強く従業員による監視を求めるものであった。

　このように異質な原理の両立を図るハイブリッド型の変化は、変化と持続の両面をともなうという意味で、漸進的な変化となる。漸進的を単純に変化の遅さと捉えるなら、まだ変化は不十分、もっと根本的に変化すべき、といった見解しか出てこない。あるいはこれと正反対の感情から、変化はもう十分、変化を阻止すべき、といった見解しか出てこない。しかしこれまでの分析を通じて明らかにしたように、日本企業は多様な方向に変化しているのであり、その多様性の1つ、もっとも有望な1つとして、変化と同時に持続をともなうハイブリッド型の変化が析出できるわけである。

　当然のことであるが、変化のプロセスは、変革や改革を進める当事者たちの意図や意識や行動に左右される。この点に関して、かつて村上泰亮は変革の志向性として、超越論的方法と解釈学的方法を指摘した。前者は、現前する経験を超越した理念に基づき、既存の制度の根本的な変革を志向する。これに対して後者は、みずからが依って立つ具体的経験に基づき、既存の制度に新たな要素を組み込み、異質な要素を重ねあわせることから漸進的な変化を図っていく（村上 1992）。つまり前者は既存の制度との切断を志向するのに対して、後者は既存の制度との接続を支えとしたうえでの変革を志向する。そしてこのような変化の積み重ねの結果として新たな制度が形成されてゆく。

　このような観点からすると、ハイブリッド型の変化は後者の解釈学的方法に基づいてのことであり、それはものの考えや行動の次元でのもっとも深部

の制度といえる。ゆえに日本企業の制度変更が、変化と持続の両面から成り立つという意味で漸進型となり、異質な要素の複合という意味でハイブリッド型となることもまた当然となる。上記のように、ハイブリッドとして新旧の制度や異質な制度を重ねあわせ、その接合のうえを進むことは、鞍点（サドルポイント）上を推移することのようでもある。それは微妙なバランスに基づいている。その感覚が全体性と関係性を意識した解釈学的志向というものであり、これまで日本企業はこのバランスを保持して前進し、これが日本型と呼ばれる企業システムの形成であった。この志向性は現在そして今後においても日本企業の基本であると思われる。

参 考 文 献

阿部正浩(2000)「企業内賃金格差と労働インセンティブ——企業内賃金格差に関する情報伝達機能の補完性とその重要性」『経済研究』51 巻 2 号、111-123 頁。
池尾和人(2006)『開発主義の暴走と保身——金融システムと平成経済』NTT 出版。
伊丹敬之(2000)『日本型コーポレートガバナンス——従業員主権企業の論理と改革』日本経済新聞社。
大内伸哉・川口大司(2012)『法と経済で読みとく雇用の世界——働くことの不安と楽しみ』有斐閣。
太田聰一・大竹文雄(2003)「企業成長と労働意欲」『フィナンシャル・レビュー』67 号、4-34 頁。
大竹文雄(2010)『競争と公平感——市場経済の本当のメリット』中央公論新社。
大竹文雄・唐渡広志(2003)「成果主義の賃金制度と労働意欲」『経済研究』54 巻 3 号、193-205 頁。
神林龍(2012)「労働市場制度とミスマッチ——雇用調整助成金を例に」『日本労働研究雑誌』54 巻 9 号、34-49 頁。
金榮愨・深尾京司・牧野達治(2010)「「失われた 20 年」の構造的原因」『経済研究』61 巻 3 号、237-260 頁。
楠田丘編(2002)『日本型成果主義——人事・賃金制度の枠組と設計』生産性出版。
久保克行(2003)「経営者インセンティブと内部労働市場」、花崎正晴・寺西重郎編『コーポレート・ガバナンスの経済分析——変革期の日本と金融危機後の東アジア』第 3 章、岩波書店、81-104 頁。
———(2010)『コーポレート・ガバナンス——経営者の交代と報酬はどうあるべきか』日本経済新聞出版社。
———(2011)「配当政策と雇用調整」、宮島英昭編『日本の企業統治——その再設計と競争力の回復に向けて』第 10 章、東洋経済新報社、409-438 頁。
久保克行・齋藤卓爾(2007)「従業員の処遇は悪化するのか——M&A と雇用調整」、宮島英昭編『日本の M&A——企業統治・組織効率・企業価値へのインパクト』第 5 章、東洋経済新報社、175-221 頁。
経済産業省(2005)企業価値研究会「企業価値報告書:公正な企業社会のルール形成に向けた提案」http://www.meti.go.jp/policy/economy/keiei_innovation/keizaihousei/kachikenn.html.
———(2008) 企業価値研究会「近時の諸環境の変化を踏まえた買収防衛策の在り方」http://www.meti.go.jp/policy/economy/keiei_innovation/keizaihousei/kachikenn.html.
玄田有史・神林龍・篠崎武久(2001)「成果主義と能力開発——結果としての労働意欲」『組織科学』34 巻 3 号、18-31 頁。
小池和男(1981)『日本の熟練——すぐれた人材形成システム』有斐閣。
———(2004)「企業統治と労働者の技能」、稲上毅・森淳二朗編『コーポレート・ガバナンスと従業員』第 2 章、東洋経済新報社、33-69 頁。
———(2005)『仕事の経済学』(第 3 版)東洋経済新報社。
———(2012)『高品質日本の起源——発言する職場はこうして生まれた』日本経済新聞社。
———(2013)『強い現場の誕生——トヨタ争議が生みだした共働の論理』日本経済新聞出版社。

島田陽一（2012）「企業内の雇用ミスマッチと解雇権濫用法理」『日本労働研究雑誌』54 巻 9 号、50-59 頁。
城繁幸（2004）『内側から見た富士通——「成果主義」の崩壊』光文社。
須田敏子（2010）『戦略人事論——競争優位の人材マネジメント』日本経済新聞出版社。
高橋俊介（1999）『成果主義——どうすればそれが経営改革につながるのか？』東洋経済新報社。
高橋伸夫（2004）『虚妄の成果主義——日本型年功制復活のススメ』日経 BP 社。
武井一浩（1998）「米国型取締役会の実態と日本への導入上の問題」『別冊商事法務』214 号、129-165 頁。
―――（2010）「上場企業の経営形態、「監査委」設置会社の解禁を」『日本経済新聞』「やさしい経済教室」2010 年 7 月 13 日。
立道信吾（2006）「成果主義の現実」『現代日本企業の人材マネジメント——企業の経営戦略と人事処遇制度等の総合的分析』〈労働政策研究報告書 No.61〉、第 2 章、労働政策研究・研修機構、36-98 頁。
田中亘（2007）「ブルドックソース事件の法的検討」『旬刊商事法務』1809 号、4-15 頁、1810 号、15-28 頁。
都留康（2001）「人事評価と賃金格差に対する従業員の反応——ある製造業企業の事例分析」『経済研究』52 巻 2 号、143-156 頁。
都留康・阿部正浩・久保克行（2005）『日本企業の人事改革——人事データによる成果主義の検証』東洋経済新報社。
寺西重郎（2011）『戦前期日本の金融システム』岩波書店。
土志田征一・田村秀男・日本経済研究センター編（2002）『検証株主資本主義』日経 BP 社。
富山雅代（2001）「メインバンク制と企業の雇用調整」『日本労働研究雑誌』43 巻 2・3 号、40-51 頁。
中嶋哲夫・松繁寿和・梅崎修（2004）「賃金と査定に見られる成果主義導入の効果——企業内マイクロデータによる分析」『日本経済研究』48 号、18-33 頁。
新原浩朗（2003）『日本の優秀企業研究——企業経営の原点 - 6 つの条件』日本経済新聞社。
新田敬祐（2008）「日本型取締役会の多元的進化」、宮島英昭編『企業統治分析のフロンティア』第 1 章、日本評論社、17-43 頁。
野口悠紀雄（1995）『1940 年体制——さらば「戦時経済」』東洋経済新報社。
野中郁次郎（1990）『知識創造の経営——日本企業のエピステモロジー』日本経済新聞社。
服部泰宏（2011）『日本企業の心理的契約——組織と従業員の見えざる約束』白桃書房。
濱口桂一郎（2007）「解雇規制とフレクシキュリティ」『季刊労働者の権利』270 号。
―――（2009）『新しい労働社会——雇用システムの再構築へ』岩波書店。
平田周一・勇上和史（2011）「初期キャリアにおける内部登用と転職——非正規雇用者の移行に関する国際比較」『JILPT Discussion Paper』11-02、労働政策研究・研修機構。
広田真一（2012）『株主主権を超えて——ステークホルダー型企業の理論と実証』東洋経済新報社。
藤本隆宏（2004）『日本のもの造り哲学』日本経済新聞社。
堀内昭義・花崎正晴（2000）「金融システムと企業経営統治」、吉川洋・大瀧雅之編『循環と成長のマクロ経済学』第 4 章、東京大学出版会、83-110 頁。
松浦克己（2001）「雇用削減と減配・無配の関係——企業利潤、企業財務、コーポレート・ガバナンスからの視点」『フィナンシャル・レビュー』60 号、106-138 頁。
三品和広（2004）『戦略不全の論理——慢性的な低収益の病からどう抜け出すか』東洋経済新報社。
水町勇一郎（2011）『労働法入門』岩波書店。
宮島英昭（2011）「日本の企業統治の変化をいかにとらえるか」、宮島英昭編『日本の企業統治』序章、東洋経済新報社、1-70 頁。

参 考 文 献

宮島英昭・小川亮（2013）「日本企業の取締役会構成をいかに理解するか？――取締役会構成の決定要因と社外取締役の導入効果」『RIETI Policy Discussion Paper』12-P-013、経済産業研究所。
宮島英昭・新田敬祐・宍戸善一（2011）「親子上場の経済分析――利益相反問題は本当に深刻なのか」、宮島英昭編『日本の企業統治――その再設計と競争力の回復に向けて』第7章、東洋経済新報社、289-337頁。
宮本光晴（1997）『日本型システムの深層――迷走する改革論』東洋経済新報社。
―――（1999）『日本の雇用をどう守るか――日本型職能システムの行方』PHP研究所。
―――（2000）『変貌する日本資本主義――市場原理を超えて』筑摩書房。
―――（2002）「雇用ルールと司法ルール――なぜ解雇ルールの法制化か」、正村公宏・現代総合研究集団編『21世紀のグランド・デザイン』第10章、NTT出版、237-254頁。
―――（2003）「日本のコーポレート・ガバナンス改革」、花崎正晴・寺西重郎編『コーポレート・ガバナンスの経済分析――変革期の日本と金融危機後の東アジア』第1章、岩波書店、15-49頁。
―――（2004）『企業システムの経済学』新世社。
―――（2007）「日本の従業員はなぜ株主重視のコーポレート・ガバナンスを支持するのか」、宮島英昭編『企業統治分析のフロンティア』第4章、日本評論社、81-104頁。
―――（2011）「日本の雇用と企業統治の行方」、櫻井宏二郎・宮本光晴・西岡幸一・田中隆之『日本経済未踏域へ――「失われた20年」を超えて』第2章、創成社、57-126頁。
村上泰亮（1992）『反古典の政治経済学』中央公論社。
守島基博（2006）「ホワイトカラー人材マネジメントの進化」、伊丹敬之・加護野忠男・伊藤元重編『リーディングス日本の企業システム（第4巻）――組織能力・知識・人材』第10章、有斐閣、269-303頁。
―――（2007）「評価・処遇システムの現状と課題」、労働政策研究・研修機構編『日本の企業と雇用――長期雇用と成果主義のゆくえ』第2章、労働政策研究・研修機構、135-182頁。
八代尚宏（2009）『労働市場改革の経済学――正社員「保護主義」の終わり』東洋経済新報社。
山内麻理（2013）『雇用システムの多様化と国際的収斂――グローバル化への変容プロセス』慶應義塾大学出版会。
山川隆一（2002）「日本の解雇法制」、大竹文雄・大内伸哉・山川隆一編『解雇法制を考える――法学と経済学の視点』第1章、勁草書房、3-29頁。
吉村典久（2007）『日本の企業統治――神話と実態』NTT出版。
吉森賢（1996）『日本の経営・欧米の経営――比較経営への招待』放送大学教育振興会。
労働政策研究・研修機構編（2005）『「リストラ」と雇用調整』〈JILPT資料シリーズNo.2〉、労働政策研究・研修機構。
―――（2007）『日本の企業と雇用――長期雇用と成果主義のゆくえ』労働政策研究・研修機構。

Ahmadjian, C. L. (2007) "Foreign Investors and Corporate Governance in Japan," in M. Aoki, G. Jackson and H. Miyajima (eds.), *Corporate Governance in Japan*, Oxford University Press, pp. 125-150.
Ahmadjian, C. L. and G. Robbins (2005) "A Clash of Capitalisms: Foreign Ownership and Restructuring in 1990's Japan," *American Sociological Review*, Vol. 70, No. 2, pp. 451-471.
Albert, M. (1991) *Capitalisme contre Capitalisme*, Seuil.（小池はるひ訳『資本主義対資本主義』竹内書店新社、1992年）
Aoki, M. (1988) *Information, Incentives and Bargaining in the Japanese Economy*, Cambridge

University Press.（永易浩一訳『日本経済の制度分析――情報・インセンティブ・交渉ゲーム』筑摩書房、1992 年）
――――(1994) "Monitoring Characteristics of Main Bank System," in M. Aoki and H. Patrick (eds.), *The Japanese Main Bank System*, Oxford University Press, pp. 109-141.（「メインバンク・システムのモニタリング機能としての特徴」、東銀リサーチインターナショナル訳『日本のメインバンク・システム』第 4 章、東洋経済新報社、1996 年、129-166 頁）
――――(2001) *Toward a Comparative Institutional Analysis*, MIT Press.（瀧澤弘和・谷口和弘訳『比較制度分析に向けて』NTT 出版、2001 年）
――――(2010) *Corporations in Evolving Diversity*, Oxford University Press.（谷口和弘訳『コーポレーションの進化多様性――集合認知・ガバナンス・制度』NTT 出版、2011 年）
Arendt, H.（1958）*The Human Nature*, The University of Chicago Press.（志水速雄訳『人間の条件』中央公論社、1973 年）
Berle, A. and G. Means（1932）*The Modern Corporation and Private Property*, Macmillan Company.
Brammer, S., G. Jackson and D. Matten（2012）"Corporate Social Responsibility and Institutional Theory: New Perspectives on Private Governance," *Socio-Economic Review*, Vol. 10, Issue 1, January, pp. 3-28.
Dore, R.（2000）*Stock Market Capitalism: Welfare Capitalism*, Oxford University Press.（藤井眞人訳『日本型資本主義と市場主義の衝突――日・独対アングロサクソン』東洋経済新報社、2001 年）
Drucker, P.（1986）*The Frontiers of Management*, E. P. Dutton.（上田惇生・佐々木実智男訳『マネジメントフロンティア――明日の行動指針』ダイヤモンド社、1986 年）
Durkheim, E.（1950）*Lecons de Sociologie*, Press Universite de France.（宮島喬・川喜多喬訳『社会学講義』みすず書房、1974 年）
Ehrenreich, B.（2001）*Nickel and Dimed: On (Not) Getting By in America*, Metropolitan Books.（曽田和子訳『ニッケル・アンド・ダイムド――アメリカ下流社会の現実』東洋経済新報社、2006 年）
Foss, N. and K. Laursen（2005）"Performance Pay, Delegation and Multitasking under Uncertainty and Innovativeness: An EmpiricalInvestigation," *Journal of Economic Behavior and Organization*, Vol. 58, Issue 2, pp. 246-276.
Friedman, M.（1962）*Capitalism and Freedom*, University of Chicago Press.（熊谷尚夫・西山千明・白井孝昌訳『資本主義と自由』マグロウヒル好学社、1962 年）
Gordon, J. N.（2007）"The Rise of Independent Directors in the Unites States, 1950-2005: Value and Stock Market Prices," *Stanford Law Review*, Vol. 59, April, pp. 1465-1568.
Gospel, H. and A. Pendleton (eds.)（2005）*Corporate Governance and Labour Management: An International Comparison*, Oxford University Press.
Hall, P. and D. Soskice（2001）*Varieties of Capitalism: The Institutional Foundations of Comparative Advantage*, Oxford University Press.（遠山弘徳・安孫子誠男・山田鋭夫・宇仁宏幸・藤田菜々子訳『資本主義の多様性――比較優位の制度的基礎』ナカニシヤ出版、2007 年）
Hayek, F. A.（1973）*Law, Legislation and Liberty*, Routledge & Kegan Paul.（矢島鈞次・水吉俊彦訳『法と立法と自由』〈ハイエク全集 8〉、春秋社、1987 年）
Holmstrom, B. and P. Milgrom（1991）"Multi-task Principal-Agent Analyses: Incentive Contracts, Asset Ownership, and Job Design," *Journal of Law, Economics, and Organization*, Vol. 7,

Special Issue, pp. 24-52.
Jackson, G. (2007) "Employment Adjustment and Distributional Conflict in Japanese Firms," in M. Aoki, G. Jackson and H. Miyajima (eds.), *Corporate Governance in Japan*, Oxford University Press, pp. 283-309.
Jackson, G., M. Mopner and A. Kurdelbusch (2006) "Corporate Governance and Employees in Germany: Changing Linkages, Complementarities, and Tensions," in H. Gospel and A. Pendleton (eds.), *Corporate Governance and Labour Management: An International Comparison*, Oxford University Press, pp. 84-121.
Jackson, G. and H. Miyajima (2007) "Introduction: The Diversity and Change of Corporate Governance in Japan," in M. Aoki, G. Jackson and H. Miyajima (eds.), *Corporate Governance in Japan*, Oxford University Press, pp. 1-47.
Jackson, G. and A. Apostolakou (2010) "Corporate Social Responsibility in Western Europe: An Institutional Mirror or Substitute?," *Journal of Business Ethics*, Vol. 94, Issue 3, pp. 371-394.
Jacoby, S. (2005) *The Embedded Corporation: Corporate Governance and Employment Relations in Japan and the United States*, Princeton University Press.（鈴木良始・伊藤健市・堀龍二訳『日本の人事部・アメリカの人事部――日本企業のコーポレート・ガバナンスと雇用関係』東洋経済新報社、2005年）
Jensen, M. C. (1993) "The modern Industrial Revolution, Exit, and the Failure of Internal Control System," *Journal of Finance*, Vol. 48, No. 3, pp. 831-880.
Kang, J. and A. Shivdasani (1997) "Corporate Restructuring during Performance Declines in Japan," *Journal of Financial Economics*, Vol. 46, No. 1, pp. 29-65.
Kang, N. and J. Moon (2012) "Institutional Complementarity Between Corporate Governance and Corporate Social Responsibility: A Comparative Institutional Analysis of Three Capitalisms," *Socio-Economic Review*, Vol. 10, Issue 1, January, pp. 85-108.
Marsden, D. (1999) *A Theory of Employment Systems: Micro-Foundations of Societal Diversity*, Oxford University Press.（宮本光晴・久保克行訳『雇用システムの理論――社会的多様性の比較制度分析』NTT出版、2007年）
――――(2009) "The Paradox of Performance Related Pay System: Why Do We Keep Adopting Them in the Face of Evidence That They Fail to Motivate?," *CEP Discussion Papers*, No. 946, Centre for Economic Performance, London School of Economics and Political Science.
Morishima, M. (1991) "Information Sharing and Collective Bargaining in Japan: Effects on Wage Negotiation," *Industrial and Labor Relations Review*, Vol. 44, No. 3, pp. 469-485.
Olcott, G. (2009) *Conflict and Change: Foreign Ownership and the Japanese Firm*, Cambridge University Press.（平尾光司・宮本光晴・山内麻理訳『外資が変える日本的経営――ハイブリッド経営の組織論』日本経済新聞出版社、2010年）
Porter, M. and M. Kramer (2006) "Strategy and Society: The Link between Competitive Advantage and Corporate Social Responsibility," *Harvard Business Review*, Vol. 82, December, pp. 78-92.（村井裕訳「競争優位のCSR」『ハーバード・ビジネス・レビュー』33巻1号、36-52頁）
Reich, R. (2007) *Supercapitalism: The Transformation of Business, Democracy, and Everyday Life*, Vintage Books.（雨宮寛・今井章子訳『暴走する資本主義』東洋経済新報社、2008年）
Roe, M. (1994) *Strong Managers Weak Owners*, Princeton University Press.（北條裕雄・松尾順介監訳『アメリカの企業統治――なぜ経営者は強くなったか』東洋経済新報社、1996年）

Rousseau, D. (1995) *Psychological Contract in Organization: Understanding Written and Unwritten Agreements*, SAGE Publications.
Sako, M. (2007) "Organizational Diversity and Institutional Change: Evidence from Financial and Labor Markets in Japan," in M. Aoki, G. Jackson and H. Miyajima (eds.), *Corporate Governance in Japan*, Oxford University Press, pp. 399-426.
Streeck, W. (1992) *Social Institutions and Economic Performance*, Sage Publications.
―――― (2009) *Re-Forming Capitalism: Institutional Change in the German Political Economy*, Oxford University Press.
Streeck, W. and K. Thelen (2005) "Introduction: Institutional Change in Advanced Political Economies," in W. Streeck and K. Thelen (eds.), *Beyond Continuity*, Oxford University Press, pp. 1-39.
Thelen, K. (2009) "Institutional Change in Advanced Political Economies," *British Journal of Industrial Relations*, Vol. 47, No. 3, pp. 471-498.
Tirole, J. (2001) "Corporate Governance," *Econometrica*, Vol. 69, No. 1, pp. 1-35.
Vitols, S. (2001) "Varieties of Corporate Governance: Comparing Germany and the UK," in P. A. Hall and D. Soskice (eds.), *Varieties of Capitalism*, Oxford University Press, pp. 337-360.

索　　引

あ行

アーキテクチャ　95
　　組織——　143
IBM　185
アクティビストの株主　179
アクティビスト・ファンド　27
アベノミクス　9, 213
アメリカ型　67, 86, 99
安定配当　34
委員会設置会社　39
インテグラル型　143, 235
エージェンシー理論　32, 37, 184
エンロン　41, 187
OECD　228
オランダモデル　214
オリンパス　187

か行

解雇規制　221
解雇権濫用の法理　220
解雇の回避努力義務　217
解雇の金銭的解決　225
解雇法制　221
解雇補償金　229
外部ガバナンス　32
格差社会　236, 238
革新的な人事制度　77
神奈川県情報サービス産業協会　245
株主価値　194
株主価値重視　57, 81, 172
　　——についての従業員調査　150
株式市場の流動化　26
株主重視　42
株主主権　184
株主に対する警戒　151
株主要因　53, 62, 84, 176

株主利益優先　22
関係特殊的投資　25, 195
監査・監督委員会設置会社制度　190
監査役　189, 190
監査役会（ドイツ）　167, 224
監査役会設置会社　39, 189
監視機能　184
機関投資家　27, 182
企業価値　194
企業価値研究会　194, 197
企業価値重視　155
　　——についての従業員調査　155
企業統治　19
　　株主支配　23, 24
　　ステークホルダー型　23
　　従業員主権　23
　　——への参加　167, 174
　　——に対する従業員の意識　150, 164
　　　決定要因　162
企業特殊的技能形成　24
企業内訓練　22
企業の雇用責任　85, 92
企業の社会的責任（CSR）　24, 41, 57, 215
　　——の重視　62, 81, 84, 86, 181
　　2つの——　90
既存日本型　67, 86, 99
技能の企業特殊性　89, 102
希望退職　207, 208, 225
　　——実施の決定要因　209
業界団体　247
強制解雇　207, 225
強調的労使関係　224
共同決定　224
組合　111, 166, 210
　　——による発言　170
経営者企業　35

265

経営者支配型　35
経営者団体　243
経営者に対する信頼　156, 161, 165, 172
経営者の交代　184
経営者の犯罪　186
経営者報酬　36, 45
経営組織の変革　42, 48
経営に対する発言　174
経営の監視　150, 152
　　株主による　150, 153, 161
　　従業員による　150, 153, 161, 172
経営要因　53, 83, 176
経団連トップマネジメントアンケート調査　65
経路依存性　250
コア従業員　64, 88
構造改革　8
『コーポレート・ガバナンス白書 2011』　39, 45, 58, 189
固定的株主　27
個別の退職勧奨　99, 227, 233, 234
雇用維持　212
　　――政策　211
雇用制度　19
雇用調整　21, 207
　　――の慣行　222
雇用調整助成金　211
雇用ポートフォリオ　65
雇用優先　52

さ行

仕事意欲　45, 117, 125
　　新しい課題への挑戦意欲　125
　　　　決定要因　136
　　会社業績への貢献意欲　125
　　　　決定要因　134
　　個人業績の達成意欲　125
　　　　決定要因　132
　　シミュレーション　140
市場原理　8, 19
市場志向　54

執行役員制　38, 40, 43
資本主義の多様性　10, 249
指名委員会　33, 185
指名解雇　223
社会経済学的視点　254
社外取締役　33, 38, 42, 179, 180
　　監視（モニタリング）機能　182
　　助言（アドバイザー）機能　182, 183
　　法制化　179
従業員重視　42, 157, 165, 173
従業員の発言　169
従業員の類型　143
集団的解雇　229
自由な市場経済　10, 26, 91, 249
試用解雇　234
試用雇用制度　240, 247
上場子会社　190
職能資格制度　44, 73
　　――の修正　73
職場環境の悪化　115
ジョブレス・リカバリー　51
自律的ガバナンス　186
進化多様性　14
人材マネジメント　19
人事制度のコンフィギュレーション　76
新日本型　67, 86, 99
職業訓練制度　242, 243
　　公的支出　242
職務限定社員制度　230, 235
心理的契約　99, 142
衰退型　67, 86
スティルパートナーズ　197
ステークホルダー　24, 41, 59, 84, 236
　　――関係　216
　　――重視　58
ストックオプション　45
成果主義　43, 47, 70, 98, 161
　　格差と連動した　72
　　従業員のジレンマ　115
　　決定要因　82
　　プロセス　116, 118

索　引

補完する条件　118
抑制　121, 124
　　虚妄の——　47, 119
　　——の修正　121
　　——の運営（企業調査）　70
正規雇用　50
生産組織の変革　48
政治経済的視点　254
正社員の制度　216, 255
制度的進化　250
制度的補完性　13, 250
制度の持続性　12
整理解雇　220, 233
　　——の4要件　223
漸進的変化　14, 250, 253
早期退職　207, 225
そごう　30
組織原理　19
組織志向　54
ソニー　185

た 行

大王製紙　187
知的熟練　89, 104
中途採用　218
長期雇用　22, 48, 64, 98, 161, 214
　　企業の方針　64
　　決定要因（企業調査）　78
　　決定要因（従業員調査）　109
調整された市場経済　10, 25, 91, 228, 243, 249
賃金の抑制　212
敵対的企業買収　28, 154, 192
　　スティルパートナーズ・ブルドックソース事件　197
　　濫用的買収　194, 220
　　買収防衛策　192, 194
　　100％ルール　201
　　ライブドア・ニッポン放送事件　154, 192, 197
　　——の4類型　198

敵対的労使関係　226, 232
デュアルシステム　243, 244
伝統的な人事制度　77
デンマークモデル　244
独立取締役　38
トヨタ　21, 35
トライアル雇用　240, 244
取締役会改革　37, 38, 57, 81, 83, 86, 181, 205, 209
　　決定要因　60
　　委員会型　180
　　監査役会型　181
取引コスト　196

な 行

内部ガバナンス　32
内部労働市場　218, 239
日産　30, 143
二重構造　238
二重のガバナンス機能　190
日本企業の多様性　53
　　——の要因　85
日本企業の分化　203
日本企業の類型　66, 68
認識ギャップ　106, 174
忍耐強い資本　11, 25, 27

は 行

配当重視　35, 38, 181
ハイブリッド　14, 88, 94
　　——型企業　203
　　——型の変化　252, 256
　　——組織　50, 67, 93, 97
Hire and Fire　64
　　——の原理　221
　　——の雇用関係　239
　　——の制度　232
派遣切り　215
非正規雇用　50, 236
　　——問題　227
非正規の単身世帯　237

267

ヒューレッドパッカード　185
フォード　202
不完備契約　25, 195
不正会計　187
普通解雇　220, 233
フレキシキュリティ　228, 244
ベンチャーキャピタル　11, 184
報酬委員会　33

ま・や・ら・わ行
マルチタスク問題　117, 140
ミニジョブ　244
メインバンク　23, 30
　　ガバナンス機能　23

復活　188
モジュラー型　142, 235
有限責任　199
濫用的解雇　235
流動的株主　27
利益性の危機　29
リップルウッド　31
臨時工の制度　240
歴史的経済依存性　13
労働審判制度　235
労使協議制　111, 166
　　情報共有　168
ワールドコム　41, 187

【著者紹介】

宮本光晴（みやもと　みつはる）

1948 年生まれ。横浜国立大学経済学部卒業。一橋大学大学院経済学研究科博士課程修了。博士（経済学）。企業経済学専攻。現在、専修大学経済学部教授。主な著書に、『人と組織の社会経済学』（東洋経済新報社、1987 年）、『企業と組織の経済学』（新世社、1991 年）、『日本型システムの深層』（東洋経済新報社、1997 年）、『日本人はなぜイギリスに憧れるか』（PHP 研究所、1997 年）、『日本の雇用をどう守るか』（PHP 新書、1999 年）、『変貌する日本資本主義』（ちくま新書、2000 年）、『企業システムの経済学』（新世社、2004 年、韓国語版 2005 年）、他。

日本の企業統治と雇用制度のゆくえ
ハイブリッド組織の可能性

2014 年 3 月 20 日　初版第 1 刷発行　　（定価はカヴァーに表示してあります）

著　者　宮本光晴
発行者　中西健夫
発行所　株式会社ナカニシヤ出版
　　　　〒 606-8161 京都市左京区一乗寺木ノ本町 15 番地
　　　　　　TEL 075-723-0111　FAX 075-723-0095
　　　　　　http://www.nakanishiya.co.jp/

装幀＝白沢　正
印刷＝創栄図書印刷　製本＝兼文堂
© M. Miyamoto 2014　Printed in Japan.
＊落丁・乱丁本はお取り替え致します。
ISBN978-4-7795-0824-0　C1033

本書のコピー，スキャン，デジタル化等の無断複製は著作権法上での例外を除き禁じられています。本書を代行業者等の第三者に依頼してスキャンやデジタル化することはたとえ個人や家庭内での利用であっても著作権法上認められておりません。

資本主義の新たな精神

リュック・ボルタンスキー、エヴ・シャペロ 著
三浦直希・海老塚明他 訳

六八年五月を頂点にかつてあれほど高揚した「批判」はなぜその力を失ったのか。新自由主義の核心に迫り「批判」の再生を構想するフランス社会学の泰斗ボルタンスキーの主著、待望の翻訳。 上下巻 各五五〇〇円＋税

社会的なもののために

市野川容孝・宇城輝人 編

「社会的なもの」の理念とは何であったのか。そして何でありうるのか。歴史と地域を横断しながら、その可能性を正負両面を含めて根底から問う白熱の討議。新しい連帯の構築のために。 二八〇〇円＋税

日本の社会政策

久本憲夫 著

失業・非正規雇用・貧困問題から、年金・医療・介護・少子高齢化問題やワーク・ライフ・バランスまで、わが国の直面する社会問題と政策の現状を包括的に解説。社会問題を考えるために必携の一冊。 二八〇〇円＋税

日本的雇用システム

仁田道夫・久本憲夫 編

日本的雇用システムの歴史的形成過程を、雇用の量的管理、賃金制度、能力開発、能率管理、労働組合、人事部の六つの観点から解明。その全貌を明らかにするとともに、今後の展望を占う。 三六〇〇円＋税

＊表示は本体価格です。